晋江经验

中国式现代化道路的县域探索

◎ 王春光　主编

海峡出版发行集团 | 福建人民出版社
THE STRAITS PUBLISHING & DISTRIBUTING GROUP | FUJIAN PEOPLE'S PUBLISHING HOUSE

图书在版编目（CIP）数据

晋江经验：中国式现代化道路的县域探索 / 王春光主编.
--福州：福建人民出版社，2022.8（2024.8 重印）
ISBN 978-7-211-08904-8

Ⅰ.①晋… Ⅱ.①王… Ⅲ.①县级经济—区域经济发展—研究—晋江市 Ⅳ.①F127.574

中国版本图书馆 CIP 数据核字（2022）第 139767 号

晋江经验——中国式现代化道路的县域探索
JINJIANG JINGYAN——ZHONGGUOSHI XIANDAIHUA DAOLU DE XIANYU TANSUO

主　　编：王春光
责任编辑：何水儿
美术编辑：陈培亮
出版发行：福建人民出版社
电　　话：0591-87533169(发行部)
网　　址：http://www.fjpph.com
电子邮箱：fjpph7211@126.com
地　　址：福州市东水路 76 号
邮政编码：350001
经　　销：福建新华发行（集团）有限责任公司
印　　刷：金鹰（福建）印刷有限公司
地　　址：福建省晋江市铁灶路 8 号
开　　本：787 毫米×1092 毫米　1/16
印　　张：19.25
字　　数：286 千字
版　　次：2022 年 8 月第 1 版
印　　次：2024 年 8 月第 6 次印刷
书　　号：ISBN 978-7-211-08904-8
定　　价：68.00 元

目录

第一章

导论：“晋江经验”是晋江现代化发展的主体性再塑

中国式现代化道路的实践逻辑和机制体现在四个层面：发展社会生产力、市场经济建设、亲清政商关系的探索以及新发展理念的建构。这样的逻辑和机制通过晋江人的爱拼会赢、诚信务实、合作互助等社会文化机制和理论得以转化为现代化发展的实践，背后彰显的是现代化主体性的培育和成长。所以，现代化主体性培育、成长和再塑贯穿于晋江现代化实践始终，是确保晋江现代化得以可持续发展的社会力量。

中国社会科学院社会学研究所于1994年在晋江召开“中国农村发展道路（晋江）研讨会”，开启了与晋江合作的进程，一直到现在，历时28年时间。在这么长时间内，虽然人员有所变动，我们对晋江的研究却是范围越来越广、越来越深入。不管怎样，我们最关注的还是为什么晋江能在短短40余年从一个资源匮乏、人们长期靠外出（特别是出海）谋生的“农业穷县”（1978年地区生产总值仅1.45亿元，人均地区生产总值仅154元）快速地发展成为一个全国百强县市前十（2020年排位为4）、长期位居福建省首位的现代化县域城市。

“晋江经验”是习近平同志在福建省任职时先后7次（从1996年到2002年）深入晋江企业、社区、村庄开展调研的基础上总结和提炼出来的，其文章分别于2002年8月20日和10月4日发表在《人民日报》和《福建日报》。习近平同志认为，晋江之所以在改革开放后率先快速崛起，成为福建省现代化（特别是县域现代化）过程的领头羊，以至于在全国成为县市现代化发展的先行者，主要源于在改革开放中积累起来的表现为“六个始终坚持”和“正确处理好五大关系”的“晋江经验”，即始终坚持以发展社会生产力为改革和发展的根本方向，始终坚持以市场为导向发展经济，始终坚持在顽强拼搏中取胜，始终坚持以诚信促进市场经济的健康发展，始终坚持立足本地优势和选择符合自身条件的最佳方式加快经济发展，始终坚持加强政府对市场经济发展的引导和服务；处理好有形通道和无形通道的关系，处理好发展中小企业和大企业之间的关系，处理好发展高新技术产业和传统产业的关系，处理好工业化和城市化的关系，处理好发展市场经济与建设新型服务型政府之间的关系。“晋江经验”是对晋江在2002年前的发展实践的理论总结，更对2002年后晋江的现代化建设和发展发挥了重要的指导作用，使得晋江的现代化建设和发展从原先的“自在”行动转变为“自为”和“自觉”行动。因此“晋江经验”就是晋江现代化主体性再塑的实践呈现。

“晋江经验”凸显的是晋江现代化建设的各个主体及其之间的关系。“晋江经验”中提到的主体分别有社会生产力、市场、社会、政府、大小企业、大通道与小通道、工业化与城市化等等。这些主体是怎样塑造出来的，它们是怎样导向现代化实践的，又是如何在现代化实践中体现现代性的，“晋江经验”从经济、社会、治理、文化传统、精神理念等层面给出了深度的解读。也就是说，“晋江经验”表明，晋江的现代化建设和发展是传统与现代、本土与开放、个人与社会、党政与市场、城与乡、工与农等等之间相互作用的产物，而不是相互分离、分割和对立的过程，它从县域层面充分地演绎了中国式现代化道路。这是一条立足于悠久的优秀文化传统又充分开放、从外部吸纳先进元素的现代化道路。在创造这条道路的过程中，现代化主体性获得了再塑，反过来又成为现代化建设的关键因素。

第一节　中国式现代化道路的典型

“晋江经验”实质上就是一种现代化经验，是中国式现代化道路的典型。习近平于2002年在《人民日报》和《福建日报》发表的文章中明确指出，“晋江经验”是晋江人民对有中国特色社会主义发展道路的大胆探索和成功实践。这表明，“晋江经验”不只对晋江是有用的，而且对全国也是有用的，特别是对全国县域现代化的建设和发展是有用的。当时，习近平还说如果福建有一半县能做到晋江那样，那福建的现代化就远不是当时那种水平了。[①]晋江经验既然是中国特色社会主义现代化道路的探索，自然是先行了一步，代表着中国的现代化方向和路径，是中国式现代化的典型。与整个国家一样，晋江就是在短时间内从一个农业、乡村社会快速地成长为一个现代化的工业和城镇社会。谁能想到，改革开放以来，晋江从人均收入低于全国平均水平（1978年人均纯收入107元，低于当时全国人均133元的水平）的偏远县城，迈入现在全国百强县市前四名？谁能想到，一个长期靠出海谋生的地

① 中共晋江市委宣传部编：《壮阔东方潮　奋进新时代——庆祝改革开放40年“晋江经验”大型主题采访报道汇编》，泉文广新出（2018）内书第18号。

方，而今却从全国各地吸纳了上百万人口到此打拼和发展呢？谁能想到，在这个曾经被形容为“泉州人稠山谷瘠，虽欲就耕无处辟”的地方，竟然生长出那么多全国乃至世界闻名的制造品牌？这不正是中国过去 40 多年改革开放的一个缩影吗？从解剖晋江快速现代化的实践入手，我们可以在许多方面找到中国式现代化的路径和原因。

一、对发展社会生产力的坚守和执着

“发展才是硬道理”，这是中国改革开放中提出的一句霸气而又得人心的口号。晋江就是这一口号成功的践行者和先行者。首先表现在“晋江经验”中的“始终坚持以发展社会生产力为改革和发展的根本方向”上。这句话既是对晋江成功实践的总结，又是对晋江未来的指引，也是对过去不坚持这一点而导致的沉痛教训的反思。同时，这又不仅仅是针对晋江而言的，在全国层面同样如此。它是符合唯物主义中生产力决定生产关系这一科学原理的。

晋江不仅人多地少，而且土地贫瘠、资源匮乏，这样的恶劣条件在历史上养成了晋江人“爱拼会赢”的集体性格，他们懂得要靠自己的双手和勇气去发展社会生产力。所以，即使在明清海禁时代，晋江人照样无所畏惧地投向大海，从大海中寻找生产力、发展生产力和维持生计。“州（泉州）南有海浩无穷，每岁造舟通异域”。历史上，晋江（泉州）就是著名的海上通商口岸。早在宋代，朝廷就在泉州设立市舶司。“南宋初年，宋廷从泉州、广州两个市舶司所收的税金达二百万缗，占国库收入的五分之一。至南宋末年，泉州已成为‘涨海声中万国商’的世界第一流大港”。[①] 有文字记载，晋江在唐代就有人出海移民到文莱等地，而今 300 多万晋江籍华侨华人，便是晋江人出海打拼的见证。晋江人对发展生产力的执着还表现在其敢为人先、打破束缚的勇气上。就拿“文化大革命”时期来说，尽管不允许家庭和个人办企业和经商，但晋江人照样以各种方式兴办了小企业、小作坊；晋江人还利用当时管理机构瘫痪、城市工厂停工的机会，合伙开办小企业，生产计划

---

① 晋江县情调查组：《中国国情丛书——百县市经济社会调查：晋江卷》，中国大百科全书出版社 1992 年版，第 6 页。

外产品，既自我解决子女就业问题，又满足社会需要。所以，20 世纪 70 年代晋江队（村）以下工业就有一定发展。从晋江改革开放初期的成就也可以看出，晋江迄今著名的企业家都是在 20 世纪 70 年代末为生计所迫才想办法开办家庭工厂的。铁的事实说明，坚定不移地发展社会生产力，才能解决生计问题，才能解决发展和富裕问题。

重视发展社会生产力，是现代化建设之根本。现代化是社会生产力的革命性突破带来的。17 世纪末蒸汽机的诞生，引发了 18 世纪的工业革命，这就是生产力的革命性突破。抓不住机遇，就难以跟上时代的发展步伐。我国早在 20 世纪 50 年代就提出了"四个现代化"，60 年代国家又重申了"四个现代化"，70 年代末和 80 年代再次提出"四个现代化"，并将之作为改革开放的重要指南。[①] 尽管不同时期的"四个现代化"内容不同，但是战略目标是一致的，最核心的就是强调社会生产力的发展，实现工业现代化、农业现代化、科技现代化，另一个现代化是国防现代化，其实质也是科技现代化。由此可见，现代化就是社会生产力的开创性、突破性快速发展，而且这种现代化的内涵不仅包含生产力，还延伸到了精神、价值和理念。在过去 40 多年的现代化实践中，晋江人基本上从传统农业快速步入工业化，并利用先进的技术和管理经营理念，实现了从传统农业到乡村工业、从乡村工业到现代工业、从现代工业到现代高新工业和高新服务业等的跃迁，实现了从无到有、从量到质、从籍籍无名到自创品牌、从自筹资金到上市融资、从模仿和引用到创新研制等的不断升级。所有这些都表明了晋江人坚韧不拔地在发展社会生产力上实现追赶、飞跃和超越的努力。

二、市场经济大海的"弄潮儿"和"搏击者"

晋江人勇立市场之潮头，是中国特色社会主义市场经济的先行者、开路人和成功实践者。"晋江经验"中的"始终坚持以市场为导向发展经济"，就体现了这一点。虽然不能说晋江人就是为市场而生，也不能说他们天生就有

---

① 王春光：《迈向共同富裕——农业农村现代化实践行动和路径的社会学思考》，《社会学研究》2021 年第 2 期。

市场基因，但他们确实是亲市场的，他们不仅有着非常久远的商贸历史，特别是从事海上贸易的历史，而且在计划经济时代他们依然没有放弃商贸，而以各种方式从事着被禁止的商贸活动；在他们还不知道什么是社会主义市场经济的时候，他们实际上就在践行、就在开拓社会主义市场经济。因此，他们就是社会主义市场经济的“弄潮儿”和“搏击者”。

市场是晋江推进县域现代化建设和发展的生命线。晋江今天的现代化成就，是晋江人在市场上实现的。众所周知，1949 年以来在很长一段时间内，晋江一直处于两岸军事冲突和对峙的最前线。那时候，国家几乎没有在晋江一带进行像样的经济投资，加上晋江农业条件差，因此到 20 世纪 70 年代末，晋江发展远远滞后于全国很多地方。但是，改革开放给晋江人打开了一扇通向市场的大门，晋江人迫不及待地跳进市场这个大海，成为最早的“弄潮儿”，他们千百年积淀下的商贸“传统”再次被激活了。“1979 年初的某一天，地道的陈埭农民林土秋，农闲在家，闲翻报刊，无意间看到了国家颁布的一条新政：凡是私人办企业，国家将予以免税 3 年。他顿时眼前一亮，透过那一简短的文字，仿佛看到了一种宽敞、明亮的未来”。[①] 于是林土秋联络了几个亲戚和朋友，每人拿出 2000 元，并拉上在东南亚的姐姐投资 8 万元，组建了晋江第一家以皮鞋制造为主的工厂——洋埭服装鞋贸厂。林土秋成为晋江民营企业吃螃蟹的第一人。

在 20 世纪 70 年代末到 90 年代，晋江人可以说是全民“下海”经商创业。长期被计划经济体制压制了的“市场需求”在改革开放时期得到释放，像林土秋这样的农民闻到了市场的气息，看到了发展的机会，他们勇敢地进入市场寻找致富机会。许多晋江人本着搏输了也没有什么了不起，只不过是回到原点的心态，放手一搏，因为他们本来就什么都没有。在许多晋江人看来，这并不是“冒险”，而是“拼”一把。因为“冒险”有“赌”的意思，有可能会带来巨大损失；而“拼”是不顾一切地干，只要去拼，不一定就失败，反而有可能成功。

于是，许多成功者就拼出了一片市场，打下了一片市场，赢得了一片市

---

① 任林举：《晋江，奔流向海》，海峡文艺出版社 2019 年版，第 15 页。

场。比如陈埭的丁和木和丁世忠父子俩就开创了中国运动鞋一片市场，走上了与世界老牌运动鞋耐克争夺世界第一把交椅的"华山论剑"之路，不再满足于做"中国的耐克"，而正在实现"世界的安踏"之雄心。

晋江几乎所有的企业、个体户、家庭作坊，最初都是从做"市场"开始的，面向的就是市场和消费者，以销定产，销往全国各地乃至世界各地。他们的发展不外乎三个路径：一个路径是先生产一些产品，拿到市场上销售，一旦发现销路好，就继续去做，如果卖不出去，则转向做其他产品。这一路径是晋江人最开始所探索的，也可以说是"摸着石头过河"，如林土秋、洪肇明、丁和木等等一批最早投身工业的人士就是这样做的。随之而来的是另一条路径，便是先做推销，把别人生产的商品拿来销售，赚了一些钱，有了一定的积蓄，熟悉了市场行情并建立了一定的销售渠道后，便回来兴办自己的企业。还有一条路径就是有一批人专门从事销售服务，包括产品销售、原材料销售等，然后出现各种专业批发市场、连锁店、商场等等，散向全国各地。就是通过这三条路径，晋江本地涌现了"一村一品""一镇一品"。比如陈埭镇发展出制鞋行业，成为"鞋都"，生产各种各样的鞋，并形成了与制鞋有关的辅料市场、鞋批发销售市场等。磁灶镇成为远近闻名的陶瓷生产基地，下辖的一些村庄专门从事配套生产和服务，由此发展成运输专业村、建筑专业村、包装材料专业村、装卸搬运专业队、陶瓷制模和机修专业户等等。这样的产业格局一直延续到现在。

晋江发展具有很强的市场导向，因市场而生，因应市场的变化而升华。但是，商海如战场，处处藏凶险，表面上看起来微风不兴，却到处暗流涌动，随时会风涛怒号，一不小心就会有灭顶之灾。当然，能挺过的就是英雄。晋江人就是敢于在如此凶险的商海中进行搏击，就像他们先祖们不畏大海风险到东南亚谋生一样，他们练就了一身驯服商海的本领，锤炼了任尔东西南北风的韧性，涵养成追逐卓越的执着和对"输赢笑笑"的豁达品格。晋江人从改革开放以来在工业化、市场化中也是历经波折：从初期的闯市场、找市场、做市场；经历了恶性竞争、假冒比拼；接着探索"质量立市"，脱胎换骨，重整河山；遭受过亚洲金融危机打击而不倒，更加坚毅前行；进而实力精进，立志自创品牌，不为他人代工，在市场"江湖"创建各种"门派”，在短短时间内创造了多个国家级品牌，抢占市场竞争的高点。晋江人在市场上永不停息、不断奋进。进入 21 世纪，他们有更大的雄心，利用资本和技术，不断地提升竞争能力。

习近平同志在深入调研的过程中，深刻地认识到市场的作用和价值，提出了“始终坚持以市场为导向发展经济”的判断，不仅仅是对晋江过去发展规律的把握，也是对中国改革开放规律的把握，对晋江的未来和国家的未来都有着重要的指导意义。晋江以市场为导向的发展实践对中国发展市场经济至少有以下的启示和作用：

首先，市场能有效调动社会各种资源，具有决定性的配置功能。计划经济时代，晋江人闲、房子闲、资金闲，但是大家都过着穷日子，缺这少那，政府也不能满足百姓的基本生活需求。但是，一旦市场被激活，老百姓的活力、智慧和能力马上就被释放出来，社会经济在短时间内实现了天翻地覆的变化，他们“找市场，不找县长”，而政府也瞬间获得了更多的财源，能为老百姓做更多的事情。市场，让政府、百姓、企业达成了多赢。

其次，晋江的发展实践同时也证明，市场不是静态的、一成不变的机制，而是在不断建构和完善着。市场也存在失灵的风险，因此市场特别需要一套法律规范、行业规则及伦理道德支持。它们既蕴藏于民间和传统社会、文化中，又需要不断地从实践、外部学习和创新中进行改革和开放。

最后，市场是一所魔幻的学校，既能让人全面升华，又可能会让人“沉沦”。但对绝大部分晋江人来说，市场让他们得到升华。翻阅晋江第一代企业家的人生履历，难以想象他们竟能在短短几年内从没有受过多少教育的小农在市场中摇身一变为千万、亿万、百亿以上身价的现代企业家！他们没有经历现代高等教育的熏陶，但他们在市场中学到了怎样打造企业、管理企业、拓展市场、服务消费者，学到了现代企业制度，认识到科技创新，懂得品牌打造和市场营销，掌握了怎样利用人才、引进人才、培养人才，还认识到企业的社会责任。所以从这个意义上说，市场是最好的老师，是现代化的最佳驯化者。经历市场磨炼的晋江人，是最不容易被市场风险所击败的，在每次危机面前他们都能找到有效的应对策略，在每次市场升级中都能找到自己的竞争优势。晋江人的这种探索，实际上就是中国人探索市场经济道路的典型代表。

三、亲清政商关系的"探路者"

晋江现代化建设是全方位展开的，因此"晋江经验"不只是对经济发展的总结和概括，也是对晋江现代化的全方位的概括和分析，是中国式现代化道路的缩影。在晋江现代化进程中，治理现代化与经济现代化相辅相成，缺一不可。所以，"处理好发展市场经济与建设新型服务型政府之间的关系"，是治理现代化的关键和内在要求。

长期以来，亲清政商关系便是晋江发展得以成功的法宝之一。晋江党政领导和各部门都把自己定位为"引路人、推车手和服务员"，制定了"不叫不到、随叫随到、说到做到、服务周到"的治理和服务原则。因此，可以说晋江的党政领导是最懂市场经济、最了解企业的，而晋江的企业家们则是最懂政治、最能够与党和政府相配合的。他们彼此都非常了解对方的需求及自身的角色定位，相互支持和配合，构筑良好的互信，产生了同频共振效应。这也是一条中国如何搞社会主义市场经济的成功经验。

在晋江经济发展的 40 多年中，政府在不同阶段，为企业和经济发展发挥了"引领、助力和服务"的作用：

在改革开放初期，晋江政府扮演着政策松绑、保护的角色。当时，国家对个体经济、民营经济的发展还没有明确的政策，相关的体制还相当缺乏，计划经济体制的影响依然很大。在这种情况下，晋江政府秉持着保护好刚刚被激发的民营经济活力的态度，"挖空心思"地从中央下发的政策文件中为企业的存在和发展找到政策依据和理论解释，为几千家私营企业找挂靠单位和"婆家"，给它们"戴红帽子""戴洋帽子"，为它们提供合法的身份。有了这样的合法身份，它们就可以大展拳脚去发展和壮大自己。当中央允许它们合法发展的时候，政府又出面帮助它们摘帽子，恢复本来的身份，确立了它们真正的市场主体地位。

当晋江企业无序发展的时候，晋江政府的角色则转向规范和引导。这方面主要表现为"质量立市"，并推进城市化，解决"城不像城、村不像村"的问题。20 世纪 90 年代，晋江在快速发展中出现企业恶性竞争，相互压价、粗制滥造，甚至出现假冒伪劣产品等问题，严重损害了晋江的形象，危及可持续发展。危急时刻，晋江政府明白自己的角色必须转变，着重打击粗制滥造和假冒伪劣，遏制恶性竞争，将企业引向重质量、讲诚信上面。与此同时，政府也意识到，晋江大小企业分散在各个乡村，不利于其发展，于是着手推进工业园区和城市化建设，以城市化带动工业化向更高质量方向发展。

晋江发展的每个阶段有其相应的任务和问题，晋江政府对此有着清醒的认识和使命感。当晋江企业的质量问题得到解决后，企业品牌问题便凸显出来。当然，质量问题与品牌问题是相互联系的，之所以出现质量问题，跟晋江企业都是在做代工或者仿造有关。有的老板一开始连品牌和专利都不懂，看到好看的鞋就买来拆解仿制。对此，政府部门认识到，打造晋江企业品牌，是晋江永续发展的基石。于是，从20世纪90年代末到21世纪初，政府从各个方面鼓励企业创品牌。在三四年时间内，晋江冒出了几十个全国知名品牌和上百个福建知名品牌，迄今晋江头部企业、领军企业的品牌都是在那个时候创建的。

当企业有了自己的品牌后，下一个目标是做大做强品牌，需要的是资金、技术的大量投入，此时，推动企业上市便成了政府在21世纪初要做的重点工作。晋江政府出台了各种辅助、引导和推动的政策，比如为准备上市企业的辅导买单，给予获得上市资格的企业上百万乃至上千万元的财政奖补等。政府对一些有实力上市但担心上市影响其家族经营的企业家们进行各种定向的宣导，以解除他们的疑虑和担忧。由此，晋江迎来一拨企业上市热潮，目前晋江已经有50家上市企业。

企业家的素质和能力决定了企业的命运和发展前途，对他们的培养成了晋江政府另一个新的工作目标和任务。大部分第一代晋江企业家只接受过小学教育，随着企业做大，他们亟待接受更高更好的教育。晋江政府于2003年与北京大学合作，为晋江开设了总裁研修班，当期有45位企业总裁接受了培训，后来又分别开设了香港大学总裁研修班、青商才俊班、晋江大讲堂、财智论坛、博士后讲坛、HR职业经理人沙龙、企业精益管理培训班、麦肯锡领导力中心晋江教学点、创二代“零航班”等等，对提高晋江企业家队伍素质起到了重要作用。

随着企业越做越大，一个县级市的容量似乎出现了瓶颈，城市品质问题、人才不足、科研创新乏力、开放水平不高等问题，明显制约了晋江更高水平的发展，尤其是企业的国际化。于是，一些企业开始将总部或者研发部门、销售部门等迁至厦门、上海、深圳等地。对此，晋江政府提出了创建国际化创新型品质城市的战略。晋江领导深感城市难以适应晋江企业的现代化发展，担忧晋江吸引不了优秀人才，更担心留不住优秀人才，同时也不能培养优秀人才，从而导致创新能力不足。因此，晋江市委、市政府极力打造和实现国际化品质城市。他们从多角度、多层面、多手段去推动晋江向着这个目标发展，比如出台极具优惠力度的人才政策，引进中国科学院大学和福州大学在晋江办学，引进一些国家级研发机构并实现与企业直接对接，培育新兴科技产业，举办国际体育赛事等等。国际化创新型品质城市的雏形正在形成之中，这对于晋江企业的高质量发展具有非常大的磁吸作用。

总而言之，晋江的亲清政商关系是在改革开放过程中一步一步探索出来的，一方面是晋江的企业发展需要政府的支持和引导，另一方面晋江政府也需要企业有更好的发展。它们彼此有着很强的相向力。习近平同志正是从这样的政商实践中做出了"处理好发展市场经济与建设新型服务型政府之间的关系"和"始终坚持加强政府对市场经济发展的引导和服务"的科学论断。同时，这些论断对于其他地方也有重要价值，因为它是在实践中得到了检验的真理。

四、新发展理念的"先行者"

创新、协调、绿色、开放、共享的新发展理念是在2015年党的十八届五中全会上系统提出来的，但其早已蕴含在"晋江经验"之中，主要体现在"正确处理好五大关系"中的四个处理好的关系上，即有形通道和无形通道的关系、中小企业和大企业之间的关系、发展高新技术产业和传统产业的关系、工业化和城市化的关系。处理好这四种关系的判断至少包含着协调、开放和共享的思想。

新发展理念既是对国家过去发展经验的总结，又对今后现代化实践具有指导意义。中国之所以能走出自己独特的、成功的现代化道路，便与长期以来自觉或不自觉地坚持这样的发展理念有着密切关系，或者说，其中的一个重要原因在于现代化的系统性和协调性。有了这样的系统性、协调性，中国经济才能表现出强劲的活力、韧性和抗逆力，才能有效应对多次世界金融危机（1998 年的亚洲金融危机、2008 年的次贷危机）以及中美贸易摩擦等，也才能有效地应对新冠疫情的冲击。在这样的多元因素、多主体共存和发展中，自然会涉及共享问题。没有共享，就难以维持协调关系，从而影响发展的均衡与可持续性。维持协调、实现共享，各个主体也须不断创新机制，须相互包容、开放，尤其是对外开放，所以五个新发展理念之间是相互支撑、互相共进、缺一不可的。这样的思想在“晋江经验”中得到了体现，反映了晋江现代化具有国家层面的示范性，正如习近平所说的，“晋江经验”是晋江人民对有中国特色社会主义发展道路的大胆探索和成功实践。因此也可以说“晋江经验”不仅在县域现代化上具有重要价值，对中国整体现代化也是有一定的价值。

那么，“晋江经验”中五种关系是如何体现新发展理念中的协调、创新和共享的呢？

首先，晋江现代化建设是多方主体合作和协调的系统过程。“晋江经验”是对晋江现代化实践的观察和总结，反映的是晋江在现代化实践中处理好五种关系这一事实。对晋江现代化乃至中国的现代化来说，这五种关系并不是对立的，而是紧密协调的关系。比如，在现代经济发展中，有形通道与无形通道具有同等的价值，它们相当于物流和信息流。如果没有物流这样的有形通道，产品、原材料、人员都无法进出流动。同样，如果没有信息流这样的无形通道，就不知道市场、顾客、货源在哪里，不知道为谁生产、为谁服务，也不知道生产什么和用什么来生产，更谈不上实现“交换价值”。所以，有形通道与无形通道是任何地区和国家发展市场经济所必需的两个要素，缺一不可，谁也离不开谁，须发展好和协调好。

同样，中小企业与大企业的关系也是如此，是相互支持、相互依赖和相互促进的关系，而不是对立的，更不应是“大鱼吃小鱼、小鱼吃虾米”的兼并关系。晋江发展实践表明，大企业都是从中小企业慢慢发展起来的。没有足够数量的中小企业，不可能涌现出那么多的大企业。20 世纪 80 年代最初几年，晋江企业井喷式发展，1981—1985年，晋江全县乡镇企业单位总数增长1.87倍，其中联户集资企业总数增长28倍，占乡镇企业总数的比重从7%提高到71.6%。1984年晋江乡镇企业就有3968家。[①] 那时候，晋江已经呈现产业集群的雏形，分别有服装、拉链、食品、制鞋等，出现"一村一品"和"一镇一品"的初期格局。大量的中小企业，托起越来越多的大企业、知名企业，继而形成各种产业集群。到2008年，传统的制造业已成规模，超亿元的企业达196家、超5亿元的企业达到32家、超10亿元的企业有5家，诞生了69个中国驰名商标、中国名牌产品等。与2007年相比，2021年晋江的传统产业越做越强，而且高新技术产业、现代新兴服务业等产业不断兴起和壮大，经济规模今非昔比。2021年晋江政府工作报告指出："加快四大传统优势产业全链条升级，多维布局信息技术、智能装备、医疗健康等新兴产业，打造1个超两千亿元、1个超千亿元、2个超500亿元、2个超300亿元的产业集群，集成电路产业筑链成势。产值超亿元企业1159家，上市企业增至50家，2家企业入列全国民企500强，规上工业产值超6900亿元，跑出年均增长600亿元的'晋江速度'。"

晋江的每个产业集群都由大中小企业组合而成，大企业起到引领作用，中小企业起到支撑作用，它们之间在业务、技术、市场等方面形成了共存、共生、共发展的关系，这就是晋江发展的竞争力之所在。当然，中小企业不仅仅是起到支撑大企业的作用，也孕育着新的发展潜力，潜藏着隐形冠军企业。所以，任何一个国家或地区，必须形成大中小企业共存、共发展的产业生态体系，否则即使有少数大企业，也不能保持可持续性。

另一对关系就是高新技术产业与传统产业，它们在晋江的发展实践有三点值得深入研究：第一，一些传统产业的升级转型和高新技术化取得了明显的成效。不少所谓的传统企业，如安踏、劲霸、柒牌、七匹狼等鞋服企业，以及磁灶的瓷砖瓷器企业、盼盼食品企业、恒安纸品企业等，都华丽转身，发展成为高新技术企业，具备了非常强的研发和数字化能力。第二，在所谓传统产业之外，晋江市委对引进和发展高新技术产业已经早做筹划和付诸行

① 陆学艺主编：《晋江模式新发展——中国县域现代化道路探索》，社会科学文献出版社2007年版，第46页。

动了。如引进国家级科研平台，以平台支持高新技术产业；引进高层次人才；大胆引进一些高新技术头部企业；建立创新创业孵化园区，孵化专精特新企业等等。第三，高新技术产业与传统产业形成相互支持和共同发展的局面，一方面传统产业在高新技术产业的支持下实现了技术创新和升级，另一方面高新技术产业在帮助传统产业中得以发展和壮大，中国皮革制鞋研究院与晋江传统产业升级之间的关系足以说明这一点。

所以，晋江在处理好高新技术产业与传统产业的关系和发展上积累了许多经验，可为其他地方发展提供借鉴。中国科学院大学的一位专家高度赞赏晋江市委、市政府对引进国家级科研机构所作的努力，认为中国目前还没有第二个县级市像晋江那样重视，其投入之大、用力用情之猛，都是罕见的。中国科学院海西研究院、中国皮革和制鞋工业研究院（晋江）在推动晋江高新技术产业发展上也发挥了非常大的作用。晋江市政府也看到了这一点，更增强了继续推进这方面工作的决心和信心。

第四对关系就是工业化与城市化的关系。晋江的实践充分体现了工业化与城市化协调发展的重要性。工业化是现代化的根本动力，城市化是工业化的重要载体。晋江在工业化与城市化的关系上经历了城市化滞后工业化、工业化与城市协调发展、城市化引领工业化发展三个阶段。在改革开放初期，晋江农村工业化先行，村村点火、处处冒烟，好处是农民在家门口就可以参与工业生产，于是晋江工业出现前所未有的蓬勃生机，涌现了“一村一品”“一镇一品”的工业格局，奠定了晋江工业化现代化的发展格局。现在晋江各个乡镇、街道还是这样，各有特色，都有自己的经济实力，有助于区域均衡发展和晋江全市整体实力的提升。但是农村工业化先行的弊病和问题也非常明显，如污染问题，家庭作坊技术简单，根本没有条件和能力处理污染问题，不少村庄污水横流、尘土飞扬、噪声分贝远超人的忍受力。显然，这种局面是不可持续的。城市化便成为不可避免的、无二的选择。

20 世纪 80 年代，晋江县委、县政府开始对县城进行改造，1985 年，福建省政府批复了《关于晋江县城总体规划》，同意把晋江县城定位为“省重点侨乡、晋江县的政治与文化中心，并以发展食品加工为主的轻型工业城镇”。这是晋江第一次有自己的县城总体规划。1988 年，晋江又实施“一园、两水、三区、四点、五线、六场"的市政建设布局。[①] 当时最大的举措是1992年晋江撤县建市，真正明确了晋江未来的方向是城市，至少是县级市。晋江市委明确要求要高标准、高起点地把晋江建设成有现代气派的新兴城市。1996年，晋江正式提出了"四个集中"，即耕地向规模化经营集中、企业向工业园区集中、住宅向现代社区集中、人口向市区和城镇集中。这"四个集中"显然是针对村村点火和处处冒烟的农村工业化格局的。2007年，晋江迎来了城市化"高光"时刻，晋江人通常把这一年视为晋江真正进入城市建设的关键年。这一年，晋江市委、市政府不仅提出了珠链式新型城市建设设想，要强化中心市区、建设城镇群，而且付诸具体行动，大规模拆迁老旧房屋和城中村房屋，对晋江全域城市化进行总体布局，构筑"一中心、两翼"的城市化格局，基础设施建设力度空前巨大，从而明显地改变了"城不像城、村不像村""城市像农村、农村像城市"的现象。而今的晋江，正朝着创建国际化创新型品质城市这个目标迈进，这不仅仅是为了配合制造业升级和产业发展，也是为了引领晋江经济转型、升级和参与国内外竞争，从而吸引高端人才来晋江发展，增强晋江的创新能力，提升国际化水平。今日的晋江正向城乡融合、区域融合、内外融合迈进，在朝着后工业化、一二三产业融合的样态发展和演进。

还有一种关系就是如何处理好本地优势与对外开放的关系。"晋江经验"表明，坚持立足本地优势和选择符合自身条件的方式处理对外开放，推动经济发展，是晋江现代化获得成功的另一个重要法宝，是中国式现代化道路的一个典型案例。这一经验对后发现代化地区和国家都有着重要的理论和实践借鉴作用。

晋江的现代化实践，我们看到他们在许多方面是很传统的，很"中国化"的，比如有很强的家庭、家族、村舍和地缘传统，保留着丰富的传统文化和生活方式甚至价值观念。但是，晋江人并不保守，特别是在经济发展和走向世界方面非常"开放"，非常善于学习和吸收外来的文化和经验。晋江人把两者有机地结合起来，转化成他们推进现代化建设的优势。从古到今，

---

① 陆学艺主编：《晋江模式新发展——中国县域现代化道路探索》，社会科学文献出版社2007年版，第126页。

晋江汇聚了儒家文化、佛教文化、伊斯兰教文化、道教文化、妈祖文化、海洋文化、华侨文化等多元文化，构成了现在丰富多彩的闽南文化。多元文化的交汇，意味着闽南文化的创造力和活力。晋江人充分地占有这样的文化优势，因此在现代化实践中他们就能很容易地与各种其他文化打交道，并习惯性地汲取他人所长为我所用。所以，晋江的企业家们在全国乃至世界各地都能如鱼得水，同时又能坚守本土。不管晋江人远离家乡多久、多远，他们在许可的条件下，都会以各种方式回报乡梓。这样的故事在晋江随处可见、随处能听到。改革开放初期晋江人的“三闲”中的“闲资金”便与侨汇直接关联。华侨捐资办学、修桥、济困救难等，也随处可见。世界晋江青年联谊会可以说是当代世界各地晋江人依然恋土重家的体现，他们的理事成员分布世界各地，如菲律宾、新加坡、马来西亚、印度尼西亚、泰国、缅甸、加拿大、美国、英国、德国、澳大利亚、新西兰、南非、巴西等等，他们中绝大多数不是第一代华侨华人，而是多代甚至十多代的华侨华人，但是他们依然保持着对晋江的乡土意识，以各种方式参与到晋江的现代化进程中。这就是晋江现代化的一个重要优势。当然，所有侨乡都有这样的优势，只不过是晋江人将这种优势利用和发挥得淋漓尽致而已。当然，晋江的本地优势不止这一个，它们都能有效地将其与外部开放结合起来，从而助力晋江现代化发展。

处理好以上五方面的关系，是晋江现代化实践取得成功的理论启示和提炼。晋江现代化是改革开放后中国现代化的地方实践，它之所以有样本的典型价值，是因为晋江在中国内部来说一开始也是比较落后、比较贫穷，而晋江靠着自主能力在改革开放中实现了自己的现代化，这与中国在世界范围内的情况有很大的相似性。而且更重要的是，晋江秉持的就是改革开放以来中国所坚持和探索的现代化路径：坚持发展社会生产力，发展是硬道理；坚持以市场经济为导向发展经济；坚持构建合理的政商关系；坚持创新、协调、绿色、开放、共享的新发展理念。由此可见，“晋江经验”是习近平新时代中国特色社会主义思想的实践来源之一，对晋江未来发展乃至对全国各地的现代化实践有着很强的指导意义。

第二节　"晋江经验"的社会文化机理

"晋江经验"不仅仅告诉我们晋江有什么样的现代化条件以及处理好了什么样的关系，还指出他们是如何将这些条件转换成现代化行动和实践的：为什么晋江人在改革开放初期就能快速地将"三闲"有效地转化为发展条件？为什么他们能将海外华侨华人优势转化为发展优势？为什么他们不受困于传统反而将传统转化为现代化优势？晋江的现代化实践经验揭示了晋江社会文化蕴含着丰富的现代化主体性。如果没有主体性，晋江就不可能主动向外开放，不可能有效地去学习、选择、吸收、转换和提升现代化技术、经验和理念，只能做现代化的"被动者"和"依附者"。晋江人的现代化主体性就埋藏在其丰富的社会文化之中，或者说它具有很强的文化机理确保他们在现代化中去获得成功，反过来进一步提升其主体性水平和能力。"晋江经验"就是对过去几十年晋江现代化实践中本地社会文化主体性与现代化主体性培育之间的有效转换和互促的理论提炼。

一、"顽强拼搏"与"爱拼会赢"：现代性的基底

一个国家或者地区，要推进现代化建设，在民众中需要一些现代性要素，没有这样的禀赋，就不可能吸纳外部的现代化因素，也不可能从内部诞生和催生现代化事物。晋江的社会文化中不缺乏现代性要素和禀赋，晋江人骨子里就有"爱拼敢赢""爱拼会赢""爱拼善赢"的基因，甚至所有闽南人都将这些视为自己的文化精髓和人生哲学，这一点正是晋江之所以能够快速地投入现代化探索的现代性基底。

晋江地处我国东南沿海地区，人多地少，土地贫瘠，海上谋生风险奇高。"我们英林镇的老百姓特别勤劳，因为穷怕了。我记得我孩童的时候我父亲经常跟我讲，英林村每年都饿死不少人，整个英林种水稻的田就只有几

十亩，其他的99%都是种地瓜、花生……我们英林镇的基础特别薄弱，很穷，农业极其不发达，所以大部分的老百姓只有拼命努力，因为他们知道只有爱拼才会赢。”劲霸老总洪忠信在提起他小时候的生存环境时这样说道。正是如此恶劣的环境，锤炼出晋江人勤劳、顽强、勇敢的品格和冒险精神；这样的顽强品格和冒险精神反过来又成了现代化所需要的一种现代性气质。

现代化实践之所以充满着风险、挑战和困难，是因为它远远超出了传统社会所能想象和经历过的风险和困难，没有一定的胆量、勇气和知识，是难以参与进来的。19世纪末20世纪初的德国著名社会学家马克斯·韦伯早就意识到这一点，他在《新教伦理与资本主义精神》一书中指出：“只有那些具有超乎寻常的坚强性格的新型企业家才能够在面对这样的压力时不至于丧失理智，从而使他们免遭道德上和经济上的毁灭。否认这样一个事实当然是再容易不过的事情了。而且，由于这种新型的企业家具有坚定不移的道德品质，以及对于事物敏锐的洞察力和执着的行动力，才使得他在顾客和工人中间赢得了不可缺少的信任。其他任何东西都无法给予他克服重重障碍的力量，更为重要的是，也没有任何东西能够使他承担起近代企业家所必须承担的那些无比繁重的工作。”[①] 从改革开放中涌现出来的中国企业家无不具有韦伯所刻画的这些精神气质和品格：坚强性格、理智、坚定不移的品质、敏锐的洞察力、执着的行动力等等。晋江之所以会诞生如此众多的企业家，也恰好与晋江人这种爱拼会赢的禀赋密不可分，这是他们与生俱来的文化基因。

当然，晋江人的这种基因是在祖祖辈辈生活的这片土壤之中滋长出来的，是在他们长期与恶劣的生存环境搏斗中养育起来的。现在看起来，晋江好像是块“风水宝地”，但历史上并非如此，早在唐宋时期，晋江人就开始海上贸易，在贸易中一些晋江人移民海外。明代中后期，赋役苛重、土地兼并加剧、倭寇骚扰以及大饥荒等因素，进一步迫使晋江人纷纷出逃海外，谋求生路。后来，清廷实行“禁海”“迁界”等政策以及不断的战争，国内经济凋敝，晋江人出洋形成高潮。民国时期，社会动荡不安，民众“走土匪”“逃壮丁”成为普遍现象，许多青年人因此而逃到海外，同时，还有不少革命志士因避难而出国。

---

① ［德］马克斯·韦伯著，彭强、黄晓京译：《新教伦理与资本主义精神》，陕西师范大学出版社2007年版，第89页。

中华人民共和国成立之后，晋江人大批出国的现象基本告一段落，更多的是以归侨、侨属探亲和继承祖业等方式出国。晋江下属的18个乡镇972个自然村中，归侨、侨眷占全县总人口的50%～80%。[①] 据1987年侨情普查统计，晋江县共有海外华侨华人94.45万人，遍布50多个国家和地区，其中又以东南亚各国居多，具体分布在：菲律宾65万人，印度尼西亚9.5万人，新加坡4.5万人，缅甸1.3万人，越南1万人，泰国0.5万人，日本、美国、朝鲜等国6万多人。1992年，晋江撤县设市时，全市陆地面积649平方千米，海岸线长121千米，辖13个镇、6个街道，户籍人口123.25万，晋江籍华侨华人多达300万。

在上千年特别是最近一百多年的海外迁移、打拼中，晋江人养育成了敢于冒险（晋江人自称为"敢为天下先"）的文化禀赋，因为往海外移民谋生是非常艰难的，没有相当大的冒险勇气，是不可能实现的。另一种与移民相关的禀赋就是开放包容，融入移居地社会，接纳包容移居地的不同生活习俗。特别是在近代走出去的晋江人，他们可以说比国内的人提前接受了现代化洗礼，在异国他乡从事制造业、商业，许多人创建了自己的工业企业，拥有了丰富的经济资源、市场信息与社会关系网络。海外华侨华人的所有这些经历反过来输入晋江，从观念到行动给晋江人带来熏陶和刺激，从而更加激发了在国内的晋江人对现代化、对敢为人先、对市场参与的渴望和期待。

这样的冒险和"爱拼会赢"在移民海外的推动下，在晋江形成了一种社会文化氛围：不想穷，就得外出拼搏；做生意才能富裕，种地是难以维持生存的；下海捕鱼，到东南亚创业，是他们一生中必然会考虑的选项。当改革开放春风吹来，晋江人的这种拼搏、经商、创业的氛围马上被激活，他们把那些在计划经济时代得不到好好利用的"三闲"以及海外的资源迅速地调动起来，投入他们期盼已久的创业致富实践，晋江顿时出现一片"全民开工厂和经商"的壮观景象。

二、诚信：现代性的"护身符"

"晋江经验"表明，坚守诚信是市场经济健康发展的必要条件。无信则

① 晋江市地方志编纂委员会编：《晋江市志》（下），上海三联书店1994年版，第1215页。

不立，诚信是金。晋江之所以能从个体户和家庭作坊起步，一直走到现在，经济实力迈入全国百强县市前四名、连续20多年保持福建省县市第一名，构筑成上千亿元的产业集群，离不开对“诚信”的坚守。讲诚信、坚守诚信，并不是晋江人所独有的，古今中外，诚信是人类的重要禀赋。不论是传统社会，还是现代社会，诚信都是很重要的社会资源，是维持社会经济运行的关键机制。但是，在社会转型和大的社会变革中，一些传统的品行最容易遭遇挑战，坚守诚信成了一件艰难的事。晋江人在迈向市场经济和现代化的过程，也曾遭遇多次诚信危机。一次是20世纪80年代所谓“假药”事件诱发的信任危机，一度致使晋江产品滞销；另外是后来一些人以次充好、假冒仿造名牌，在一定程度上损害了晋江产品的市场形象；还曾出现过一些人以“会”融资然后拖欠不还等问题。晋江党委和政府对这些问题非常重视，果断采取措施，倡导“质量立市”，打击失信行为，重建晋江人的诚信形象。从整个区域社会氛围来看，在过去的40多年，晋江绝大多数人相信，诚信是他们打拼天下、开拓市场的立命之本。人无信不立，一个县市、地区乃至国家都是如此。晋江之所以有今天的发展成就，跟晋江人、晋江政府重信义是紧密相连的，他们以各种方式大力宣扬质量至上、诚信至上的价值观，大力整顿诚信秩序，塑造诚信体系。

一直以来，晋江都有很浓厚的诚信文化氛围。晋江是一个熟人社会，是一个区域共同体，这种理念也辐射到海外：在海外，只要是晋江人，都会相互支持、帮忙，有很强的信任意识。当然，这样的信任也是从本土带到海外，在海外进一步强化的。从理论上说，熟人社会的一个重要因素就是诚信，没有诚信的人，在熟人社会中很难生存。某著名企业家曾讲了他爷爷的一个故事，并说这个故事对他的人生有很大影响。这个故事是这样的：他父亲有7个兄弟和3个姐妹，他们家族有两个企业，于是乎有人问他父亲他们家族是如何兴旺起来的。他父亲的回答就一个字——“德”。为什么“德”能兴业呢？于是他父亲用他爷爷的一个故事来解释其中的道理。他爷爷以前是在英林村打工的，就是类似在菜市场卖猪肉、卖菜的员工，一天赚一毛或两毛钱，这在当时已经算比较有钱了，因为种地每天就拿几分钱。英林村的菜市场是晋南4个乡镇的商贸集散地。一天，有一位老年人来买猪肉时把自己的包忘在摊子上了。他爷爷发现了这事，就叫他三叔抱着这个包，坐在肉摊边等那位老年人回来拿。他三叔一直等到凌晨两三点，才看到一个老年人拿着手电筒从远处找过来，脸色苍白，满头大汗。看到他三叔后，那老年人说自己掉了一个包，里面有5000美元。于是他三叔与那个老年人当场清点包里的钱。那个老年人当场就激动得号啕大哭，说这5000美元是他们村的华侨们每个人出5美元或10美元积攒起来的。当时那老年人死活要拿出50美元给他三叔，而他三叔一分钱也没收。这位企业家的父亲经常拿这个故事教育他们兄弟姐妹，说他们家族就是因为祖祖辈辈都讲"德"，才能人丁兴旺、事业发达。这个"德"就是诚信，当然还包含不贪、不拿不义之财、不取非己之物等等。

现代社会对诚信的需要非常迫切，各国在迈向现代化的过程中都会重视诚信体系建设，从制度上解决诚信问题。晋江的现代化进程中，诚信是最为重要的介质，没有诚信和不对诚信进行维护和建设，晋江的现代化不可能走到现在。"晋江经验"表明，不论是制度诚信还是人际诚信，都是必不可缺的，是晋江获得快速发展的命脉。晋江的政府和企业都把诚信融入其文化和治理的各个方面。不论是质量立市还是品牌立市，不论是企业入市还是创新创业，其背后实质上做的就是诚信建设。

当然，晋江人重诚信，除了政府积极作为外，至少还有个因素发挥了作用：他们从事的工业、贸易，彼此有着密切的合作和关联，资金上需要相互借贷。民间借贷是晋江的传统，已经形成了一套诚信规则和习惯，产业链上彼此也需要协作，长期的合作就建立起彼此的诚信。实际上，晋江经济就是一个利益共同体，其内部有许多实践的诚信规则，这些规则也向共同体外延伸和发展，成为他们对外交往的原则和习惯。支撑利益共同体的最坚实基础是晋江人长期以来铸就的社会生活共同体，后一个共同体对信义有很高的要求，成为共同体运行的基石和晋江发展的一个重要保证。

三、兼容并包、多元融合与现代性活力

晋江人的兼容并包和多元融合由来已久，可以追溯到千百年前。晋江人

的先祖大多是魏晋南北朝时从中原迁移过来的。“晋永嘉时，中州板荡，衣冠入闽者八族：林、陈、黄、郑、詹、邱、何、胡是也”。[①] 他们带来了中原文化。与此同时，晋江靠海，自然会受海洋影响，出现海洋文化。当然海洋文化是他们在长期与海洋打交道的过程中形成的。在后来的流动交往中，晋江迎来了更多来自其他地区的人，甚至从波斯和阿拉伯而来的商人也定居在晋江一带。所以，晋江拥有中原文化、佛教文化、道教文化、儒家文化、商业文化、阿拉伯文化、海洋文化、本土文化等等，也就是说，晋江成了多种文化的大熔炉。

多元文化铸就了晋江人的一些重要性格：首先是包容，对不同事物特别是新鲜事物和不同的人给予宽容对待。当前新晋江人就有 100 多万，他们都是改革开放后来到晋江的。在这里，他们没有感觉到排斥与歧视。而且晋江很早就向外来人口全面开放，在落户、子女就学方面让他们享受同等的居民待遇。所以，不少新晋江人将晋江当成自己的家和第二故乡。一对重庆夫妻在晋江安家落户，其孩子考上重庆的一所大学，孩子在重庆上了几年大学后告诉她父母说，她毕业后要回晋江工作，因为她觉得晋江才是她的家。晋江人的这种包容显然是他们在移民过程中养成的。其次是开放灵活，他们不会太拘泥和守旧，而是善于去学习新的东西。从晋江企业家的成长历程就可以看到，虽然不能说他们是白手起家，但是他们一开始确实并不知道如何去办企业，更不用说去经营上百亿元的企业或公司，他们都是泥腿子上岸，在边干边学中实现蜕变和提升。再次就是善于创新。受多元文化的熏陶，晋江人善于汲取不同文化的优点，然后转变成自己的东西，这里就会出现各种创新，这在晋江的古厝中有很多的体现：晋江人在东南亚或其他国家赚到钱后，都会回晋江盖别墅，外壳上还是闽南古厝的样式，但是内部会融入东南亚乃至西方建筑风格，比如大窗门、壁炉和其他装饰等等。

晋江的企业家们也是如此，他们会把晋江的一些传统和习俗带向全国各地乃至世界，形成自己的晋江文化圈子。同时，他们会将先进的现代企业文化带回晋江，以提升晋江企业的现代化水平。

---

① 晋江县情调查组：《中国国情丛书——百县市经济社会调查：晋江卷》，中国大百科全书出版社 1992 年版，第 5 页。

在晋江这个城市生活，不仅会触摸到大城市的文化，也会感知到外国的文化气息，同时还能品味到晋江传统文化韵味。多元文化、不同地方人士以及相应的多样文物标志等，显示出这座城市的蓬勃生机。这就是晋江现代化生机活力之所在。

第三节 县域现代化与中国式现代化道路

晋江是一个县级市，是从一个不发达的农业县发展起来而在短时间内快速成为引领中国县域现代化的典型之一。"晋江经验"就是对这样的县域现代化实践的理论概括。显然，不能仅仅从县域层面来理解"晋江经验"，否则，难以把控"晋江经验"对中国现代化道路的理论价值。"晋江经验"中有一条是始终坚持以发展社会生产力为改革和发展的根本方向，它就是中国改革开放以来所坚持的以经济建设为中心的另一种表述。2021 年中央经济工作会议再次强调，坚持以经济建设为中心是党的基本路线的要求，进一步表明坚持发展社会生产力是今后中国现代化建设所不可动摇的真理。虽然不能说这一基本路线的提出就是从"晋江经验"中得出来的，但是"晋江经验"至少是这一基本路线的有力依据和成功实践的表现。同样，"晋江经验"中涉及市场经济建设、亲清政商关系，以及新发展理念、处理好几种重要关系的观点，都是中国现代化建设之所以取得快速发展的宝贵经验，依然有着指导今后中国现代化建设的理论价值。具体地说，"晋江经验"对其他县域更好、更快地迈向现代化的借鉴作用体现在：

第一，作为一个县，是可以发展成一个完整的有竞争力的产业体系的。一个县有较大的社会、市场、地域空间以及承受能力来展开产业发展和布局。晋江可以说是全国地理面积较小的县域之一，但产业发展不能只看地理位置，还要看产业生态系统。凡是经济发达乃至现代化先行的县市，都培育了系统的产业生态和良好的社会生态。

第二，政府认识到自己在不同时间须扮演不同的角色和发挥不同的作用，从而构筑起与企业、社会有效的互动关系，最大限度地发挥助推和引领县域现代化的作用。亲清政商关系非常重要，其内涵很丰富。从晋江的实践经验来看，首先，政府要尊重社会生产力和市场经济发展规律，不能把自己当作企业，更不能代企业决策。其次，要充分尊重社会的力量，特别是认识清楚本县的优势，为发展创造好的政策和体制环境。最后，做好公共服务供给和基础设施建设，特别是培育科技研发平台。

第三，每个县市既有自己的短板，又有自己的优势，特别是要客观、科学地认识本县市的优势，然后与外部社会有效对接，也就是开放与自主相互促进，而不是相互抵消。开放、包容、学习、创新，是一个县市迈向现代化所必须具备的社会现代性精神和能力。

"晋江经验"超越了县域现代化本身，就在于它揭示了中国式现代化道路的重要规律。最初现代化理论把欧美国家视为现代化样板，从产业、技术、治理、政治和文化等层面都是由欧美国家所创建，而其他国家只能从那里输入这样的现代化器物和精神理念。所以，欧美国家又被称为"先发国家"，即先发展和发达起来的国家或者说先实现现代化的国家，而其他国家统统被纳入"后发国家"。当然，世界体系理论和依附理论又根据世界各国在现代化发展上的程度（更确切地说是资本主义发达程度）的不同，划分为"核心""半边陲""边陲"三类国家，它们之间存在着剥削与被剥削的关系。处在核心位置的国家都是世界上最发达的，它们数量不多，而大多数国家都处于"半边陲"和"边陲"位置。要从边陲国家变为半边陲国家，或者从半边陲国家上升到核心国家，几乎是不可能的，因为除非有某个核心国家"堕落"为半边陲国家，否则就没有位置让某个半边陲国家发展为核心国家，同样道理存在于半边陲国家与边陲国家的关系中。所以，对半边陲国家和边陲国家来说，要成为发达国家或者实现现代化，首先要切断它们在这个体系中的依附关系，实现自主地位。但是这些理论没有回答半边陲国家和边陲国家真的实现自主、没有对核心国家依附的情况下究竟怎样实现现代化这个问题。现代化是有一些普遍性，这些普遍性虽然先成长于欧美，但适用于所有国家，比如工业化、城市化、科技现代化、市场化等等，虽然成长于欧美，但是不是欧美所专有的，是经济和社会发展的普遍规律，不遵照这些规律，不可能实现现代化的。晋江现代化经验中最重要的一条就是立足自身条件，先是由华侨华人从海外输入资本、技术、经验乃至现代化的一些理念，同时通过他们又将其生产的产品输往世界，进入世界市场。晋江在现代化过程中没有全盘照搬发达国家的模式，而是基于自己的需求有选择地吸纳、学习其他国家的现代化经验和技术，而且还有超越和引领的雄心和目标，由此构成中国式的现代化实践。其中最明显的是"始终坚持立足本地优势和选择符合自身条件的最佳方式加快经济发展"。经济发展是现代化的普遍要求，包括市场经济、技术创新、现代企业制度、亲清政商关系等都是经济发展的表现，但是晋江会融入其独特的文化和社会要素，从而构筑成具有晋江特色的现代化形态。实际上，中国各地都会有自己的独特现代化做法和形态，从而形成多样性的现代化发展形态，这也是中国式现代化的特点之一。

在过去的40多年中，晋江现代化可概括为现代化主体性培育、成长过程。一方面晋江人有着现代化的动力，有着现代化的拼搏精神与确保现代化发展的诚信和社会支持（社会资本，比如大量华侨华人），另一方面他们正好碰上国家改革开放的大好时机与地方政府的发展需求，以及晋江所储备起来的一些社会经济条件，诸多因素的结合构成了晋江现代化的引擎。但是，所有社会主体并不是一开始就熟练地掌握工业化、城镇化、科研技术现代化、治理现代化能力的，而是在边干边学、边学边干中培育和提升的。有企业家说，当初他们也不知道如何做衣服，先去市场上买几件，拆开来看，然后照着尺寸在新布上画出来，再去找村里的裁缝缝起来，拿到市场上销售，一看销得很好，就继续干起来，慢慢地把事业做大了。至于企业家精神、企业经营机制、上市等等这些概念，他们甚至连听也没有听说过，但是他们渐渐地学起来，懂得了如何制定规章制度，如何管理规模越来越大的企业，甚至还有人开始提炼企业管理理论。所以，简而言之，"晋江经验"就是对晋江现代化主体性培育和提升实践的理论总结和提炼，不仅对晋江继续推进现代化有指导价值，对全国其他县市区乃至国家层面的现代化建设也有重要的参考价值。

最后有必要对本书的逻辑结构做一说明和解释："晋江经验"由"六个始终坚持"和"正确处理好五大关系"构成，重点是围绕着如何促进社会生产力发展和市场经济建设来体现，涉及经济改革、政府引导和服务、本地优势，以及精神层面的诚信和顽强拼搏等内容，并在经济建设内部提出了要处理好有形通道与无形通道、工业化与城市化、中小企业与大企业、高新技术产业与传统产业等五大关系。所有这些内容体现了中国式现代化建设的实践逻辑和机制，也就是说，不仅晋江而且全国都是沿着这样的实践逻辑和机制推进现代化的。因此，本书首先是在导论中从现代化理论特别是现代化主体性培育和成长角度分析“晋江经验”对于中国式现代化建设的价值和意义，为全书提供分析框架。第二章则是把“晋江经验”放在时代的发展脉络中来透视，这个脉络分别为全球化、中国的改革开放、区域发展状况以及晋江自身的历史变迁。如果没有这样的时代脉络，就难以认识“晋江经验”中“六个始终坚持”和“正确处理好五大关系”的含义。第三章重点探讨企业家精神与晋江工业化。晋江的工业化非常有特色，它从本土成长起来，又契合对外开放。其中，晋江人的爱拼会赢以及诚信等发挥着相当重要的作用，由此成长出一批企业家并形成了特有的企业家精神，从而重塑了晋江工业化发展轨迹。第四章聚焦政府在经济发展中的角色：如何引导市场经济建设，如何服务企业发展，如何推进城市化更好地提升晋江的发展质量等，深入探讨了“晋江经验”中很有特色的政商关系。第五章梳理和分析了晋江的城市化、城乡关系以及新晋江人的社会融合，进一步探讨了晋江工业化与城市化、外来人口市民化的关系，这也是“晋江经验”的重要内涵之一。第六章着重讨论晋江华侨华人与晋江国际化的关系，虽然“晋江经验”中没有直接涉及这一块，但“晋江经验”非常强调市场取向以及立足本地优势，晋江海外300万华侨华人既是晋江的本地优势，又是拓展晋江市场的一股重要力量。因此，探讨晋江现代化发展以及“晋江经验”，都不能不关注晋江华侨华人与晋江现代化建设的关系。第七到第十章的内容虽然并没有在“晋江经验”中出现，但是一方面晋江现代化不应只是经济现代化，还应该包括社会现代化、科技现代化、精神文明建设等；另一方面中国特色社会主义进入“五位一体”建设的新时代，同样晋江的现代化实践在不断丰富“晋江经验”，这也是习近平新时代中国特色社会主义思想的应有之义。这四章分别从社会治理、社会工作服务、社会创新以及共同富裕建设四个层面展现了“晋江经验”在新时代得到了更加全面的发展，是走向全面现代化和现代化强国建设所需要的，对晋江经济发展和现代化、培育新时代现代化主体性以及迈向共同富裕都是重要的保障，也是应有之义。最后一章从理论上对“晋江经验”做进一步提炼和讨论，并探讨了晋江现代化的未来可能的发展空间和路径。

第二章

“晋江经验”的时代脉络

改革开放是“晋江经验”的最强时代脉络。晋江的时代发展脉络可以划分为四个阶段：第一阶段从1978年到1991年，以乡镇企业的崛起为特征，是市场经济的探索阶段，形成了晋江工业化发展的基础模式；第二阶段从1992年晋江撤县建市到2002年“晋江经验”形成，经济实现外向型提升，经济社会获得全面发展；第三阶段从2002年开始到2007年，随着不断推进的市场化改革和工业化进程，晋江基本探索出县域现代化的路径；第四阶段从2007年至今，这个阶段是晋江市场经济建设的新时代阶段，在经济、社会、文化、治理等方面都取得了长足的发展。以此，在这样的时代脉络中，“晋江经验”构成了中国式现代化的一个典范。

第一节　改革开放与中国式现代化实践

一、经济全球化背景

改革开放40余年，中国已发展成为世界第二大经济体，获得举世瞩目的成就。从全球宏观格局来审视，中国的和平发展是在全球化背景下，书写了近现代人类文明史上伟大且辉煌的篇章。中国主动参与并受益于全球化的进程，同时也持续为之作出自身独特的贡献。习近平总书记曾指出，经济全球化是“社会生产力发展的客观要求和科技进步的必然结果”，它“为世界经济增长提供了强劲动力，促进了商品和资本流动、科技和文明进步、各国人民交往”。从近代以来全世界范围内的历史发展情况来看，“经济全球化都是不可逆转的时代潮流”。总体上，全球化是统一和多样并存的过程，参与全球化进程的各个国家和地区之间的联系日益紧密，这些联系包括国际贸易、科技进步、跨国投资和全球治理等。

经济全球化的积极作用和影响主要表现在三个方面。第一，全球化能够有效地促进经济发展。虽然无法具体地衡量全球化对经济发展的贡献率，但是全球化有利于资源在全球范围内的优化配置。在这里，跨国公司的作用巨大，跨国公司能够充分利用不同国家和地区的技术、资本、劳动力等进行生产和经营，体现了国际分工的新形势。第二，全球化促进贸易和投资自由迅速发展。贸易和投资的自由化很大程度上提高了生产力的发展，虽然在国际贸易中存在着贸易保护主义的争论，但是抛开政策从实践上看，加入世界经济体系的国家都在贸易自由化的过程中刺激了本国的生产，这在很大程度上缩短了其进入现代化的进程。投资自由化逐渐成为经济全球化背景下投资发展的主流，投资成为经济发展的新支点，投资的主体也逐渐多元化。第三，经济全球化促进了产业结构调整和技术流动的进程。全球范围内的联合技术开发，能够加快技术流动的速度，提高技术使用率，迅速筹集资金。在全球产业结构调整的过程中，发展中国家能够利用发达国家的产业梯度转移过程，加快自身的工业化进程，为劳动密集型产品进入更大范围的世界市场提供机遇，也有助于积极引进发达国家的技术和经验。

经济全球化是一把双刃剑，提供了发展机遇也带来了发展挑战，其产生消极影响的根本原因在于，当前由发达国家建立并主导的国际经济秩序是利己主义和不公正的。经济全球化的消极作用和影响主要表现在三个方面。第一，西方发达国家凭借自身的优势，主导了全球化市场的发展，发展中国家不得不为遵守由发达国家制定的国际经济规则而付出代价。第二，全球经济危机对发展中国家带来的巨大冲击。经济全球化意味着金融和贸易一样要实现全球范围内的自由化，而发展中国家的经济实力相较于发达国家更为薄弱，抗冲击能力也相对较小。第三，发展中国家因处于不利的竞争位置而产生损失。发展中国家的企业在规模体量、技术水平等方面都与发达国家存在差距，于是出现了民族品牌消失的现象；发展中国家通过各种方式引进外资，造成了国内经济的动荡；经济全球化还会进一步导致发展中国家的人才外流，使得发展中国家遭受资金、人才的双重损失。①

事实上，由于经济全球化在各个国家和地区的利益分配不均衡，经济全球化对于各地的影响也大不相同。一般情况下，发达国家得到的利益要远远高于发展中国家，但是他们的垄断地位也在逐渐被打破，一些发展中国家搭上全球化的顺风车，实现了本国经济的腾飞。总体上来看，发展中国家在经济全球化背景下的受益情况依赖于其科技实力、市场建设、政策方向、治理能力和社会文化基础等。

二、全球化与中国改革开放的时代节点

回望过去 40 多年，有 5 个重大的历史节点能够有力地展现中国一步步

① 罗肇鸿：《世界经济全球化的积极作用和消极影响》，《太平洋学报》1998 年第 4 期，第 3—12 页。

深化与全球化的关系：1978 年召开的党的十一届三中全会、1992 年邓小平南方谈话、2001 年加入世界贸易组织、2013 年提出的“一带一路”倡议和 2018 年倡导的构建人类命运共同体。

（一）党的十一届三中全会

这次全会将党的工作重心转移到社会主义现代化建设以及生产力发展上，带动中国经济政策发生全新的战略性调整：第一，对外贸易体制重大改革。全面推行外贸承包经营责任制以后，相应改革外贸计划体制，进一步缩小指令性计划，适当减少国家统一经营的出口商品，加强宏观指导和平衡，总体上扩大了部门和地方的对外经营权。第二，建立经济特区。1979 年 7 月，中共中央、国务院同意在广东省的深圳、珠海、汕头和福建省的厦门试办出口特区。1980 年 5 月，中共中央和国务院决定将出口特区改称为经济特区。1988 年 4 月，设立海南经济特区。这一系列经济特区的建立，在吸引外资、技术和对外贸易等方面都起到了促进作用。

国家出台重要措施进行经济体制改革，减少行政性、指令性计划，并放宽企业经营自主权，1984 年增设 14 个沿海开放城市，1985 年设立三大沿海经济开放区。1987 年，党的十三大把社会主义初级阶段基本路线的核心内容概括为“一个中心，两个基本点”，并提出了“三步走”的经济建设战略部署。

（二）邓小平南方谈话

20 世纪 90 年代，中国的改革开放和现代化发展处于一个关键时期，邓小平于 1992 年初视察武昌、深圳、珠海、上海等地，沿途发表了一系列重要谈话。邓小平特别强调“一个中心，两个基本点”的路线不能动摇，指出经济改革的目标应该是建立社会主义市场经济，强调发展才是硬道理。自此之后，中国的改革开放开启了全新阶段，融入经济全球化的步伐加快，程度加深。

从 1992 年开始，国家又陆续决定开放一批沿边、沿江、内陆和省会城市，并于 1999 年提出西部大开发战略，形成多渠道、全方位的对外开放格局。随着党的十四大召开，中国特色社会主义市场经济体制初步建立，中国经济进一步融入世界经济体系。

（三）中国加入世贸组织

2001 年 12 月 11 日，中国正式加入世贸组织，这是中国对外开放和世界经济全球化进程中具有里程碑意义的大事，标志着中国对外开放进入了一个新的阶段。第一，加入世贸组织能够改善中国国际贸易环境。随着世贸组织的 100 多个成员给予中国以最惠国待遇，中国的商品出口水平大幅度提高。第二，加入世贸组织为中国直接参与国际贸易规则的制定提供了途径，此后中国有权将有关贸易争端提交世贸组织的仲裁机构，更好地维护中国自身在全球化经济浪潮中的合法权益。第三，加入世贸组织有利于中国吸引更多的外资，同时国内企业能够在国际竞争中不断提升自身劳动生产率和科技能力。

党的十六届三中全会提出“统筹城乡发展、统筹区域发展、统筹经济社会发展、统筹人与自然和谐发展、统筹国内发展和对外开放”的新要求。“五个统筹”蕴含着以人为本、全面发展、协调发展、均衡发展、可持续发展的科学发展观，有助于促进区域协调发展，逐步缩小区域发展差距，贯彻执行可持续发展战略；有利于继续深化改革开放，实施“引进来”和“走出去”相结合发展战略，全面提高对外开放水平，积极参与经济技术的合作与竞争，以适应加入世贸组织后的新形势。由此，中国经济总量于 2010 年跃升至世界第二位，在经济实现稳定高速发展的同时，融入经济全球化的程度也不断加深。

（四）“一带一路”倡议

“一带一路”是“丝绸之路经济带”和“21 世纪海上丝绸之路”的简称。2013 年，习近平总书记提出建设“一带一路”的国际合作倡议，其主要核心为：弘扬古代丝绸之路精神，秉承“共商、共建、共享”原则，坚持开放合作，相关的国家基于但不限于古代丝绸之路的范围，各国和国际、地区组织均可参与，让共建成果惠及更广泛的区域。“一带一路”倡议不附加任何政治条件，不排斥或针对任何国家。无论是规划合作蓝图，还是实施具体项目，各参与方都是平等的参与者、建设者和受益者。“一带一路”是促进共同发展、实现共同繁荣的合作共赢之路，是增进理解信任、加强全方位交流的和平友谊之路。“一带一路”秉持和平合作、开放包容、互学互鉴、互利共赢的理念，全方位推进务实合作，打造政治互信、经济融合、文化包容的利益共同体、命运共同体和责任共同体。

（五）构建人类命运共同体

习近平总书记在党的十九大报告中指出，中国特色社会主义进入新时代，“是我国日益走近世界舞台中央、不断为人类作出更大贡献的时代”。这一论断揭示了中国特色社会主义进入新时代的世界意义，明确了新时代中国发展的时代潮流和历史新基点。报告对中国社会主要矛盾做了重大战略判断：目前，中国社会主要矛盾已经转化为人民日益增长的美好生活需要和不平衡不充分的发展之间的矛盾。报告对实现“两个一百年”奋斗目标作出全面部署，并对第二个百年奋斗目标设定了两个具体的发展阶段：2020 年实现第一个百年奋斗目标，即全面建成小康社会；从 2020 年到 2035 年，在全面建成小康社会的基础上，基本实现社会主义现代化；从 2035 年到 21 世纪中叶，在基本实现现代化的基础上，将我国建成富强、民主、文明、和谐、美丽的社会主义现代化强国。党的十九大把习近平新时代中国特色社会主义思想确立为党必须长期坚持的指导思想，并把推动构建新型国际关系、推动构建人类命运共同体作为新时代中国特色大国外交的总体目标。在博鳌亚洲论坛 2018 年年会开幕式的演讲中，习近平总书记继续指出：放眼全球发展的大趋势，经济全球化是不可逆转的时代潮流，“中国开放的大门不会关闭，只会越开越大”。

三、全球化与中国式现代化的晋江探索

中国改革开放的全球化时代背景为晋江现代化建设提供了重大机遇，而晋江现代化建设则是中国迈向全球化的重要组成部分和成功典范。以晋江为

例来讨论中国式现代化道路，须将内因和外因结合起来进行系统性分析。

第一，晋江民间社会经济文化的积淀。晋江的企业家与民营经济相关，工业化的出现有着群体性的效应，在发展的初期阶段，初创的企业家不会认为他们所做可以称之为工业化的发展路径，而是做生意赚钱。相较于内陆地区，这一点在沿海地区更为普遍，沿海地区更具备这样的社会经济文化氛围。放眼改革开放后县域经济发展的苏南模式、温州模式、珠三角模式和晋江模式的地理位置，无一例外都处于中国的东南沿海地区。同时，晋江人有着多元文化特质，尤其是海洋贸易中形成的敢于冒险、团结一致的品质。自宋代起，晋江便是“人稠地狭”之地，需要“仰粟于外”，这激发了晋江人的商业开拓意识，他们开展多种经营，发展商业经济和海外贸易。海外贸易的开展往往伴随着海外移民的不断拓展，在明清时期，晋江人移居海外的情况日益增多，逐渐形成一个个晋江籍的华侨社会。晋江的移民文化体现出了其开放、多元的社会文化特质。这些社会经济文化属性的烙印塑造了晋江人的思维和行动，即“在晋江出海走一趟可以赚到钱”，这就有了群体的示范效应，民众的商业逻辑便形成了。因此，这些商业化、工业化发展的民间动力成长在晋江这片土地中，在改革开放的历史机遇下获得了蓬勃的发展。

第二，全球化分工和产业结构转移。全球产业结构的转移和调整对中国沿海地区的发展是一个很好的契机。从全球化的角度来看，技术进步是产业结构调整、产业升级和变迁的重要推动力，随着技术的发展，产业的可分割程度越来越高。与此同时，运输和通信成本大幅度降低，使得以前只能放在一个地方的产业，现在可以在全球的不同国家和地区进行配置。这种全球产业结构的转型和调整，低端制造业的全球重新布局，为中国沿海地区包括晋江的发展提供了很好的契机。20 世纪 80 年代初期，中国人口众多，但劳动力技术不高。晋江以“三来一补”（来料加工、来样加工、来件装配和补偿贸易）的方式承接了全球产业结构调整中转移来的生产力，晋江乡镇企业崛起。20 世纪 90 年代，乡镇企业继续大力发展，晋江逐渐走出了一条中国式现代化道路。

第三，企业家精神和有为政府的共鸣。晋江的发展与国家发展乃至于全球发展都是息息相关的。这里将民营经济搞得有声有色，并实现了政府与民营企业的有效互动。在晋江的时代发展脉络中，政府将自己的角色定义为企业发展的“引路人、推车手和服务员”。事实上，晋江政商关系最重要的是他们之间相互了解，而非僵化和失衡。2008 年金融危机在给晋江带来经济冲击的同时，也给企业家们带来新的发展契机。晋江一直以传统实体经济为主，经历金融危机后，晋江的企业家更是认识到实体经济的重要，即便是虚拟的产业也开始向实体回归。同时，晋江的企业家也变得更加务实，晋江走上发展的新模式。比如，晋江对于外来人口的态度发生转变，晋江需要劳动力，企业家也欢迎流动人口留下来，政府给他们的孩子提供免费教育等公共服务。这一时期，晋江开始重视技术的创新和提升，引进了很多科研平台。综上，可以发现，晋江企业与有为政府形成了良好的共鸣，双方有着充分的政策灵敏度和市场灵敏度，这也是晋江探索中国式现代化道路的重要推力。

第二节　“晋江经验”之初期探索

晋江整体的经济社会文化氛围，是晋江人在长期的历史实践过程中，在独特的环境中形成、发展、稳固的。历史上，晋江的海洋文化、商业文化和移民文化都对晋江的经济发展起到过重要的作用。经过长期历史沉积下的经济社会文化属性也在晋江人的思想、观念、行为、信仰中打下了深深的烙印。这些烙印凝聚了晋江人活跃的经济社会文化底蕴，亟待在一定的历史机遇中蓬勃发展。改革开放的历史新时期，孕育出了支撑晋江培育中国本土现代化道路典型的土壤。

一、中央改革的启动与晋江政府的行动

党的十一届三中全会为晋江发展注入了强大的动能。十一届三中全会一结束，晋江政府就迫不及待地行动起来，重点是迅速将工作重心转向社会主

义现代化建设上。第一，巩固和发展安定团结的社会局面，实现工作重点的稳步转移。第二，努力提升当年（1979 年）的生产建设水平。第三，转变领导的工作作风。坚持以人民是否富裕作为评价是非和衡量工作做得对或不对的一条重要标准，紧紧围绕经济建设这个中心，坚持改革开放，坚持放宽搞活，并且从晋江实际出发，解放思想，勇于开拓，认真研究新情况，不断解决新问题，为晋江的经济发展保驾护航。

晋江的各级领导干部认真总结以往的经验教训，并制定相应措施。第一，晋江本土的最大特点是人多地少，有史以来粮食都无法实现自给自足，因此晋江坚决去掉不切合本地实际的“粮食自给”工作指导思想，放弃了小农经济观念和阻碍对外开放对内搞活的包袱压力，积极调整农村产业结构，大力发展多种经营和乡镇企业，并在 1980 年因地制宜地率先制定了包括允许开放小商品市场、允许长途贩运、允许乡镇企业供销人员提取业务费及允许集资办企业等搞活经济的规定，并举办了全国各地都可以参加的商品展销会等。所有这些举措，在当时福建全省都是没有先例的。第二，晋江是中国的重点侨乡之一，根据 20 世纪 80 年代初期统计，晋江有旅外华侨 65 万人、港澳同胞 13 万人，县内有归侨、侨眷 26 万人，改革开放为发挥晋江的侨乡优势提供了良好的条件。晋江政府将侨务工作的指导思想放到扩大爱国统一战线的重要位置上，恢复健全侨务工作机构和侨务活动，认真落实党的各项侨务政策。1978 年，晋江重新建立了侨务办公室，各街道普遍成立侨务工作小组。同一年，重申国家保护侨汇政策，恢复凭侨汇供应物资，成立晋江县华侨特许供应公司，并开设多个华侨商店，方便持有侨汇券的归侨和侨眷购买物品。在这种情况下，全县侨汇大幅度增长。1979 年，归国华侨联合会恢复活动，并召开了第五届归侨侨眷代表会议。党的十一届三中全会之后，晋江华侨工作组织积极开展海外联谊活动，主动穿针引线，服务经济建设，为晋江现代化建设引入技术、资金、设备和人员。第三，晋江与金门、台湾本岛隔海相望，是台湾同胞的祖籍地之一，对台工作是政协的一项重要工作，晋江政协“三胞”工作委员会积极联系侨胞、侨眷、台胞、台属中的代表人士，通过他们广结“三胞”，帮助“三胞”解决各种问题，督促、推动有关部门落实政策，争取他们回乡创办企业，开展“三来一补”业务，兴建晋江公益事业。从这个时期开始，晋江始终坚持以经济建设为中心不动摇的原则，确保晋江经济能够稳定发展。

二、晋江乡镇企业的崛起

党的十一届三中全会以后，随着改革开放的各项政策实施，晋江的乡镇企业依托本地的侨乡优势，利用侨乡的闲散资金，兴办联户集资合作经营企业，走出了一条全然不同于苏南、温州的发展农村经济的模式——“晋江模式”，它是 20 世纪 80 年代中国农村经济发展四大模式（苏南模式、温州模式、珠三角模式、晋江模式）中，唯一以县域经济为单位形成的模式。据 1985 年统计，晋江人口 104 万人，耕地 49.48 万亩，农村劳动力 39 万人。全县人均 0.48 亩，劳均 1.27 亩，加上林、果、渔等面积，劳均不过 1.82 亩。根据晋江耕地面积及农副产品的成本核算，每亩耕地年均投工量约为 62 工，在此情况下，全县有 26 万的剩余劳动力迫切寻找一条全新的出路。而且，由于之前旧的体制的束缚和耕作的单一，晋江虽然单产较高（全年粮食平均亩产 1164 斤），但农业收入仍十分低下，是有名的高产穷县。根据 1978 年统计，晋江全县农民人均纯收入仅为 107 元，其中从集体分配的只 57 元，家庭副业收入 50 元，人均口粮 396 斤。财政收入仅 1835 万元，入不敷出，连年需要国家财政拨款补贴。农村经济收入的低下，使得晋江大部分侨眷、侨属的日常生活都要依赖国外的亲属接济。20 世纪 70 年代末，每年从国外华侨汇回晋江的赡家汇款都在 4000 万元左右，这部分侨汇大部分用于居民的日常生活消费，但也有一部分积累下来，逐步形成农民手中的闲散资金。

这使晋江人萌发了强烈的商品意识和经商办企业的愿望，产生了一股巨大的发展商品经济的内在冲动，一旦条件许可，必然冲破枷锁，发展社会主义商品经济。在此背景下，晋江的乡镇企业应运而生。晋江发展乡镇企业不同于苏南模式和温州模式。学者一般将苏南模式称为“政府干预模式”，通常指的是江苏省苏州、无锡和常州等地区通过乡镇企业实现经济发展的方式。一般来说，乡镇企业以集体经济所有制为主，乡镇政府主导了乡镇企业的发展方向。温州模式则是一种“市场发展模式”，主要是指浙江的温州地区以家庭工业和市场化的方式发展经济，形成小商品、大市场的发展格局。而晋江模式是从自己的县情出发，采取“民间”形式，形成了自己的特色。即以联户集资、合作经营为主要形式；所有权与经营权结合，以华侨经济为后盾，靠“三闲”起步；产业结构以劳动密集型为主；企业的组织结构以中小型为主，形成群体优势；运行机制以市场为依托，搞活经营管理活动。随着乡镇企业的发展，晋江农村产业结构发生了历史性的变化，过去以农业种植业为主的畸形结构逐步趋向以农村工业为主体的农、工、商、运、建、服全面发展，形成新的农村经济格局。乡镇企业成为经济发展的动力，有力地发展了社会生产力；乡镇企业转移了大量农村剩余劳动力，加速了农村劳动力的非农化进程；乡镇企业的税收成为重要的财政收入渠道；乡镇企业通过多形式、多渠道的作用，大力发展“三来一补”，有力地促进外向型经济发展；改善民间传统观念，造就一批具有开拓创新精神的农民企业家。

三、县域对外开放格局雏形的形成

1979 年，中央赋予福建、广东两省对外开放的特殊政策，晋江被列入沿海开放县之一，这为晋江发展对外经贸活动创造了政策条件，为本土民间的商业思维注入了活力，晋江对外经济贸易发展进入了全新的阶段。晋江县委多次专门研究外经工作，利用晋江是重点侨乡，发展对外经济具有本地优势这一特点，把发展对外经济放在经济工作的重要战略位置上。1980 年，晋江县委根据中央和福建省委有关精神，做出《关于加快发展多种经营和社队企业若干问题的规定》，提出：“要充分发挥我县华侨和港澳同胞多的特点，大力发展外贸出口产品，同时要努力通过各种渠道，积极开展来料加工、来料装配和补偿贸易，增加外汇收入。”1982 年 2 月，为了鼓励华侨和侨乡人民积极开展对外经济活动，晋江县委在全县三级扩干会上提出：“我县要实行‘两个优先，一个优惠’。两个优先：一是哪个单位引来的项目，只要有条件完成，就优先照顾哪个单位；二是凡是客商愿意办在家乡的，只要有条件就先照顾在他的家乡做。一个优惠：晋江对来料加工、补偿贸易、合作生产项目，保证比外县更加优惠。”1985年，国务院召开沿海经济开放区座谈会，将闽南三角地区开辟为沿海经济开放区。晋江借此机会加快发展对外经济的步伐，成立专门负责外经工作的领导小组，统管全县的对外经贸工作，并组织人力资源研究发展战略。在“七五”计划中，晋江县政府明确提出“立足本县县情，发挥侨乡优势，面向国际市场，逐步调整产业结构，逐步建立开放、外向型的经济结构，不断扩大经济技术合作交流，发展地方经济，努力增加出口创汇”的指导思想、战略目标及具体措施，并强调各项工作落实。福建省委做出《关于加快开放改革步伐，大力发展外向型经济的决议》后，晋江县委认真学习研究，在1987年2月召开的五届五次全体委员（扩大）会议上提出贯彻落实的意见和措施，要求抓住出口创汇和引进侨资、外资和先进技术两个重要环节，为晋江发展外向型经济打好政策基础；积极建设出口创汇生产体系，努力建好基地，发展出口创汇的拳头产品，在规划、资金、物资、人才等方面给予支持，并对创汇企业职工给予奖励。

晋江从本地实际出发，认真探索外向型经济发展的方式，积极开创对外贸易的新局面。晋江着力宣传贯彻《中华人民共和国中外合资经营企业法》和《国务院关于鼓励外商投资的规定》，积极落实各项特殊政策和优惠措施。1981年批准创办第一家中外合资企业取得全新突破，1984年正式起步批准合资企业，从1984年至1987年共批准101家（实际投产60家），1987年产值8088.9万元，累计实际利用外资710.04万美元（1987年145.42万美元），出口创汇878万美元，占全县商品出口创汇的45.5%。由于引进较为先进的技术设备，人均劳动生产率从1985年的7474元，提高到1987年的19118元。“三资”企业还充分推动了乡镇企业的发展，晋江的“三资”企业主要是以乡镇企业为基础，乡镇企业利用外资，办中外合资、合作经营的企业约占“三资”企业总数的90%，其中也有一部分是以乡镇企业为基础日益扩大规模而成的。1980年，晋江提出“要充分发挥我县华侨和港澳同胞多的特点，大力发展外贸出口产品”，不断加强统战工作，形成多种渠道吸引“三胞”来晋江投资。由于晋江对于投资的软硬环境进行了很大程度的改善，越来越多的“三胞”以各种形式参加晋江本地建设，促进了晋江对外经济贸易的迅速发展。同时，与对外开放相配套，晋江对外贸易体制改革步伐加快，进一步推动了对外贸易的发展及与世界市场接轨的进程。晋江全县从1979年至1987年，外贸出口总值达34822万元，1987年全县共计81家企业生产出口商品，50多种产品经外贸公司收购出口，远销30多个国家和地区，年创汇达1360万美元。于此，晋江对外开放的格局初步形成。

四、县域企业改革与生产的增长

晋江政府积极贯彻执行国家产业政策，并主动配合企业，从产品结构调整入手，投入2亿多元资金，用于技术改革、技术引进，加速企业产品更新换代。对一些具有发展潜力的企业，县政府在其争取信贷资金方面给予重点扶持。与此同时，对一些产品质量差、耗能大、污染重的企业，则抓住时机坚决调整，帮助其提高综合能力。第一，强化条块管理职能。成立技术监督局和质量管理监督检测所，按行业建立橡塑、建材、食品、机械4个质量检测站，添置检测设备40多台，配备专职检测技术人员20多人，使鞋类、建材、罐头行业的检测覆盖面分别达到40.8%、67.9%和100%。同时，成立晋江县消费者协会及6个分会，构建社会监督网络。第二，开展行业内的质量整顿。政府把监督与帮促、惩处与表彰、限劣与扶优充分结合起来，实施对鞋类企业、罐头行业的整顿。坚持从实际出发，采取“坚决、慎重”“切一刀，又不一刀切”“少关停、多并转”的原则，帮助企业提高其管理水平和产品质量。第三，提高技术人员素质。吸收大中专毕业生100多人，外地技术工人1000多人，派往大中专院校进修400多人。举办财会、质量等培训班共计112期，培训企业人员5000人次。第四，开展“创优达标”活动。基本结束了无标准生产现象，并编制企业管理标准和产品内控标准50多项。荣获国家二级企业1家，省级先进企业3家，部优、省优产品5项，优秀新产品10项。企业基础管理工作不断加强，普遍实行目标管理和“工效挂钩”办法，立足“内部挖潜，练好内功，减少消耗，降低成本”，努力开辟国内外新的销售市场和销售渠道，鼓励乡镇企业在多渠道流通的同时，积极与国有商业企业建立关系。更多地依靠主流渠道销售产品，扩大销售网络，提高经济效益。

晋江全县工业继续保持迅速发展的势头，完成了从一个农业县向工业县转变的历史进程。工业产值在全县社会总产值中的比重1989年占57.63%，1990年占62.12%，1991年占69.21%；工业在工农业总产值中的比重1989年占68.28%，1990年占72.35%，1991年占78.52%。同时形成了轻工业为主、重工业为辅的工业格局，拥有服装鞋业、机械铸造、陶瓷建材、箱包革袋、电子玩具、食品罐头、纺织化工、日用百货、电脑机绣、汽车配件等十大行业。1989年，在全省、全国面临经济滑坡，不少地方发出停产、半停产危急信号的情况下，晋江的工业企业取得产值和效益同步增长的良好成绩。1989年全县工业总产值达130380万元（按1980年不变价），比上年增长19.1%。其中全民所有制工业产值7897万元，比增3.5%；集体所有制工业产值10967万元，比增12%；其他所有制工业（“三资”企业）产值10566万元，比增91.7%。24种主要工业产品，比上年增长的有饮料、工艺美术品、柴油机、工业泵、粉末冶金制品等8种。服装产品达1475万件，增长46.06%。全部独立核算工业企业203个，其中盈利企业170个，实现利润1914万元；亏损企业33个，亏损总额1046万元；盈亏相抵后的利润868万元，利税总额2458万元。1990年，在缓和过热的发展势头的同时，又保持了一定的增长速度，全县工业企业在第一轮承包中取得较好的成效。三年的利润承包基数675.89万元，实际完成1107.14万元，为承包基数的163.3%；三年工业产值分别增长13.29%、9.62%、7.4%；劳动生产率分别增长18.18%、11.52%、19.03%；职工人均收入分别增长19.19%、20.73%、20.5%，实现了企业固定资产增值、国家多收、企业多留、职工多得的改革目标。晋江投入2亿多元资金，用于技术改造、技术引进，加速企业产品更新换代。成立技术监督局和质量管理监督检测所，同时成立晋江县消费者协会及6个分会，形成社会监督网络。把监督与帮促、惩处与表彰、限劣与扶优结合起来，全县“关停并转”企业200多家，其中鞋类116家。经委系统还开展了TQC（全面质量管理）活动，8个企业750人取得全国TQC基础知识电视讲座统考合格证，基本清除无标生产的现象，并编制企业管理标准和产品内控标准50多项。1990年全县工业总产值达180551万元（按1990年不变价）；集体所有制工业11447万元，比增7.63%；其他工业16141万元，比增40.78%。20种主要工业产品，比上年增长的有糖、糖果、皮鞋、蜂鸣片、服装、铁基粉等7种，持平2种。全部独立核算工业企业211个，盈利企业167个，实现利润1781万元；亏损企业44个，亏损金额808万元；盈亏相抵后的利润总额974万元，利税总额2812万元。1991年，国营工业企业围绕“转变机制、深化改革、增强活力、提高效益”这一中心，在完成第一轮承包的基础上，继续开展第二轮承包，做到人员到位、指标到位、责权到位；并推行股份制、劳动工资制度等方面的改革，从资金、技术、设备等方面扶持国有企业，县投入企业技改资金217.3万元，比上年增长37%；运用周转金、银行贷款308万元，比上年增长10%。经委口引进524个项目，总投资1030万元，利用外资593万元。政府相关领导通过深入重点企业现场办公，为企业排忧解难，工业总产值达276120万元（按1990年不变价），比上年增长52.9%。其中乡以上（不包括村及村以下）工业产值46970万元，比增20.3%；全民所有制工业产值11585万元，比增1.1%；集体所有制工业产值12342万元，比增7.8%；其他所有制工业产值23043万元，比增42.8%。20种主要工业产品比上年增长的有服装、日用陶瓷、蜂鸣片、柴油机、工业泵、粉末冶金制品等11项。全部独立核算工业242个，盈利企业196个，盈利总额2430万元；亏损企业46个，亏损总额893万元；盈亏相抵后的利润总额1537万元，利税总额达3666万元。①

第三节 “晋江经验”之实践凝练

一、本地优势与对外开放

作为对外开放的前沿，晋江凭借其侨乡优势，运用国家赋予经济开放地区的优惠政策、灵活措施，积极扩大开放，外向型经济逐步进入发展轨道。

① 中共晋江市委党史研究室编著：《晋江改革开放40年实录》，2018年编印。

1989年以来，晋江继续坚持对外开放方针政策，发挥侨港台优势，扩大招商联谊，改善投资环境，提高办事效率，搞好接待服务，吸引更多“三胞”和外商来晋江投资和旅游、探亲，继续扩大对外经贸活动，外向型经济得到迅速发展。

第一，制定合理的发展规划。结合晋江本土的优势和特点，制定外向型经济发展规划，确定“一线三点”发展战略。遵循“统一规划、项目引路、分步实施、渐成规模”的原则，组织力量开展安平、晋南、福埔3个“三资企业区”连片开发的前期准备工作，取得初步进展。第二，积极引导外资方向。把引进的重点放在生产性项目方面，除轻纺工业以外，引导机械、农牧、食品等多种行业同步发展。第三，着力引进先进技术。几年来引进10500台（套）设备和15条生产线，大多属于当时（20世纪70年代末80年代初）的国际先进水平，如电脑绣花机、印花染色机、重油锅炉等。外贸专业公司在探索自营出口工作中也取得可喜成绩，1990年出口创汇80万美元，占计划任务的160%。第四，增强生产配套能力。着重在原来简单程序生产的基础上，引进深度加工、综合加工的系列化生产项目，使生产产品能自我配套。如从织雨伞布到造骨架到成件生产一条龙，织带、包扣到成件包袋一条龙，从无纺布到版件到引进、嫁接，加快技术改造，部分产业形成从原材料到成品的企业群体，不仅提高了产品质量，也增强了出口竞争能力。第五，拓展来料加工。1989—1991年共签订来料加工合同8503份，实收工缴费668.2万美元。同时通过各种渠道加强劳务合作，输出新加坡、美国、中国澳门地区劳务人员340人，不仅培养出了大批的技术人才，也带动了相关产业的发展。

晋江坚持扩大改革开放，努力做好“三胞”和外商的政策解释工作，从而增强他们投资经营的信心和决心。许多“三胞”和外商继续来晋江投资办企业。有的把来料加工项目设为合资、合作或独资企业，有的与乡镇企业联合，扩大规模，更新设备，引进先进技术，提高产品质量，扩大出口创汇。1989年新批准“三资”企业68家，总投资11903万元，其中外资9227万元。全县“三资”企业累计批准数达249家，总投资38875万元，其中外资30302万元。同时进一步加强对外贸易，形成一批专业化、现代化群体出口商品基地，全年出口交货总值达20798万元，比上年增长99.65%。

1990年新批准“三资”企业131家，总投资26146万元，其中利用外资21248万元。“三资”企业累计批准数380家，总投资64971万元，其中外资51550万元，实际利用外资5342万美元，比上年增长94.54%；投产219家，总产值51891万元，比上年增长105.97%。出口值7615万美元，利润921万元，税金1037万元。继续拓展来料加工，签订来料加工装配合同890份，实收工缴费211万美元，比上年增长38.82%。继续扩大外贸出口，全年出口交货总值38655万元，比上年增长85.8%。签订对外劳务合同7份，输出劳务人员340人，实收劳务费20.29万美元。①

1991年，晋江继续落实外经工作方针政策，利用各种渠道招商“引凤”。以亚洲晋江联合会成立一周年和县侨联成立四十周年庆典活动为契机，积极宣传国家对外开放政策和晋江的项目投向及投资环境，吸引更多的外商开展投资贸易。在福建省举办的“9·8”厦门投资贸易洽谈会上与外商签订投资项目119项，合同投资总额7.9亿元，其中外资7.3亿元。全年外向型经济取得了重大进展。新批准“三资”企业164家，总投资72998万元，其中外资65754万元。这年引进外资的主要特点有：投资项目规模扩大，每家企业平均投资455万元；投资地域延伸，首次引进新加坡、菲律宾、日本、韩国等国家外商企业投资6000多万美元；投资产业结构从劳动密集型的加工企业向技术密集型的企业发展；管理水平进一步提高，有66家企业被海关授予信得过或信誉较好的企业，盈利企业面达91.4%，增加扩大再生产投资1.4亿元；土地的成片开发取得重大突破，总投资6853万美元，这标志着晋江外向型经济走上了新的台阶。

二、政府职能转变与市场经济发展

不断深化机构改革，转变政府职能，是深化经济体制改革、建立社会主义市场经济体制的重要条件。晋江通过改革将一些原属于社会的职能回归社

① 中共晋江市委党史研究室编著：《晋江改革开放40年实录》，2018年编印。

会，逐步建立起“三个有利于”的行政管理机制，充分发挥政府对经济宏观调控和服务的职能，立足于经济搞活，立足于保护群众发展市场经济的积极性，采取“宏观管住，微观搞活”的方针。主要做法有：第一，加强政策性引导。在市场经济发展的初始阶段，不强求规范化、程序化，而是着力于制定各项政策，打破乡镇企业“三就地”（就地取材、就地加工、就地销售）的束缚；鼓励农民发展销售业，并做出允许供销业务人员外出搞供销及按销售额提成的决定，把几万农民放进市场，形成遍布全国的销售网络，抢先一步开辟了晋江商品的国内市场。在治理整顿阶段，针对国内市场疲软，及时采取优惠政策，引导乡镇企业链接外资，发展成为外向型企业，从海外和港澳引进资金、技术，促进企业上规模、产品上档次，并积极把产品推向国际市场，从而促进晋江乡镇企业持续、迅速发展。第二，帮助开拓市场。晋江政府为帮助乡镇企业拓展营销市场，搞活商品流通环节，促进企业生产经营的良性循环，按照“政府培育市场，市场引导企业”的指导方针，采取“政府搭台，企业唱戏”的促销办法，由政府出面在国内一些大城市和国外一些城市举办晋江商品展销会、订货会，组织企业参加国内外各种展销，以提高晋江商品的知名度，着力拓展销路。如 1998 年组织 210 多家企业、2000 多种产品参加各类展销会共计 10 个场次，总销售额达 819 万元，合同交易额 25.08 亿元。第三，坚持依法管理。一方面强调企业要“守法经营，依法纳税”，通过税收、工商行政管理等机构和有关法律法规，调节和规范企业的经营活动，把企业的宏观调控纳入法制化轨道；另一方面是加强产品质量监督，成立全省第一家乡镇企业产品质量监督检验所和 4 个专业质量监督站，加强管理和监督乡镇企业的产品质量，引导企业树立质量意识，创名优新产品。同时，以“除伪劣、保质量、守信誉”为宗旨，坚决查处违法经营活动，创造公平竞争环境。第四，集中财力，加强基础设施建设，改善投资环境。晋江建市后，加大基础设施建设力度，多渠道筹集资金，开展以城市建设为重点的市政、交通、通信、电力、供水的五大网络建设。2001 年，全市完成固定资产投资总额达 34.6 亿元，相当于 1991 年的 16 倍。各项基础设施日臻完善，投资环境日益优化，为全市经济发展创造了良好的条件。

三、经济社会繁荣与“晋江经验”形成

1992年晋江撤县建市后，晋江迎来全新的历史发展机遇和发展高潮。“八五”期间国民经济取得超常规跳跃式发展，“九五”期间国民经济保持快速健康发展势头，2001年实现“十五”计划的好开局。10年时间里，晋江的各项计划指标都超额完成，经济运行的质量和效益不断提高，综合经济实力不断增强，稳定保持全省十强首位、全国百强前列。国家统计局2001年评选全国“最发达100县”，晋江市居第10位。

这一阶段，晋江加快经济结构调整步伐，坚持巩固和加强第一产业，提高和改造第二产业，积极发展第三产业。农业基础地位得到加强，第三产业以社会化服务为重点。经济体制创新灵活，以股份合作为主要特征的晋江乡镇企业在发展中不断调整创新，一批发展机制活、经济效益佳、带动能力强的产业龙头企业成为推动经济发展的主体力量。2001年底，各种类型的乡镇企业达2.21万家（含个体），从业人员40.31万人，全年实现乡镇企业总产值585.07亿元，全市16个镇（场）中，陈埭、安海、青阳三镇企业总产值超70亿元，磁灶镇超50亿元，英林、龙湖两镇超40亿元，东石、罗山、池店、深沪四镇超30亿元。经济质量全面提高。晋江市企业历经市场竞争的磨炼，规模化、集约程度不断提高，企业产品质量、品牌意识、形象策划、人才引进、创新能力等各方面都有了长足进步，涌现出许多规模大、竞争力强、效益好的企业。2001年底，规模以上工业企业达到312家，年产值超亿元企业（集团）55家，超千万元企业537家，规模以上工业企业产值占全部工业总产值的比重达到了32.1%，成为拉动工业经济增长的主导力量。拥有中国驰名商标4个，中国名牌产品3个，省名牌产品30项、著名商标34件，共获质量体系认证证书170张，产品质量认证证书74张。市场网络不断健全。[①] 晋江市已形成地域市场、国内市场、边贸市场、国际市场和对台（金）贸易市场并举的市场体系。同时，逐步实现从以产品占领市场到以品牌占领

① 中共晋江市委宣传部、晋江市地方志编纂委员会办公室编：《晋江县域现代化之路》，2012年编印。

市场的转变。有20家企业聘请国际知名运动员及影视明星做品牌代言人。晋江以提高对外开放水平为目标，以优化结构为导向，以提高效益为中心，抓好对外贸易和深化外贸体制改革，对外经济贸易突飞猛进。

城镇建设迈进科学规划和现代化建设的新阶段。晋江市委、市政府加大城市建设投入力度，使城市品位明显提升，功能逐步完善，初步形成了现代化城市的基本框架。城区规划面积从原来的12平方千米扩大到38平方千米。至2002年建成区已达15平方千米，一批重点市政建设工程相继建成，10层以上的高层建筑达23座，15个乡镇都成为建制镇，安海、青阳、陈埭、磁灶、东石镇被省政府列为现代化小城镇，其余10个镇均列为一类镇。各镇都围绕“城市现代化、农村城市化、城乡一体化”进行规划和建设，以市域为一个整体，以市区建设为“龙头”，市区和乡镇建设统一规划，建设具有侨乡特色的珠链城市。

科技教育和各项社会事业全面发展。晋江市委、市政府以建设科技强市为目标，把技术创新作为企业创新的一个突破口来抓，努力构筑“主体明确、投入保证、支撑有力、机制灵活、运作高效”的技术创新体系。多渠道集资，形成“以财政投入为引导、企业投入为主体、金融投入为主渠道”的科技投入体系。积极推进科研项目与经济相结合，加速科技成果转化为生产力。2001年，晋江进入全国科技综合实力百强县（市）行列，成为全国科技进步先进县（市）。深化教育体制和学校内部管理体制改革，增加教育投入，加强师资队伍建设，推行素质教育，提高教育质量。处理好经济、社会、人口、资源和环境之间的关系，逐步走向可持续发展的道路。

随着晋江经济的持续快速发展，城乡人民生活水平不断提高，2001年，全市已有12个镇、323个行政村基本达到宽裕型小康标准，分别占全市镇、村的80%、84%。社会生活最低保障方面，共计发放保障金613.12万元。全市纳入医疗保障单位350个，筹集医疗保险金1693万元，参保人数21374人（其中退休人员4599人），全年支付600.51万元（不包括个人支付259.75万元）。筹集机关行政事业单位和企业住房公积金4302万元，建立住房公积金16895万元。改革并加强失业保险、工伤、计生保险基金征收手段，全年征收失业保险金480万元，比增2.8倍，参加失业保险21558人；

征缴工伤、计生保险基金206.6万元，参保30775人；征缴农村养老保险费86.41万元，新增加保险对象423人，并把参保面扩大至除义务兵役以外的其他对象，对全市8000多名投保对象进行登记、建档，统一实行规范化管理。①

2002年，时任福建省省长习近平分别在《人民日报》《福建日报》发表关于晋江经济持续快速发展的调查与思考的署名文章，总结提出了“六个始终坚持”和“正确处理好五大关系”的“晋江经验”，并高屋建瓴地指出，“晋江经验”是晋江人民对有中国特色社会主义发展道路的大胆探索和成功实践。

第四节 “晋江经验”之时代发展

一、基本现代化与发展新阶段

2007年，中国社会科学院社会学研究所“当代中国社会结构变迁研究”课题组指出：“在城乡、地区发展不平衡的基本国情下，中国2000多个县域如何实现现代化，晋江模式的新发展给出了有力的回答。”晋江成功探索出了一条具有鲜明地域特色的县域现代化发展道路。课题组成果《晋江模式新发展——中国县域现代化道路探索》一书中，就肯定“晋江的大部分经济社会发展指标已经达到或超过现代化标准，这表明晋江已基本实现现代化”。至2012年，晋江的现代化事业又有新的进展，主要体现为4个方面：

第一，综合实力显著提升，经济总量快速扩张。从地区生产总值看：1992年晋江实现地区生产总值33.60亿元，2006年达486.85亿元，2012年超1000亿元，达1253.56亿元。人均地区生产总值1994年11688元，首超1000美元，2005年32599元，2012年达61996元。按世界银行的划分标准，

① 中共晋江市委党史研究室编著：《晋江改革开放40年实录》，2018年编印。

晋江已跨入世界中上等收入地区行列。经过 20 年的发展，晋江经济结构进一步优化。晋江的第一、第二、第三产业构成已由 1991 年的 23.5∶57.4∶19.1，调整为 2012 年的 1.4∶67.7∶30.9。同时接纳全国 20 多个省区市的 100 万劳动力来晋江就业，其中近 95%的劳动力从事第三产业。晋江市工业现代化水平大大提高，实现工业总产值 1992 年 57.23 亿元，2001 年 501.06 亿元，2006 年 1124.33 亿元，2010 年 2086.76 亿元，2012 年 2952.18 亿元。招商引资实际利用外资 1991 年 0.86 亿美元，2012 年增至 10.74 亿美元。从公共财政收入看，晋江财政总收入 1992 年达 2.2 亿元，至 2007 年达 60.30 亿元，2010 年达 100.23 亿元，2012 年达 161.02 亿元。1991 年，晋江首次入选全国百强县市，位列第 55 位，1994 年位次升至第 15 位，2000 年又升至第 10 位，2012 年达到第 5 位。①

第二，城市化推进水平显著提升。城乡发展一体化新格局和现代化城乡形态基本形成，生态环境大为改善，现代化城市建设全面推进。晋江市不断完善规划体系，完成新一轮城市总体规划和 14 个城镇总体规划编制。按照“全市一体”理念，实现城市规划、建设、管理领导体制、运作机制、效率制度的统筹统一。特别是 2010 年以来，开展“城市建设年”，市区建成区拓展到 72 平方千米。晋江同时开展市区 7 条道路全面综合整治及环卫绿化活动，提高城市形象，并通过实施“全民动员、绿化晋江”等措施，新增造林 4 万亩，被评为“全国造林绿化先进市”。

第三，人民生活水平和质量显著提升。晋江全面落实安民和富民政策，努力提高城乡居民收入和生活质量。2012 年，晋江全市城镇人均可支配收入达 27804 元，农民人均纯收入达 13503 元。据 2012 年调查统计，每百户城市居民拥有摩托车 100 辆、家用汽车 44 辆、洗衣机 98 台、电冰箱 118 台、彩色电视机 186 台、家用电脑 108 台、移动电话 320 部等。每百户农民拥有摩托车 117 辆、生活用汽车 21 辆、洗衣机 93 台、彩色电视机 130 台、电冰箱 110 台、电脑 83 台、移动电话 274 部。2012 年，全市财政支出用于民生建设的资金就达 37 亿元，占总支出的 66%，投入就业、教育、医疗、公共安

① 中共晋江市委宣传部、晋江市地方志编纂委员会办公室编：《晋江县域现代化之路》，2012 年编印。

全、社会保障等领域，让发展成果全民共享。

第四，社会文明和谐程度显著提升。晋江社会主义法治建设更加健全，社会公平正义得到切实保障，社会治理的科学化水平明显提高，社会安定有序，诚信友爱，文明和谐，充满活力。晋江市提倡弘扬“诚信、谦恭、团结、拼搏”的晋江精神，大力开展群众性精神文明创建活动，深入开展文明城市创建，持续深化公民道德建设。加强社会主义民主法治建设，全力维护社会稳定、政通人和的社会政治局面。围绕实现“平安晋江”建设目标，加强治安防范体系建设，加强社会治安综合治理。晋江的现代化，是在中国共产党的领导下，具有时代特征、中国特色、晋江特点的社会主义现代化，是全面提升物质文明、政治文明、精神文明、社会文明、生态文明的过程，是坚持以人为本，促进共同富裕、社会全面进步和人的全面发展的历史过程。

在晋江完成基本现代化的背景下，晋江迈入了现代工业化发展新阶段，工业经济迅速发展。晋江在1992年撤县设市前，农村工业化已经成为晋江工业化的主要形式，村村点火、处处冒烟是这种工业化的布局方式。虽然这一时期晋江的工业化无论是从技术还是规模上看，都还是初级的，但是这些都成为晋江现代化启动的原动力。晋江在撤县设市以后，工业经济迅猛发展，工业化的形态有了质的飞跃，跨入了现代工业化阶段，企业的集聚和产业集群取代了初级工业化布局，并且产生了比分散的工业企业发展更强的区域竞争力和更为广泛的经济社会环境。在这个过程中，小工厂、小作坊向真正的工业企业发展，并且从中成长出一批大中型企业，它们成为晋江现代工业化发展的主要载体和龙头，并为大量中小型企业提供示范效应，在产业集群内成为新企业的孵化平台。产业集群和大中型企业的发展大幅度提高了晋江工业发展的技术水准和产品品质，催生了晋江的自主品牌和名牌，为晋江工业化向中后期阶段推进提供了技术和品质基础，这些举措显著提升了晋江工业化的质量。另外，晋江大中型企业逐步建立起现代企业制度，现代化公司成为这些企业的基本组织形式。许多中小型企业即使仍然保持家庭所有的产权结构，也会改革管理方式，通过引进职业经理人提升管理水平。因此，晋江新发展时期的工业化，是以产业布局集中化、企业规模大中型化、生产工艺高度机械化、生产作业流水线化、企业产品名牌化、产业组织和企业管理现代化、企业经营战略化为主要内涵的。可以说，工业化为晋江现代化奠定了坚实基础，推动了生产力发展，推动了就业结构的转变。新型社会分工使得新的社会阶层出现，这又推进了城市化以及社会事业的发展，因此工业化是现代化的必由之路。2012 年，晋江实现工业总产值 2952.18 亿元，为 2001 年（501.06 亿元）的 5.89 倍。其中，规模以上工业企业（年主营业务收入 500 万元及以上）完成产值 2583.95 亿元，占全部工业产值的 87.53%。在规模以上工业企业中，轻工业产值 1992.20 亿元，重工业产值 591.75 亿元；在各种经济类型中，国有及国有持股企业产值 85.43 亿元，集体工业产值 11.36 亿元，股份合作制和有限公司产值 139.24 亿元，私营企业产值 716.37 亿元，外商及港澳台商投资工业产值 1522.66 亿元。[①]

二、有为政府建设与经济社会治理能力提升

晋江政府积极加强自身"有为"能力建设，坚持把"落实"二字作为治理信念，在落实中稳步提升，全面打造服务发展、服务企业、服务群众，为人民谋福利的服务型政府。第一，做实事，敢创新。发扬敢为人先、勇争一流的精神，对于有利于发展、受群众欢迎的事，敢于承担风险，大胆突破。落实提高行政机关效能的 10 项举措，对待工作不论早晚，只讲效率，能办的立即办，能当天办的当天办，养成雷厉风行、马上落实、马上推进、高效率、快节奏的工作风格，体现"晋江速度"和"晋江效率"。第二，以民生为重。把服务民生作为一切工作的出发点和落脚点，群众关注的问题就是政府工作的重点，群众期盼的就是政府努力的方向，对于群众的承诺，不折不扣地兑现落实，全体公职人员当好"服务员""勤杂工"，为群众办好事、办实事。第三，下沉基层，确保落实。大力弘扬具体深入、务实落实的工作作风，在一线中抓落实。倡导开短会，开现场会，把主要精力和时间放在了解情况、解决问题上，深入基层和项目一线，切实把矛盾、问题和困难解决在本职工作中，多做利于长远发展的事。

① 中共晋江市委党史研究室编著：《晋江改革开放 40 年实录》，2018 年编印。

晋江市在现代化发展过程中始终贯穿着一条政府与企业、市场良性互动的线索。政府主动转变职能，持续创新服务，引导企业发展，不断完善市场机制；而企业和市场反过来又推动了政府自身的改革和转型，提升政府的服务水平。政企互动推动经济转型发展。晋江政府在实现跃升式发展、向工业化中后期加速转型过程中，发挥着十分重要的主导与推动作用，特别是在撤县设市后，晋江政府紧紧把握提升工业化水平的历史机遇，相继实施了一系列有针对性的引导措施，推动经济增长方式转变。针对初始积累阶段乡镇企业“满天星”的历史局限，晋江从 1994 年起实施“六五规模”工程，充分发挥晋江经济“一镇一品”的特色优势，促进经济区域的专业化、园区化整合。引导商品生产向品牌经济转变。着眼国内外市场形势的深刻变化，晋江从 1995 年起全面启动“质量立市”工程，并在产品质量全面提高的基础上适时提出品牌立市、打造品牌之都，大力扶持民营企业争创中国名牌。同时，引导家族企业向现代企业制度转变。

晋江产业发展过程中形成的产业集群效应、品牌效应、改制上市效应、创新效应、规模支撑效应，都与政府的产业引导密切相关。第一，支持企业创品牌。晋江市 2002 年提出打造品牌之都的战略构想，制定了品牌发展五年规划，并出台一系列激励政策。如对获得中国名牌产品、中国驰名商标的企业给予一次性奖励 100 万元，对获得世界名牌产品的企业一次性奖励 200 万元。同时，引导品牌龙头企业侧重做研发、设计、营销、物流，中小企业侧重做贴牌、加工，形成大中小企业合理的分工协作体系。第二，鼓励企业上市。为了引导企业规范经营、鼓励企业上市融资，政府设立企业上市专项资金，在企业股份制改造到上市期间，分 3 次给予共计 330 万元的资金补助。第三，激励企业创新。出台激励政策，鼓励企业自主创新，提升核心竞争力。如对设立国家级、省级行业技术开发中心的，分别给予一次性奖励 50 万元、30 万元，同时对产业科技进步突出贡献人员给予市长特别奖 20 万元、科技创业奖 10 万元。第四，推进“五个回归”工程。引导 23 家企业总部、30 家销售中心回归晋江；促成 82 家企业获得 12.8 亿元银行融资支持，协助青年商会获得 3 年 205 亿元的授信额度；积极创建全国人才强县试点，成立全国首个县级博士协会，对接中国纺织科学研究院、中国皮革制鞋研究院、福建省纤维检验局并启动本地分院（中心）筹建工作，加快建设晋江海峡人才大市场、纺织鞋服人才培养与技术研发中心，以科研支撑产业升级、企业转型。第五，推动校企合作。建立全国县级博士后工作站，设立专家活动中心、留学人员创业园，促进企业和科研院所、高等院校及人才智力机构建立合作关系。积极培育企业家队伍，晋江政府与北京大学、厦门大学、中国人民大学等合作，开办现代企业资本运营总裁班、高级研修班等。第六，支持民营企业“二次创业”。引导民营企业更多地投入先进制造业、战略性新兴产业和现代服务业，为未来的发展注入源源不断的动力。

晋江是福建省流动人口最多的县级市，庞大的流动人口在为晋江建设贡献力量的同时，也为社会治理带来了新的挑战。2008 年 4 月 21 日，晋江市先行先试成立流动人口服务管理办公室，作为福建省第一个流动人口服务管理常设机构，其主要职责是指导、协调各部门做好流动人口的服务管理工作。晋江市委、市政府将建设流动人口“一站式”服务所（站）列入为民办实事项目，进行推广建设。镇（街道）服务管理所一般设在镇（街道）政府办公楼内，公安、劳动、计生、司法、教育等部门人员集中对外办公，便于服务流动人口办证、办事和求助，真正实现“一站式”办证服务；在流动人口达 500 人以上的村（社区），设立流动人口服务管理站，工作人员就近提供流动人口办证、办事和求助服务。推行人性化、亲情化的“一站式”服务。晋江政府坚持“以人为本、民生为先”的工作理念，始终把“服务流动人口，关爱流动人口”作为工作落脚点，出台流动人口“十五项服务措施”，不断丰富服务内容、拓宽服务领域，实现流动人口由过去“以管理为主”向“以服务为主、服务管理并重”转变。市委、市政府向来晋务工人员做出“三不”承诺：“不让任何一名来晋务工人员因企业恶意欠薪而蒙受损失，不让任何一名来晋务工人员子女上不了学，不让任何一名来晋务工人员维不了权。”2012 年，晋江共接纳 19.15 万名来晋务工人员子女就学，占全市学生的 57.84%。2012 年，晋江在全省率先实施公办高中和公办中职学校免学费，分别比全省提前 5 年、2 年。确定 275 所“外来工子女入学定点学校”，在全国率先开办首个“川渝皖赣湘鄂贵六省一市籍学生高中班”，在全国率先实现与重庆、四川籍考生异地同步高中会考和异地高考体检。落实入户优惠政策，156 名外省籍学生因此获得 2013 年在福建省的高考资格。开办异地高考福建班，186 名外省籍学生因此获得 2014 年在福建省的高考资格。

三、产业集群的壮大与“品牌之都”的打造

晋江在工业化现代化进程中最突出的特色就是产业集群的不断成长和发展壮大，产业集群大大提高了晋江工业化水平。晋江撤县设市之后，立足于提高经济质量，全面推进结构调整和企业创新，形成富有晋江特色的区域经济格局和产业集群，实现经济增长从外延扩张到质量并重、内涵发展的转变。晋江产业发展主要是以乡镇集聚为主，形成晋南、晋西、晋东以及中心城区等带状分布格局，“一带一业”“一镇一品”的产业地域特征和集群优势非常明显，主要有：第一，纺织服装业集中在晋南一带，2012 年生产企业 1800 多家，规模以上企业 469 家，从业人数 17 万多人，实现规模企业产值 599.23 亿元（包括化纤业）。第二，制鞋业集中在晋东一带，2012 年生产企业 1500 多家，产鞋 10 亿双，其中规模以上企业 489 家，从业人数 25 万人。旅游运动鞋年产量占全国 40%、世界 20%，实现规模企业产值 848.26 亿元。第三，陶瓷建材业集中在磁灶、永和、东石镇，2012 年企业 575 家，其中规模以上企业 177 家，从业人员 4.6 万人，规模企业产值 297.90 亿元。第四，食品业集中在晋江中心城区一带，2012 年企业 377 家，其中规模以上企业 56 家，从业人数 2.8 万人，实现规模企业产值 180.40 亿元。第五，制伞业集中在东石镇，2012 年企业 97 家，其中规模以上企业 33 家，从业人数 2.2 万人，实现规模企业产值 61.81 亿元。第六，纸制品生产经营和印刷 2012 年的规模企业 54 家，从业人员 2.6 万多人，规模企业产值 149.23 亿元。第七，高端装备制造业企业 2012 年 97 家，从业人员 1.8 万人，高级装备机械业规模企业产值 102.51 亿元。第八，化学原料及化学制品制造企业 2012 年 83 家，规模以上企业 42 家，新材料产业产值 149.67 亿元。还有光电信息产业产值 35.82 亿元，海洋生物业产值 16.70 亿元。① 晋江产业集群的发展，

① 中共晋江市委党史研究室编著：《晋江改革开放 40 年实录》，2018 年编印。

使制造业的内部产业链条不断完善、延伸，吸引了大量商贸企业进驻晋江原辅材料市场，衍生出一批专门为生产性企业提供产前、产中、产后服务的服务型企业，降低了区域产业发展成本。产业集群和规模企业成为晋江经济的主要支撑，是晋江经济发展的新亮点。

晋江通过全面分析产业发展现状和深入研究产业发展趋势，把握产业链中的关键环节，加强产业项目建设，充分发挥项目建设与产业发展的匹配效应，不断推动产业链条向纵深延伸拓展。在传统优势产业方面，晋江立足区域资源紧缺实际和传统产业升级需求，依托优势产业的聚集优势，吸引配套加工服务企业跟进，加大产业上下游配套项目，尤其是产业链缺失项目建设，形成了具有集群效应的完整产业链。在新兴产业方面，锁定大型台企、大型央企、世界500强和行业50强，大力引进装备制造、飞机修造、生物医药、精细化工、新型材料等制造业，以及现代物流、研发设计、会展会务、教育咨询等服务业外资项目，促进晋江制造业适度重型化，推进现代服务业发展。在改革开放初期，晋江就形成了“一村一品”“一镇一品”的块状经济模式，以此为基础，产业集群得到了长足发展。

企业是实施名牌战略、创造品牌的主力军。在改革开放初期，晋江企业的产品被称作“国产小洋货”。所谓“国产小洋货”，其实就是借助侨乡的地利和灵敏的信息，依照港台和海外产品“依样画葫芦”，这在卖方市场下和半封闭的环境中，曾使晋江产品风靡一时。然而好景不长，随着买方市场的到来和对外开放的扩大，“国产小洋货”逐渐失去了对消费者的吸引力。这时很多企业就只能为国外的企业搞贴牌生产，同样的一双鞋，同样的品质，贴上外国的牌子就身价倍增，而生产者只能赚取微薄的加工利润。于是，晋江的企业家希望能够拥有自己的民族品牌。晋江市政府也支持企业的品牌化发展道路，先后在1995年、1998年和2002年出台“质量立市”“品牌立市”和“打造品牌之都”的战略，并一以贯之、坚持不懈地将政策实施下去。在企业家自创品牌意识觉醒与政府政策的积极引导下，众多晋江企业开始注重品牌开发，从而涌现出一批有竞争力的品牌，使晋江成为较具经济实力的品牌强市之一。至2012年，全市已有中国驰名商标34件、中国著名商标72件、中国名牌产品24项、中国出口名牌产品2项、国家免检产品88项，有

5个品牌入选“亚洲品牌500强”，有10个品牌入选“中国500强最具价值品牌”，有10件商标入围“中国最有价值商标500强”，灵源万应茶入选全国首批“中华老字号”。在2006年和2008年“中国商标发展百强县”评选中，晋江均位居榜首。恒安集团成为首批“国家商标战略实施示范企业”。晋江已成为福建省乃至全国拥有名牌最多的县级市之一，是名副其实的“品牌之都”。据不完全统计，晋江企业每年花在中央电视台体育频道的广告费用达5亿元左右，最高达7亿多元，总额已达100多亿元。晋江制鞋军团曾一度占据中央电视台体育频道的广告黄金时段，使得中央电视台体育频道曾被戏称为“晋江频道”。在塑品牌的过程中，晋江企业还注意到文化的巨大作用。七匹狼是最早倡导培育品牌文化的企业之一，从一开始创立品牌，七匹狼便被赋予“机灵敏捷、勇往直前、同心协力、矢志不移”的精神，而这种品牌文化在发展过程中又得到进一步丰富，最终使七匹狼成了家喻户晓的品牌，而独树一帜的“狼文化”所特有的魅力使“奋斗中的男士”成为男士族群文化的代名词。361°公司则将自己的品牌形象定位为一只奔跑的豹子，以“唤醒心中的豹子”为宣传口号，通过种种方式主动接近目标消费人群，传达品牌“勇敢做自己”的精神，创造了一种别样的“豹文化”，从而赢得年轻人的认可与喜爱，被评为中国驰名商标。这些庞大的品牌企业群体，已成为晋江经济发展的主导力量。在2008年下半年开始蔓延的国际金融危机面前，晋江经济发展虽然受到较大影响，面临严峻挑战，但是经济基本面始终保持较为平稳健康的状态，部分品牌企业甚至逆势扩张，企业实力更加壮大，显示出晋江品牌企业的顽强生命力。

在市场经济发展过程中，晋江人充分领略到了“诚信生命”的巨大商业价值。诚信在晋江被赋予了更多的内涵：质量、形象、诚实、信用、公正、效率等等。在20世纪90年代曾有一段时间，晋江每年关于质量的投诉近百起，而现在有质量开路和诚信保证，早已不用担心这类投诉。晋江市委、市政府从2002年开始，全面实施“诚信晋江”工程，高度重视建立社会信用制度，加快社会信用体系建设，深入开展以诚信为主要内容的宣传教育活动，大力营造“诚信晋江”的社会氛围。2004年，晋江市入选“中国50家投资环境诚信安全区”。2006年，全市工商登记的23621个企业，在信用分类监管中，A 类绿牌企业（守信企业）达 23147 家，占总数的 98%。在晋江，讲求诚信已成为政府、企业、群众三方的共识。

四、科技创新驱动与新实体经济发展之路

2017 年 4 月 21 日，晋江市政府与中国进出口银行福建省分行签署战略合作协议，该行承诺 5 年内授信额度不低于 660 亿元，主要投向晋江新兴产业、高新技术和“一带一路”“海丝先行区”建设等项目，为晋江实体经济注入充足资本，助力晋江服务产业转型升级，加快打造国际化创新型品质城市。在 2017 年晋江市企业创新发展大会上，立讯精密新能源汽车项目、HDT 整线输出项目、液体色母染料项目、第四代环保高性能摩擦材料项目等一批新技术、新材料项目落地晋江，为晋江率先走出一条新实体经济发展之路增添创新活力和发展后劲。晋江的发展起步于实体经济，也兴盛于实体经济，几十年坚守实业造就了 2 个超千亿元、5 个超百亿元制造业集群。在全球重新认识实体经济的时候，实体经济成了晋江的“传家宝”。新时代，晋江只有用好创新法宝，筑牢实体经济之基，才能够续写“晋江经验”的新篇章。

近年来，一批晋江企业通过汇聚全球资源来引资本、引技术、引人才、引产品，已经走在对外开放的前列。比如恒安携手 TBM、SAP 深化管理变革；安踏实施国际化、多品牌并购战略，打造本土品牌的国际化品牌矩阵；361°设立海外研发中心；乔丹携手中国服装设计师协会承办运动装备设计大赛；利郎组建国际化研发团队等，在借力发力中做大做强自己。在“借资生财”上，晋江有一批企业特别善于应用国内外资本市场，成就了著名的“晋江板块”。晋江政府积极引导企业主动对接国际投资机构和海外资本，加强与国内外各类股权基金、产业基金、风险投资及实力企业合作，让“金种子”早日落地生根，让企业资源变为资产、资产变为资本，更好地服务企业发展。

多年的发展中，晋江坚守实体经济这一传家宝，成就了产业基地、品牌之都，也造就了一大批行业的佼佼者、领头雁。在实业成为新一轮“风口”

的时代，晋江市政府引导广大企业一方面认清形势，耐得住寂寞，不忘初心，匠心制造，打造属于自己的“百年老店”。另一方面借助“互联网＋”，加快改造提升实体产业，加快数字赋能实体经济，成功入选全国工业互联网发展十强县。坚持龙头带动，从四大传统产业各筛选 3～5 家龙头企业，带头打造数字产线、无人车间、灯塔工厂，带动上下游配套企业跟进转型。同时，加快中小企业套餐式普及应用，先后开发了一批标杆应用场景，培育国家和省级智能制造试点示范、工业互联网应用标杆企业 44 家，数量居省内各县（市、区）首位。此外，出台支持产业数字化转型升级 12 条措施、加快软件和信息服务业发展 15 条措施，构建完善的政策体系。

晋江加快实施“人才强市”“新型城镇化”“国际化”三大战略，推进“136”攻坚行动（培育创新驱动核心动能、三大新产业和六大新增长区域）和七大品质提升工程，全力打造国际化创新型品质城市。2017 年，晋江对以前的经济扶持政策进行全面梳理，整合形成新的政策扶持体系，突出“一行一策”和“精准滴灌”。在政策落地上也有了新举措，主要为采取一个专窗进行受理，环节更少、速度更快、手续更为简单，为创业者提供低成本、便利化、全要素的综合保障，让创新创业的梦想能够在这里扎根绽放。背靠一流营商环境，让城市更具“国际范”；充分利用“大数据”、“互联网＋”、购买专业服务等方式，为企业提供“一站式、全天候、零距离”的政务服务，以最快速度响应企业需求，以最大限度支持企业转型，以最强力度服务企业发展。

2017 年 5 月，晋江被确定为国家知识产权强县工程示范市，在 36 个国家知识产权强县工程示范县（区）中综合排名第 14 位。在抓经济建设的同时，晋江还重视知识产权保护与发展工作，以深入推进国家知识产权强县工程示范市建设为契机，以增强自主创新能力为导向，全面推进知识产权工作，将示范引领打通到知识产权创造、运用、管理、保护和服务体系建设的各个环节中去，为实现创新驱动发展、助力建设中国经济强市提供有力支撑。随着“政银企”互动的良好进行，晋江企业的融资渠道不断得到拓宽，除了政府大力支持企业通过上市直接融资以外，政府部门和金融机构也不断尝试金融创新为企业解决融资难的问题。

晋江目前的主导产业仍以鞋服、食品、机械等传统产业为主，专利权质押融资仍针对大中型经营良好的企业，企业必须将专利权送交银行指定的专业机构进行评估，再以专利权价值评估报告作为贷款额度的参考依据。逐渐地，具有新颖性和创造性专利的中小型企业将成为专利权质押融资的主要受益者。为此，晋江专门出台相应的扶持政策，对企业以专利质押方式向银行贷款须支付的利息给予贴息补助。此外，晋江还积极邀请专家做知识产权质押贷款的专题培训，搭建第三方协同平台，提高银企知识产权质押融资意愿，为科技型中小企业融资提供有力支持，促进企业与银行专利权质押融资对接。同时，晋江还建立知识产权作为财产和资本参与融资的机制，鼓励企业以拍卖、许可、转让、质押方式实现知识产权的市场价值。

商标是企业的“护身符”，一个地区注册商标数量的多少，一定程度上可以有效地反映出这个地区的经济状况和品牌意识。实施商标品牌战略，发展品牌经济，将推动晋江制造向晋江创造转变、晋江产品向晋江品牌转变，助力晋江经济实现转型升级。在商标战略实施的探索与实践中，晋江持续推动建立“政府支持品牌创建、部门引导品牌发展、企业促进品牌提升”的商标品牌工作格局，在积极营造品牌经济氛围、激发各类企业商标注册热情的同时，针对企业不同发展阶段的需求，政商互动持续推进，从而推动县域品牌经济持续发展壮大。

五、打造国际化创新型品质城市

晋江坚持“以人为本、城乡一体、产城融合”，大力推进新型城镇化试点建设，不断提升城市化质量，加大基础设施和配套建设投入，提高城乡公共服务水平，以吸引各级各类人才，打造“本地人留恋、外地人向往、更多人可托付终身的现代化品质城市”，共建共治共享县域治理格局更加完善。全方位推进高质量发展超越，是习近平总书记亲自为福建擘画的重大发展战略。对照这一重大战略的总体要求和战略目标，即到2035年在我国基本实现社会主义现代化之时，基本实现全方位高质量发展超越，展现“机制活、产业优、百姓富、生态美”的崭新局面。晋江为了共建共治共享县域治理格局更加完善，实现国际化创新型品质城市初步建成的目标，今后将从六方面推进：

第一，将创新摆在发展全局核心位置，主动融入福厦泉国家自主创新示范区，突出“一廊两区”创新平台集聚作用，构建更为开放灵活的创新政策体系，培育以高新技术企业为引领的科创型企业梯队，加速创新链与产业链、资金链、人才链融合，营造要素高效协同、资源高效配置的创新创业生态，全力建设国家创新型（县）市、双创示范基地，打造福厦泉科技创新走廊重要节点。扎实推进“国际化”战略，积极响应国家“一带一路”倡议，强化区域间合作，探索深化晋台经济、基础设施、社会、文化等领域全面融合发展，推动利用外资提质增效，内引外联推动对外开放跨越式发展。

第二，构建更高质量的现代产业体系。坚持“先进制造业立市、高新产业强市、现代服务业兴市”，紧抓实体经济，聚焦产业基础高级化、产业链现代化，围绕产业链统筹园区链、布局供应链、拓展柔性链、催生项目源，推动产业发展持续向智慧化、高端化、低碳化进阶，构建“4341”（四大优势主导产业、三大新兴产业、四大现代服务业、一批未来产业）现代产业体系，打造一流先进制造业中心和“新制造”重要基地，构筑更具影响力的品牌之都。加快发展新实体经济，不断推动产业结构优化升级和本土现代化发展超越。

第三，建设更高能级的品质城市。坚持“城市带着产业走、产业城市联动走”，按照“全市一城、一主两辅、双湾双带”的城市布局，全面对接闽西南，全面融入泉州“跨江发展、跨域融合”，提速晋东片区拥湾发展，晋中、晋西北片区呼应中心城区聚核发展，晋西、晋南辅城联动发展，全域深化区域融合、城乡融合，全面推进乡村振兴，持续增强主城首位度、辅城聚合度、城乡融合度，不断提升城市品质和能级，建设现代化中等规模城市，当好中小城市建设样板。

第四，营造更加优越的营商环境。深化县域集成改革试点，创新推进以高质量为导向的要素配置市场化改革，促进存量资源高效腾挪、增量资源精准投放，推动生产要素从低质低效领域向优质高效领域优配适配，全力破解产业空间、环境容量、能源供给等深层次制约。坚持当好“三种角色”，落实“四到”服务理念，持续深化“放管服”、社会信用体系建设、知识产权保护等重点领域改革，充分激发市场主体活力，打造市场化、法治化、便利化、国际化营商环境。

第五，构建更高水平的双循环支点。坚持扩大内需战略基点，发挥民生消费品制造业优势，引导企业实施增品种、提品质、创品牌“三品”战略，提高供给体系对国内需求适配性。大力发展专业市场、会展经济、现代物流，加快构建海陆空铁多式联运通道，打造区域商贸物流重要集聚地。紧抓“一带一路”、RCEP 协议签订、福建自贸试验区扩区等重大机遇，用好政策叠加优势，深度拓展市场采购贸易、跨境电商、海外建仓等对外通道，完善“晋江制造”海外供应链。深化晋台融合，密切与港澳侨合作，推动侨商回归、侨智回家、侨资回流，把“晋江人”优势转换成开放融通优势，全面提升开放型经济水平。

第六，创造更有品质的民生供给。对标县域治理体系和治理能力现代化，深化基层治理创新，实施促进居民增收行动计划，健全更多元化的民生保障体系，构建更高层次的文化服务体系，创造更高质量的公共服务供给，不断提升群众生活品质。着力延续文脉，加强文物保护利用和文化遗产保护传承，加强历史文化名镇名村和传统村落保护，着力文化惠民，推进文化产业发展和本地传播。着力铸魂育人，深化群众性精神文明创建，不断推动文化软实力超越。夯实基层的基础，坚持将“法治、德治、自治、智治”有机结合，不断创新社会治理体系。

第三章

晋江企业家精神与本地工业化

晋江经济中一个非常突出的现象或特点是本土诞生了一批非常有实力和优秀的企业家，晋江之所以有今日的现代化水平，离不开这批企业家的贡献。那么这批企业家是怎样诞生的，他们有怎样的发展经历以及什么样的企业家精神？本章具体围绕企业主体展开，讨论了晋江企业家的八大精神以及它们的发育和特征，并在此基础上揭示了晋江本土工业化的特征及其发展进程以及本土工业化实践在工业现代化过程中的角色和作用。

工业化是城市化、现代化的根本动力，工业化、城市化和现代化是国家发展的必经之路。相较于国家政策指导下自上而下的工业化发展模式，晋江的本地工业化进程是自下而上的“自主内生型”。作为一个“人稠山谷瘠”、基础薄弱的农业穷县，晋江的本地工业化起源并发展于在历史中形成和传承，又在改革开放市场经济发展的大潮中受到实践、锤炼和丰富的晋江精神。以进取性、崇商性、外向性、开放性为特点的传统晋江精神对推动晋江经济社会发展，曾发挥重要作用。改革开放以来，传统晋江精神为晋江企业家群体成长提供了文化土壤，重显活力：一方面，为晋江的工业化、城市化和现代化提供了深层动力；另一方面，在企业的创立、经营和发展过程中，晋江企业家延展和丰富了晋江精神，形成了独特的、群体性的晋江企业家精神。在巨大精神力量的推动下，晋江企业家在党和政府的正确引领和大力支持下，牢牢把握历史机遇，立足县情，充分发挥本地优势和外地资源，勇于探索，艰苦创业，开创了享誉海内外的乡村工业化模式。在此基础上，1992年撤县设市以来，晋江又以人为本、因地制宜、与时俱进、开拓创新，成功探索出具有鲜明地域特色的县域工业化之路。

可以说，晋江企业家拥有更丰富、更务实、更具延展性的企业家精神，其背后深层次的人文历史、价值观念、思维方式和经济伦理不仅推动企业家创业致富，还形塑了企业家的创业方式和创业方向、企业的组织形式和发展历程、与政府及社会良性的互动模式，使晋江不断创造经济奇迹，同时实现了市场经济与政府行为、经济增长与环境保护、自主创新与资源节约、社会发展与人力资源优势发挥的深度融合，带来了特色工业化、城市化和现代化的发展硕果。晋江的本地工业化进程对于推进中国县域工业化、城市化和现代化具有重要借鉴意义。

第一节 晋江企业家的八大精神

在创业过程中，晋江人在特定地理环境和历史进程中淬炼而成的突出的拼搏精神、创新精神、学习精神、团结精神、诚信精神、实业精神、情系桑梓精神和爱国精神等八大精神有自身独特的文化内涵和演化机制。只有深入剖析晋江企业家精神，才能理解晋江本土工业化进程的特色和成就背后的内在机理，为推进中国县域工业化、城市化和现代化提供切实的参照。

一、拼搏精神

拼搏是晋江精神的核心，居于主导地位，具有引导、辐射的功能。拼搏精神是晋江人练就的人生态度。晋江不仅人多地少，而且土地贫瘠，资源匮乏，这样的恶劣条件在历史长河中锻造出了晋江人拼搏的集体性格，他们懂得要靠自己的双手和勇气去发展社会生产力。拼搏精神是晋江企业家创业的原动力，也是晋江企业家们成功的“密码”。他们凭借一种朴素的愿望，凭借草根的生存本能，努力突破贫瘠的地力，挣脱命运的限制，硬生生把鞋服、纺织、食品等传统产业做成全国有名的优势主导产业，使晋江从曾经的“一方水土难养一方人”发展成为全国百强县前四名，被誉为“全国县域经济发展典范、中小城市建设样板”。创业之初，晋江企业家敢拼会赢，总能拿出破釜沉舟的气势，一心要把事业干成干好；而当企业发展遇到困难或面临转型升级时，晋江企业家更显示出超人的毅力和韧性，时刻存在紧迫感和危机感，不断进步，寻求企业的跨越发展。1987 年，王冬星［现为利郎（中国）有限公司董事长］操起剪刀，在父亲的鼓励下，拉着两个弟弟踩起了缝纫机，就此开启了利郎男装的传奇史。而真正让利郎成为国内男装一线品牌的，则是利郎 2000 年前后大胆前卫的战略。面临竞争激烈、市场变化和企业自身的困难，在“做大或者倒下”的关头，王冬星秉承拼搏精神，大胆“树品牌”，提出

“简约不简单”的品牌口号，并在央视进行“广告轰炸”，让利郎在全国一炮而红。短短3年，利郎男装销售额翻了10倍。恒安集团总裁许连捷已经60多岁，但仍多次前往世界各地，参与新的经营模式的推行。他表示，尽管自己已经60多岁，但要拿出30多岁的精气神，重新回到企业变革前沿。

二、创新精神

“晋江经验”的发展模式，是内源性改革的典型，即通过社会自身力量创新产生变革。只有不断发展生产力，才能解决生存问题。敢拼确实很重要，但是善拼同等重要，甚至更加重要，所谓善拼，就是要创新办法。资源环境恶劣，就下海寻求生计。面对不断变化的国内外市场环境、激烈的行业竞争和产能过剩问题，晋江企业总能通过改革不断迈上新台阶。晋江始终把创新作为第一动力，晋江的产业发展从以劳动力和资源密集型，到现在引领技术变革，在创新上寻找新的增长点，从单一的“贴牌代工”向“自创品牌”转变，从高端规划引领到开设县域创投基金，从开创创新创业孵化园区到启动高端芯片存储器项目，晋江企业总能不断进行自我提升和自我革命。大批企业提升产业层次，抢占技改、研发、创意、营销等产业链高端环节，更加重视工业设计、金融创新、现代物流等生产性服务业对制造业的提升作用。安踏始终以创新为生存之本。安踏董事局主席丁世忠说：“面对新的机遇和挑战，安踏始终坚持单聚焦、多品牌、全渠道的发展战略，创新求变，开拓进取……”作为中国体育用品的龙头企业，安踏2015年、2016年连续两年营业收入突破100亿元，是中国首家进入百亿俱乐部的运动品企业，其中2015年的创新商品贡献利润超过60%。利郎胡诚初说：“日子难过时也是企业最好时机，这样才能发力超越自己、超越对手。”利郎近年来从“把产品生产出来供向市场”到“通过了解消费者和市场的需求，设计更多产品，从而带动了销售提升”，以更高的性价比和创新力赢得了市场。

三、学习精神

晋江企业家有很强的学习精神，总能很快掌握企业生产经营和发展的本领。改革开放初期，晋江企业家借助侨乡的地利，学习港澳台和海外鞋服等日用产品的款式，“依样画葫芦”，开启了“国产小洋货”生产。华侨为晋江的民营企业家学习现代经营管理和技术提供了很好的资源，激活了他们的学习精神和学习能力。那时候，多数华侨在签订加工合同后，都亲自或专门派技术管理人员进场，一方面传授生产技术，进行质量监控；另一方面也加强企业管理，培养自己的亲属成为管理人员。这使得晋江的企业家群体有机会更多地直接参与管理、接受技术和企业文化传承，从而得到多方面的学习和积累，包括制定自己的品牌，并一以贯之地坚定实施，最终造就了一批驰名中外的本土品牌。不仅如此，随着企业做大做强，外部竞争日趋激烈，晋江企业传统家族式的管理模式效率低下的弊端日益显现。面对企业发展的管理困境，晋江大批企业家继续发扬学习精神，掀起了学习规范管理的热潮，不仅赶赴外地学习先进管理经验，举行精益管理研讨会，还率先引入高端管理咨询机构，对企业管理的营销链和供应链等重点环节进行诊断咨询，帮助整改，使之走上专业化经营管理之路。从仿样加工、贴牌生产、大办同类企业、群起效仿竞争，到产业链上下延伸、形成产业集群、打造出自己的品牌，从传统家庭式管理模式到改制上市、引进现代公司企业管理制度，都是晋江企业家在强大的学习精神的推动下造就的。

四、团结精神

不论下海打鱼还是到东南亚经商，行船出海总是机遇与风险并存。在没有先进通信设备的时候，但凡遇到海上风险，都需要晋江先民用生命共同去搏，船只之间也务必互相帮助扶持。因此，晋江历来重视乡土团结，崇尚风雨同舟。在改革开放过程中，晋江企业家在联户集资、开拓市场、发展产业集群、延伸产业链、发挥行业协会作用、构建区域技术平台，特别是在应对金融危机及政企互动、村企合作、慈善互助等方面，都充分体现了抱团发展的精神特质。七匹狼 7 个创始人共同创业的故事是晋江企业家团结精神的生动写照。20 世纪 80 年代初，七匹狼董事长周少雄及 6 个合作伙伴决定研究出自己的品牌，他们坐在一起琢磨起海外那些各种各样的图形图案。经过一番激烈的争论，他们最后选定了“狼”作为自己的品牌图式。一是因为国外很多品牌都是以动物命名；二是因为狼是非常具有团队精神的动物，也具有机灵敏捷、勇往直前的个性。当时他们7个人一起创业，因此决定叫“七匹狼”，以体现团结精神。几十年过去了，他们仍然全部集聚在七匹狼旗下。这种团结精神是晋江企业家一直引以为傲并使之战无不胜的力量源泉。龙头企业和中小企业“大手拉小手”是晋江企业发展的传统，也是企业家团结精神更高阶的体现。各企业团结一心，互补、互助、互通，拿出自己的优势，发挥自己的特长，有的专注研发，有的专注生产，有的专注销售。大企业家有大格局、大担当、大情怀，带头做表率，挑起大梁，把“根”留在晋江，带动行业整体提升；中小企业家也能找准角色定位，既争当“龙头”，也乐当“凤尾”，集中精力实现专精特发展。龙头企业和中小企业共生共荣，通过抱团合作推进产能有效对接，更好地应对市场困难和挑战，大大增强了发展信心。

五、诚信精神

晋江精神是在实践中不断发展丰富，而非凭空生成或一成不变的。晋江人在长期的拼搏中，虽然也遇到了诚信危机，但他们认识到诚信的价值，所以就更加重视和坚守诚信，诚信就融入他们的骨髓里。1985年，私营经济正蓬勃发展的晋江，发生了震惊全国的“假药案”，一夜之间晋江不少企业在全国遭遇挫折，晋江也在此后多年陷入假药案的阴影中。痛定思痛，1995年，晋江市政府开始大力倡导“质量立市”，力求扭转人们对晋江的印象。此后，晋江人始终把诚信作为“晋江精神”的重要内涵。说起诚信两个字，很多晋江企业家都深有感触。他们当中不少人赞同这样一句话：“光有诚信或许不足以让企业发展壮大，但没有诚信却会让企业寸步难行，甚至付出沉重代价。”许连捷回顾创业史时严肃地说：“诚信，是我创业的最大资本。”1985年，许连捷创立了以“安乐”卫生巾为主要产品的中外合资企业——恒安实业有限公司。创业之初，产品卖不动，资金不能回笼，没钱发工资。在一个春节前夕，许连捷从安海镇的街头到街尾，一家一家去借钱，没想到每家都能借到，一借到钱他立刻让人带回去给工人发工资。许连捷说，能借到钱，是因为邻里都相信我的人品，是诚信让企业活了下来；与此同时，也因为产品品质有保障，恒安的产品才能走进亿万家庭。正是因为晋江企业家始终将诚信摆在企业家精神的关键位置，晋江企业在风风雨雨中才得以生存强盛。

六、实业精神

晋江是我国县域经济发展的样板，“紧紧咬住实体经济发展不放松”更是“晋江经验”最为鲜明的特色。晋江经济之所以韧性好、潜力足、回旋空间大，最关键的是始终坚守投资实业、发展实业，将传统产业视为传家宝，专注最核心、最擅长的事，集中力量发展优势产业。晋江的发展起步于鞋服、纺织、食品、陶瓷等实业，晋江企业家始终紧盯实业不放松，投身实体产业链条各个环节，做专做精。几十年来，晋江企业家牢牢守住实体经济这一传家宝，打造了一大批行业的佼佼者、领头雁，成就了产业基地、品牌之都，造就了2个超千亿元、5个超百亿元的制造业集群。新的历史机遇期，创业成功的晋江企业家不为外界所诱惑，耐得住寂寞，不忘初心，始终坚守实业；同时以商业上更高的成就来要求和激励自己，积极投入“二次”创业，这是晋江企业家们的集体选择。晋江企业很少过早地转型去做虚拟经济和房地产，都是依靠自己的厂房和订单，坚守在自己最熟悉的实业领域。“把实体发展好了，才能促成服务业的发展，没有第二产业的支撑，靠什么去发展第三产业呢。”许连捷表示，晋江企业家们真的非常坚持，安踏、特步、柒牌、劲霸等都是几十年坚守实业，专注在自己行业里，越做越好。虽然说大环境在不断变化，但晋江的企业都能适时地跟着市场的变化，把产品做到极致。实体是永远有市场、有前景的。如今晋江引入的一些产业和机构，也都是为实体经济服务，来弥补实体企业转型升级、研发创新的不足。

七、情系桑梓精神

“十户人家九户侨”是晋江最大的特色之一。晋江侨胞身居海外，情系桑梓，时刻不忘家乡，积极为家乡建设尽心尽力。晋江人的桑梓精神不仅流动在海外侨胞的血液中，更刻在晋江企业家的骨子里。宝龙集团董事局主席许健康非常牵挂家乡安海镇坝头村溪边自然村的发展，为了帮助乡亲们改善生活，2016 年，他通过中国光彩事业基金会定向捐赠 1 亿元，用于支持溪边美丽乡村建设项目，并于 2019 年再次追加捐赠 2500 万元。从启动“溪边美丽乡村建设项目”开始，在社会各界的帮助下，溪边村盖起了 45 栋闽南风小别墅，修建了溪边公园、能琴公园、书藏楼美术馆等一批惠民工程，创立了村企合作项目、乡村联盟驿站等多个“造血工程”，还设立了经竹公益慈善基金会，在文化教育方面也结出了沉甸甸的果实。不仅如此，溪边村还创新村企合作、乡贤反哺模式，成立了宝旺金属制品公司和溪边股份经济合作社，启动溪边高标农田整治、土地流转，计划引进发展现代农业，让村里有发展后劲，努力实现共同富裕。许健康说：“溪边村，从种一棵树到其他很小的细节，我都参与了。希望通过自己的努力，让村里越变越好。”溪边自然村的发展变化是晋江乡村振兴中的生动案例，更是晋江企业家恋祖爱乡、回馈桑梓的真实写照。

八、爱国精神

国是最大的家，有国才有家。晋江企业家的恋祖爱乡也使得他们有深厚的爱国精神。“为防控新冠疫情做贡献，不计成本，不求回报，全力以赴。”这是防控新冠疫情期间晋江企业家们讲得最多的一句话，晋江企业在生产医疗防护物资时唱了一出“无中生有”的好戏：柒牌 6 天成功转产防护服；海纳机械 88 名员工集中攻关，研发自动口罩生产设备；冠泓无纺布第一时间调整方向，倾力为口罩企业提供原材料；凯达集团不到一个月就提供了 800 多万个口罩包装及 80 多万件防护服包装……这一奇迹的背后，源于晋江企业家们一个相同的信念——为防疫工作尽一份力量，晋江企业责无旁贷，必须全力以赴。他们的所作所为，是一种担当，这种担当背后，是深沉的爱国情怀。“前方医护人员的卫生巾，我包了。”相信很多人对恒安集团总裁许连捷的这句话记忆犹新。新冠疫情发生后，恒安集团第一时间向湖北省红十字会和孝感市捐款捐物折合人民币 800 万元。后来得知前方女医护人员急需个人用品后，许连捷表示通过湖北省卫健委再捐 260 万片卫生巾和 20 万条安心甜睡裤。大年初一，柒牌集团接到了上级政府部门任务——在最短时间内转产防护服。董事长洪肇设立即要求成立新冠疫情防控物资领导小组，启动相关应急预案，于大年初二紧急召回 100 多名员工，开启“特战模式”，开始又一次“从无到有”。洪肇设说：“他们拿命战斗在最前线，我们必须为他们配备铠甲……”这些霸气又温情的话语，反映的正是晋江企业家心中最深厚的爱国精神。

第二节　晋江本地工业化进程的六大特色

企业家精神不仅决定企业的发展方式和方向，还在宏观层面上影响社会经济发展。改革开放后，凭借在历史中形成的拼搏精神，晋江农民勇敢地进入市场探寻发展之路。敢拼固然重要，但勇于创新和学习才是寻求突破和发展的关键所在。凭借侨乡优势，晋江企业家从创办家庭小作坊开始，开启了以轻工业为主的实体经济和民营经济发展之路，并把产品运到海外销售。秉承团结精神和实业精神，在政府引领下，从“满天星”到“一镇一品”，从大办企业到形成产业，再到发展产业集群，涌现龙头企业，晋江形成了自己独特的发展模式。虽然也遇到过诚信危机，但在认识到诚信的价值后，晋江企业家就将诚信融进血液里。爱乡爱国的强大精神火种的传承和四十几年艰难险阻的淬炼，晋江人走出了一条本地工业化的特色之路。

一、内生外向，发展民营

党的十一届三中全会以后，随着改革开放政策的实施，晋江依托本地优势和侨乡资源，兴办联户集资合作经营的企业，走出了一条不同于苏南、温州的农村工业化道路。侨乡优势是晋江企业家群体形成和逐步成长的重要条件。在创业的最初阶段，华侨为晋江人联户办企业提供了大量的启动资金和房产。1976—1983 年，晋江华侨汇款总额达到 2.3 亿元，相当于同期晋江累计总收入的 1.4 倍。在这段时间，国家又实施了归还华侨和侨眷房屋的政策。晋江的侨属拥有大量房产，从而为联户办企业提供了最紧缺的启动资金和房产。乡镇企业创办伊始，刚从泥土里走出来的农民，既没有生产管理的经验，又缺乏市场信息和必要的技术与设备。这时，晋江华侨再次发挥了作用。很多华侨赠送小型生产设备，如电动缝纫机；还有些在海外办企业的华侨，干脆运进制作服装的原辅材料，由亲属或乡亲在家乡开设家庭作坊进行加工，再把产品运到海外销售。1978 年 11 月，晋江签订了第一个加工针织毛衣的来料加工合同，经试产后生产 4 万打，全部外销，开始走上外向型发展的路子。到 1979 年，晋江乡镇企业共与 40 家外商签订了 27 份加工协议，项目有玩具、服装等。[①] 随着企业的不断发展，晋江企业以其高质量的产品、丰富的营销渠道以及对接国际高端品牌资源，逐步向东南亚国家拓展，直到今天遍布全球，不断推进国际化进程。丁世忠此前表示，安踏目前正在做的就是品牌的国际化，“现在中国本土的竞争已经是非常国际化的竞争，国际上主要的大品牌都已经进来，大家同台竞技。事实证明，安踏并不弱于他们。”通过并购斐乐、亚玛芬等国际品牌，安踏开始向国际化的中高端市场覆盖，立志“不做中国的耐克，要做世界的安踏”。2020 年，安踏净利润超越阿迪达斯，跃居世界第二，仅次于耐克。

晋江本地工业化发展的原动力来自本土，属于内生动力型，其最深层的本质特征是经济发展的民营性质。比起国内一些以外资为主导而发展起来的区域，晋江的工业化道路更具有发展的后劲和爆发力。这种以民营资本为基础的工业化路径，也更能够体现出以民为本、兼顾发展的社会性。

二、实业为本，轻工为主

实体经济是指创造产品和提供服务的经济领域及活动，是现代化经济体系的主体。实体经济是区域及国家经济赖以发展的基础，是经济现代化及经

① 吴乐进：《晋江经验——中国县域经济发展的典范》，福建人民出版社 2020 年版，第 66 页。

济强国的根基，也是满足人民对美好生活需要的主要依靠。世界各国经济发展经验表明，实体经济强，国家经济就强。实体经济直接创造物质财富，是社会生产力的集中体现，也是社会财富和综合国力的物质基础。发达稳健的实体经济，对提供就业岗位、改善民生、实现经济持续发展和社会稳定具有重要意义，更是一个国家应对外部冲击的保障。晋江的工业化道路以"三闲"起步，最适合的方式就是搞轻型加工业，既不需要大量的资金，又不需太大的厂房，也不用国家提供原材料，同时市场广大，适合民间创办，也比较容易创办。费孝通分析称，在轻型加工业中，服装、鞋帽、小商品等技术简单、利润丰厚，加之经营者关系多、信息灵，可以不断翻新式样、更新产品，具有强大的生命力和广泛的群众基础。就这样，晋江企业专注于一双鞋、一片纸、一颗糖、一把伞、一条拉链……以民生产品等轻工业为主的实体经济成了晋江产业的根基。从小作坊生产到规模化发展，从品牌化建设到股份制改革，从"制造基地"到"创造基地"，在政府规划引导、政策扶持下，晋江企业坚守实业。至 2021 年，晋江拥有 8 万家民营企业、50 家上市公司及众多知名品牌。

多年来，面对外部市场变化、劳动力成本上升等考验，面对脱实向虚的热钱、快钱等诱惑，晋江企业家们心无旁骛，践行着"说到不如做到、要做就做最好"的理想追求。坚守实业实体经济，根植民生产业，这正是晋江多年来保持高速增长的关键所在。虚拟经济只有建立在实体经济的基础上才有可能发展，第三产业的发展也一样离不开实体经济的支撑和支持，而民生产业由于与广大民众日常的衣食住行息息相关，一天也不能缺，具有强大的市场活力。在新起点下，晋江继续坚守实体轻工业的发展路径，在保持和升级传统产业的发展优势下，大力发展高新技术产业，石墨烯、集成电路等新的研究和应用已经在晋江起步，为晋江经济的发展注入了活力。

三、政府引领，服务为先

改革开放以来，党和国家出台了一系列关于非公有制经济发展的政策措施，特别是党的十八大以来，陆续推出一大批扩大非公有制企业市场准入、平等发展的改革举措，形成了鼓励、支持、引导非公有制经济发展的政策体系，其中一项重要成果，就是习近平总书记关于构建亲清新型政商关系的重要论述。在党和政府的大政方针指导下，1980 年 8 月，晋江县委通过《关于加快发展多种经营和社队企业若干问题的规定》，明确允许农民集资办企业、集资企业雇工、股金分红、供销人员按业务量提成和价格随行就市等 5 个“允许”。政府的坚定支持解除了乡镇企业主心中的疑惑，晋江乡镇企业发展不断提速。面对 1985 年的“假药案”，县委、县政府形成共识，冒着风险压力，毫不动摇地坚持发展乡镇企业。尤其是对实体经济，每到发展关键时期，晋江当地政府都及时制定相关政策，保障、鼓励企业坚守实业。20 世纪 90 年代前后，晋江启动实施“质量立市”工程，将质量管理、检查作为政府的重要工作；20 世纪末，晋江市政府出台“品牌立市”战略，倡导摆脱代工、贴牌等价值链低端角色；21 世纪以来，晋江政府又鼓励和帮助晋江大型企业上市，积极创造资本市场中的“晋江板块”。如今，晋江政府持续出台鼓励、支持文件，积极推进智能制造，并搭建智能制造公共服务平台，在推动传统产业转型升级的同时，加快新兴项目引进培育，策划引进建设集成电路、体育产业、光伏电子、石墨烯、新材料等重点产业项目，为实体经济新一轮跃升发展积蓄后劲。

政府在市场经济中应该发挥什么样的作用？这也是习近平同志在总结“晋江经验”时提出的问题。正如习近平总书记提倡的，党政干部与企业家之间建立“君子之交”关系，亲清政商关系是晋江发展得以成功的法宝之一。在市场经济条件下，深化亲清新型政商关系须加强政府对市场经济的引导，继续当好引路人、推车手和服务员，通过搭建平台、制定政策，推动企业持续向好发展。总而言之，良好的政企互动是“晋江经验”的金字招牌。在晋江，政府是服务主体，企业是市场主体，政府与企业是促进经济繁荣、共担社会责任的战略伙伴关系。在不同发展阶段，政府既为企业设立路标，因势利导，帮助企业找方向、定航标，又为企业搭建平台、保驾护航。

四、产业集群，龙头涌现

晋江市发展经济的一个成功经验，就是主动规划和培育产业集群，引导产业集群化发展。多年来，晋江市委、市政府通过积极引导和周密规划，推动主导产业规模化、集群化发展。改革开放以来，晋江立足本地实际，从“三闲”起步，举办联户集资企业。在工业化初期，形成了产供销企业在地理空间上的集聚，并初步形成了服装、制鞋、食品等产业，“一村一品”“一镇一品”的产业格局初现。进入 20 世纪 90 年代，在原有的区域内小规模生产企业集聚的基础上，晋江开始出现一些规模渐渐做大、具有一定区域影响力的企业。90 年代中后期开始，在政府的因势利导之下，面对严峻的市场环境，晋江各大企业纷纷致力于创造品牌，由此一批企业得以做大做强、改制上市，成为行业的龙头，带动整个产业集群的发展。在龙头企业的示范效应及带动下，相当一批企业利用自身的品牌优势和市场销售网络优势，或组建松散型产销联合体，或委托加工生产，或通过资产重组扩大规模，实现名牌产品的低成本快速扩张，加快优良资产向名牌产品、名牌企业集中。晋江各主要产业的大大小小企业开始走上专业化协作道路，形成了配套齐全和完整的产业链。产业集群化发展强化了规模化发展带来的市场效应、议价能力，以及产业链不同环节间的协同效应，降低了企业综合运营成本，形成强大的竞争优势。

集聚集约发展是提高产业核心竞争力的有效途径，工业园区成为产业集聚和块状经济升级的新平台。目前，晋江建成纺织服装和制鞋 2 个千亿元产业集群，建材陶瓷、食品饮料、纸制品、装备制造、化纤 5 个百亿元产业集群，涌现出一批行业龙头骨干企业，产业集群优势明显。这些主导产业作为地区经济形象与获取利益的产业，它们的发展水平一定程度上决定着整个区域经济发展水平。主导产业的选择往往以地区生产专业化为前提，这种专业化会促进产业集聚区形成，而产业集聚所带来的外部经济效应、节约空间交易成本，也是晋江向心力的主要来源。

五、转型创新，产学研用一体

协同创新是科技创新发展的重要形式，由企业、科研机构、大学等不同的创新主体共同参与、协作分工，探索推进民营新型科研机构建设，充分利用创新资源，健全创新合作机制，实施有效的产学研用协同，有利于推进区域创新，促进地区技术进步和产业升级，提升经济发展质量和区域竞争力。在这一过程中，晋江致力于加强平台建设。首先，加强创新载体平台建设。支持企业设立技术研发中心、重点实验室等创新平台，聚集优秀研发人才，促进产学研一体化。同时，引导企业建立以高等院校、科研院所为依托，以项目合作为媒介，以高层次人才为纽带的利益共同体，围绕项目带动战略引进人才。其次，加强成果转化平台建设。借助项目对接平台、产业人才对接峰会等活动，吸引海外人才来晋创业并推动新型技术成果落地。最后，加强校地人才合作。深化泉州和晋江企业与全国高等院校的长期性交流与合作，鼓励企业与高等院校、科研机构建立人才、科技协作机制和产学研战略同盟，组织校企之间就人才培养、项目论证、技术开发、成果转化等方面开展广泛合作，增强企业核心竞争力。

六、产城人融合，共同富裕，全面发展

坚持以产聚人兴城、以城留人促产、推动“产城人”深度融合发展是晋江本地工业化道路的一大特色。在“产城人”深度融合发展中，产是第一支撑。没有产业就没有晋江的今天，更没有晋江的未来。晋江一直把产业作为立市之本，坚持传统优势产业稳基石、高新产业促传统。城是第一平台。晋江紧盯国际化创新型品质城市建设目标，强化城市服务产业发展、保障人民美好生活的定位，围绕兴业态、聚人气，进一步强功能、提品质，全面融入区域协同发展，积极发力新城建、新基建，统筹推进城市发展、产业植入、业态提升、环境艺术、专业设计，不断提高城市能级，增强城市的要素集聚力、发展承载力。目前，晋江已成功实现工业化与城市化的良性互动，城市投资潜力、营商环境位列全国县域第二。建成现代小区 92 个，改造老旧小区 35 个，投用保障性住房 1.6 万套，推动“工改工”改革，2021 年盘活批而未供和闲置土地 1.79 万亩、老旧工业厂房 1480 亩。人是第一要素。晋江坚持以人为核心，坚持城市是人民的，精准布局城市配套、造好产业生态、造优城市环境，让每个人在晋江有用武之地、无后顾之忧，让发展的成果更多体现在促进人的全面发展、实现全体人民共同富裕，全力为人民群众创造高

品质生活，吸引更多人才扎根晋江，为产业发展、城市繁荣注入源头活水。

产业发展往往需要大量的技术工人，也需要大量的高端人才。晋江在人才建设、教育发展、公共服务方面作出了巨大的努力，提升了城市发展的品质，因而能为产业发展更高、更新的突破提供强大的动能。正是因为将产城人三者有效地进行融合、组织，晋江的发展才得以保持它的可持续性。做好产城人三者的融合，实现以产聚人兴城、以城留人促产的作用，对于晋江今后的发展和继续谱写新时代的“晋江经验”，实现共同富裕、全面发展，具有重要的意义。

第三节　晋江工业化推进城市化、现代化的六大成就

改革开放以来，晋江人在强大精神火种的传承中，纷纷开启了创业之路，走出了一条本土工业化的特色之路。如今，晋江第一代企业家逐步退居幕后，他们的二代甚至三代已崭露头角，不断为“晋江经验”续写新华章。然而，无论企业做得多大，晋江企业家走得多远，他们情系桑梓精神和爱国精神不曾改变，他们积极为家乡建设和国家繁荣尽心尽力，始终以人为本，这才有了晋江这一经济发展奇迹和共同富裕、全面协调发展的社会盛况。

一、共同富裕

在实现经济发展的过程中，晋江市委、市政府以全面发展为目标，积极谋求社会和谐，高度重视改善民生，大力推进和谐社会建设。晋江确定了公共财政取之于民、用之于民的基本原则，明确提出三个倾斜：财政支出要向困难群众倾斜，向基层薄弱环节倾斜，向农村社会事业倾斜。由此，晋江不同社会阶层合理均衡发展，人民群众收入一年比一年高，城乡差距一年比一年小，社会保障覆盖面一年比一年扩大，经济社会发展一年比一年协调。与此同时，晋江企业家不仅做企业，更做事业，不仅创造财富，更创造价值，当好家乡发展繁荣的建设者，继续弘扬“乐善好施”的优良传统，不断发挥

渠道、信息、资源等优势，积极投身世界中学生运动会举办、乡村振兴、教育、医疗等事业，为家乡建设国际化创新型品质城市、打造共同富裕县域范例作出了巨大贡献。如今，晋江城市环境改善和城市功能完善，城乡一体、待遇均等，已成功建设成为以人为本、生态优美的宜居城市，这带来了众多优质企业回迁。近几年来，晋江已有360多家企业总部强势回归。经济社会发展的成果为人民群众共享，已经成为晋江经济社会发展的突出亮点。

二、城乡全面一体化

20世纪八九十年代，乡村工业的发展为晋江城市化奠定了重要基础。整个80年代，晋江各镇乡村工业发展呈现齐头并进的态势，晋江也一直在整个县域范围内布局工业化发展。因此，在1992年撤县建市以后，晋江的城市化立足这一实际，即城市建设中的城乡一体和均衡发展。近年来，晋江市在统筹城乡发展方面走在了泉州各县市区前列。第一，晋江市提出“全市一城”的概念，突出同城同步，推动城乡建设一体化。将全市649平方千米作为一个城来统一规划，确立“全市一城、一主两辅”的空间发展格局，统筹城乡基础设施配套建设，推进城镇交通、水利、电力、环保等重大基础设施向农村延伸，推动城乡道路、供水污水管网无缝对接，促进城乡基础设施共建共享。第二，建立了城乡一体的公共服务体制，推动城市公共资源向农村覆盖。2015年起，晋江实施城乡社区公共服务设施提升工程，在全市范围内选取30个提升项目，按照社区“十个一”服务设施要求，在建设行动计划期限内，完成社区组织办公场所、社区公共服务中心等社区公共服务设施提升项目建设。第三，大力推进社会保障改革，建立城乡一体的社会保障配置机制。推动城市公共优势资源向农村覆盖，实行城乡低保、新农合、城乡居民养老等社保“城乡一体化”，让农民享有与城镇居民一样的社保待遇。2010年，晋江新型农村养老保险在福建省率先实现城乡全覆盖。

三、外来人口市民化

坚持以人为本，推动外来人口与本地居民融入融合，是晋江城市化、现代化的一大特色。晋江民营经济发达，劳动密集型产业集中，外来常住人口占了全市总人口的很大比例，是当地工业化、城镇化、现代化建设的主力军。晋江把这 110 万外来务工人员看作自己的一分子，以他们的需求和利益保护为出发点设计社会政策，稳步推进外来人口市民化，让他们在晋江落户安家，成为新晋江人，与土生土长的本地人享受同等待遇。近年来，晋江以“人的城镇化”为核心，推动常住人口同城同待遇，实现“保障全覆盖，待遇均等化”，使外来人口“进得来、留得住、融得入”，走出了一条富有特色的外来人口市民化道路。遵循“平等、融入、成才”理念，解决农民工子女入学难等问题；不断深化户籍和居住证制度改革，放宽落户条件，落实“零门槛”落户制度；建立廉租房、公租房、经济适用房、企业员工宿舍、安置房和人才房等多元化住房保障体系，解决外来人口住房问题；在医疗保障方面，晋江积极推进基本公共卫生服务均等化，保障流动人口身体健康，并通过制度创新让外来人口享受到更便捷的医疗保险服务；在社会救助和维权保障方面，给予外来人口与市民相同的维权保障。不仅如此，为了更好地让外来人口融入本地经济社会生活，晋江从文化、教育培训入手，让他们融入企业和学校，融入社区和社会。

四、现代与传统互促

近年来，晋江坚持以文兴市，在发展文化产业、建设公共文化服务体系、培育城市精神的过程中，注重发挥文化资源优势，弘扬优秀传统文化与发展现代文化相结合，把传统建筑群保护与开发相结合，延续城市文脉，打造城市精神，积极探索具有晋江特色的现代文化产业和事业发展的道路。发挥晋江产业集群和“品牌之都”优势，深入挖掘地方特色产业的文化资源，打造特色产业集群；主动融入“一带一路”建设，全力打造“海丝”旅游品牌；努力实施“万千百十”文化惠民服务工程，丰富群众文化生活。“弘扬晋江人文精神，提升城市文化软实力”是晋江“十四五”时期经济社会发展的主要任务之一，强调坚持以社会主义核心价值观引领文化建设，更好地弘扬城市人文精神，满足人民文化需求，建设独具魅力的人文晋江。

五、市场、社会与政府良性互动

晋江市在城市化、现代化发展过程中始终贯穿着一条市场、社会与政府良性互动的线索。其中，企业是市场的主体，政府是服务的主体，社会全面协调发展是目标。在城市化、现代化过程中，晋江努力构建新型政商关系。在民营企业的发展中，晋江始终坚持加强政府对市场经济发展的引导和服务，同时强调完善市场功能与构建服务型政府相结合，重视运用市场机制谋发展，使市场发挥配置资源的作用。加大对小微型企业的帮扶力度，设立企业转型升级专项资金；为企业搭建更多的“产业综合体”，持续抓好“回归创业”工程；集中开展“促进项目落地、帮扶企业发展”行动，营造集中精力抓发展、抓服务的良好氛围。这些引导和服务为晋江打造了更为优良的企业发展及投资创业环境，推动晋江成为民营经济发展的乐园，也为经济的不断转型升级提供了有力保障。从晋江的经验看，许多大企业的发展都离不开政府的扶持和培养。反过来，企业也推动了政府自身的改革和转型，提升了政府的服务水平。晋江政府在晋江实现跃升式发展，向工业化中后期加速转型的过程中，发挥着十分重要的主导与推动作用。特别是在撤县设市后，晋江紧紧把握提升工业化水平的历史机遇，在推动经济调整发展的同时致力于促进总量与质量、结构与效益、活力与后劲、发展与环境等方面的协调，强调还利于民，推进社会全面协调发展，真正实现了市场、社会与政府之间的良性互动。

六、多元、包容、开放

改革开放以来，晋江秉承开放、包容的文化传统，在经济社会发展中敢为人先。比如，在经济发展过程中，晋江的民营企业家破除了家族企业“肥水不流外人田”的小农观念，通过引进职业经理人，在管理体制上实现了从家族管理向现代公司治理的转变；通过改制上市，在企业制度上完成了从股份合作制企业向现代公众企业的转变。再如，在社会建设过程中，晋江市党委政府打破城乡区隔，全面推行城乡一体化，做到了“城里人农村人一个样”；通过开放户籍推动了外来人口本地化进程；通过居住证制度实现了基本公共服务向常住人口全覆盖。

第四节　对县域工业化的启示：精神力量与工业化之路

企业是社会经济发展的重要主体之一，企业家是企业发展的灵魂人物。而企业家精神在很大程度上不仅会决定企业的发展方式和发展方向，还会在宏观层面上影响社会经济发展。因此，对企业家精神的研究不能仅限于个体层次，也不能仅限于考察企业家精神与企业绩效或宏观经济增长的关系，而是须进一步了解企业家精神的整体有机构成，重视其所根植的文化土壤，关注企业家精神的群体性和社会性，如此才能描摹从微观个体层面的企业家精神到组织层面的企业行为，再到宏观层面的经济发展成果的连续动态过程。翻阅晋江第一代企业家的人生履历，这些没有受过多少教育的农民在短短几年内摇身一变为千万、亿万身价的现代企业家的终极密码就是：在历史中形成和传承，又在改革开放市场经济发展的大潮中受到实践、锤炼和丰富的地方群体性的精神力量。正是在这种精神力量的推动下，晋江从一个农业、乡村社会快速成长为一个现代化的工业和城镇社会。“晋江经验”既是中国特色社会主义现代化道路的探索，代表着中国的现代化方向和路径，是中国式现代化的典型或缩影，同时也是极具特色的现代化发展现象。而“晋江经验”的启示，就在于县域各有自身特色的要素禀赋，而“人”才是中国县域现代化中的关键，只有充分发挥人的主体性，向内整合自身要素禀赋，向外学习优秀企业家精神，才能打造自身工业化的灵魂人物，最终推进特色现代化之路。

习近平于2002年在《人民日报》和《福建日报》发表的文章中明确指出，“晋江经验”是晋江人民对有中国特色社会主义发展道路的大胆探索和成功实践。晋江的本地工业化进程对于推进中国县域工业化、城市化和现代化具有重要借鉴意义。晋江的本地工业化起源于晋江人历史中形成的精神火种。在巨大精神力量的推动下，晋江企业家在党和政府的正确引领和大力支持下，牢牢把握历史机遇，立足县域实际，勇于探索，艰苦创业。在这一过程中，晋江企业家锻造出了更丰富、更务实、更具延展性的企业家精神，不仅推动晋江走出了一条具有特色的本地工业化道路，更带来了晋江具有特色的城市化和现代化。

进入新时代，“晋江经验”持续注入新内涵。2019 年全国两会期间，习近平总书记强调：“‘晋江经验’现在仍然有指导意义。”“晋江经验”的时代价值和实践意义更加彰显。2021 年 10 月 11 日，时任泉州市委书记王永礼，市委副书记、市长蔡战胜等新一届市委领导班子集体前往晋江经验馆召开十三届市委常委会第一次会议，重温“晋江经验”。会议指出，习近平总书记对“晋江经验”的总结提炼、对泉州工作的系列重要指示批示精神，思想上一以贯之、目标上与时俱进、要求上递进深化，是我们宝贵的思想财富、精神财富、作风财富和实践成果，必将进一步引领泉州高质量发展。2021 年 12 月 13 日，福建省委常委、泉州市委书记刘建洋带领泉州市委常委班子成员前往晋江市展馆，重温习近平同志在福建工作期间亲自调研总结的“晋江经验”。刘建洋指出，习近平总书记当年亲自调研总结的“晋江经验”，极具前瞻性、战略性、指导性，至今仍闪耀着真理光芒和实践力量，具有十分重要的现实指导意义。同日，泉州市委常委、晋江市委书记张文贤在市委三楼会议室主持召开十四届市委常委会第 18 次会议时指出，要以务实举措推动“晋江经验”常学常新、常用常新，系统梳理、深入思考发展“势能策”，对标先进、找差补短，全力做好加快发展高新技术产业、做强做大企业、推动“产城人”融合发展、深化构建无形通道、大力推进新型服务型政府建设五篇文章，加快推进科技赋能、人才“引育留用”、新型工业化与城镇化“双轮驱动”、龙头企业与乡贤反哺等重点工作，在传承弘扬“晋江经验”中不断探索发展新路径。

总而言之，晋江的企业家精神有许多方面值得其他地方借鉴，有助于其他县域打造自己工业化的灵魂人物，推进特色工业化、城市化和现代化之路，对于推进中国县域工业化、城市化和现代化具有重要实践借鉴意义。

第四章

晋江党政领导与政商关系

在中国式现代化的建设进程中，党委政府与企业家是两个非常关键的主体，政商关系是一条核心的逻辑线索。这在晋江改革开放以来的县域发展经验中表现得尤其明显，政商关系对于晋江的县域现代化建设具有至关重要的作用。本章围绕晋江党委政府引领、助推、服务晋江县域现代化建设的理念和角色，以及党委政府与晋江本地企业形成的良好互动关系展开，旨在探讨在市场经济建设和现代化建设中政府与企业如何发挥亲清政商关系的双赢作用，最后提出了晋江政商关系的巩固、持续、优化机制，对于其他地方的县域现代化建设来说具有现实意义。

第一节 在晋江精神和“晋江经验”中理解政商关系

政商关系在地方经济的发展中有着举足轻重的作用，良好的政商关系是地方经济发展的重要引擎，有助于推动地方经济的可持续发展，创造稳定的营商环境。2016 年 3 月 4 日，习近平总书记在参加全国政协十二届四次会议民建、工商联界政协委员联组讨论时提出构建亲清新型政商关系。如何理解“亲”“清”的深刻内涵和辩证关系，实现既不能楚河汉界、不相往来、“清而不亲”，也不能勾肩搭背、不分彼此、“亲而不清”，如何把握好政商关系的分寸，十分考验地方党委政府的综合治理能力。

多年来，晋江的党委政府在晋江县域现代化建设中扮演了重要角色，在处理政府与市场的关系中积累了大量经验，在长期与市场主体的互动中践行了“亲、清”新型政商关系。晋江市始终强调要坚持党委在经济工作中的“掌舵、统筹和协调”作用，强化政府在经济发展中全力当好经济运行的“引路人、推车手和服务员”。在服务企业上，晋江深化亲清新型政商关系，正如习近平总书记提倡的，党政干部与企业家之间建立“君子之交”关系，晋江政府坚持践行“四到”（不叫不到、随叫随到、说到做到、服务周到）理念，“亲而有度、清而有为”服务企业，城市营商环境排名跃居全国县域第二。对晋江实践经验的深入研究，不仅有利于从中总结出晋江政商关系发展的模式与经验，同时也为我们理解新时代中国政商关系新特征提供了坚实的案例基础。

实际上，政商关系的深层基础是文化观念，晋江的亲清政商关系是晋江精神的生动写照和关键表征。在这个意义上，政商关系是理解晋江精神的关键维度之一，我们需要在晋江精神的历史形成和延续中读懂晋江的政商关系。1990 年 11 月，晋江县委在晋江县第七次党代会上提出“诚信、谦恭、团结、拼搏”的晋江精神，以此概括晋江在县域现代化建设过程中蕴含的深层精神力量。诚信、谦恭、团结、拼搏这 4 个方面，既有各自的侧重点，又是紧密关联的整体，不仅是晋江党委政府的总结、提炼、指引与导向，也是晋江千千万万企业家和普通民众的精神写照与心之所向。从历史的视野来看，晋江精神是深深植根于晋江社会的，是亲清政商关系得以形成和维系的深层观念基础。

习近平同志正是从这样的政商实践及其深层精神力量中做出了“处理好发展市场经济与建设新型服务型政府之间的关系”和“始终坚持加强政府对市场经济发展的引导和服务”的科学论断。亲清政商关系由此成为晋江精神和“晋江经验”的关键内涵之一。在理解晋江精神和“晋江经验”的思想内核及其实践过程时，特别需要注意到，晋江精神不仅强调的是晋江企业家们的奋斗精神，而且也是对地方政府提出的“晋江要求”。

正是源于晋江精神的内在动力，晋江地方政府的治理能力和晋江企业家的奋斗故事，共同构成了“晋江经验”在当代晋江经济发展过程中的一系列实践活动，保持了晋江经济持续增长和社会文化的繁荣。作为全省乃至全国改革试点最多、成果最丰富的县级城市之一，晋江市委、市政府正全力推动行政运行良好的政商关系制度改革，不断搭建平台赋能创新创业的创造活动，内外联动提升开放水平，为企业发展创造新环境、新优势、新高点和新市场。在实践过程中，晋江市委、市政府秉持尊重市场的经营主体地位，努力做到把该管的管到位、该放的放彻底，与晋江活跃的民营企业一道构成了晋江发展的重要引擎。因此，晋江的良好政商关系是晋江精神得以发展弘扬的关键，是“晋江经验”的核心内容之一，在实践中可供更多地区借鉴。

第二节 晋江经济发展与党委政府角色

政商关系虽然有政府和企业两个关键主体，但是亲清关系的建构和维持，主动权通常在政府一方。政商关系围绕的核心是促进发展，地方政府须依赖企业发展来带动地区经济与社会发展，本地企业同样也期待地方政府能够为企业发展提供良好的政策支持和营商环境。因此，政府发挥好自身在地区发展中的“引领、助推和服务”作用，通过企业的发展促进地方经济社会的发展，是政商关系维持的关键。

一、晋江党委政府在县域现代化建设中的关键角色

（一）立足政府优势，做发展方向的引领者

无疑，市场是资源配置的关键，但深处市场中的企业也常常会面临或经历市场失灵的情况，例如信息的滞后性、投资的盲目性、竞争的无序性等问题。这种情况下，政府的作用尤为关键，政府可以基于自身在信息综合、趋势判断、政策制定等方面的优势，为企业提供一定的引导，推动企业、产业向着更好的方向发展。

晋江党委政府一直强调自身在晋江经济活动中扮演的“引路人”这一重要角色，这既是晋江县域经济保持蓬勃发展的鲜明特征，也是以晋江为代表的县域现代化建设的关键所在。作为“引路人”的地方政府，不仅能够为地方产业发展的转型关键期提供理论指导，也能够使得地方产业发展在一定程度上摆脱市场经济中的负面影响，形成政府和企业的良性互动基础。要做好“引路人”，就需要地方政府在经济活动中做到知己知彼，这是政府引领产业发展方向的前提。

首先，地方政府需要对本地经济有全面了解，特别是需要知道政府能做什么、企业想要什么。在进行有关经济活动的政策决定时，地方官员首先要对地方经济发展的实际情况有充分的了解，这就要求地方官员一方面提高自身的能力素养，对地方发展的优势“如数家珍”，对地方发展的劣势“心知肚明”；另一方面也要求地方官员的整体队伍有活力、有定力，有充足时间对地方发展展开深入调研，形成沟通顺畅的亲清关系。

其次，地方政府需要对本地相关行业发展方向有深度研判，知道本地产业发展目前处在哪个阶段，下一阶段的产业发展重点是什么。经济的发展不

能停留在纸面工作上，更重要的是对产业实际运行情况和发展趋势的了解。面对本地纷繁复杂的产业发展路径，地方官员需要对各行业的经济政策了如指掌，也需要对各行业大致的发展方向有较全面的预判，例如，怎样抓大产业、稳小产业，如何为朝阳产业提供强助力，为夕阳产业做好软着陆；同时，地方政府也需要警惕资本无序扩张，鼓励本地企业履行社会责任，促进社会发展。

最后，地方政府还要认清本地经济在全国经济格局和区域经济格局中的位置，知道本地经济与其他地区经济相比有何种比较优势和劣势。经济发展不能仅盯住本地企业和产业的发展情况，还需要主动融入更大范围的经济体系，明白本地企业和产业在区域、全国甚至全世界的竞争对手的发展情况，积极向同类型、更高水平的地方学习，突出本地区、本行业的优势所在，打造传统优势产业、新兴产业、高新技术产业等符合本地实际的产业发展格局，不断提升在区域、全国乃至全球产业链发展中不可替代的经济核心竞争力。

晋江市委、市政府在这些重要方向上的“引路人”角色都体现得十分鲜明，在不同历史时期准确研判发展形势，对企业的发展方向做出正确引领，这是“晋江经验”深刻内涵的展现，也是改革开放以来晋江经济社会发展始终保持良好态势的重要原因。

（二）把握市场规律，做企业成长的助推者

晋江经济有着十分强烈的内生发展动力，但是这一动力如何推动晋江经济成长、走出良好的发展路径，却并没有预先给定的答案和参照。纵观晋江经济发展的历史，政府在多个关键时间点上，敏锐地注意和正确地把握了市场运作的基本规律，运用巧力助推这股强劲的发展动力，“扶上马，送一程”，最终促成了晋江目前稳固的经济发展态势。

第一，晋江政府明确“何时助推”。晋江政府懂得市场、敬畏市场，企业遇到困难时能及时出手。

第二，晋江政府知道“往哪助推”。晋江政府明白产业助推的方向，有效地助力能够带领地方产业转型升级的企业，在转型关键期或经济形势下行

期，助力地方企业摆脱困境。

第三，晋江政府深知“如何助推”。晋江政府选择更容易让当地企业接受、易于企业理解的经济政策作为助推的手段，而不是沿用单向的行政管理方式。晋江政府能够真正站在企业的立场上考虑政策的执行效果和方式，并理解企业家的心态与文化，以本地企业家易于接受的方式使用政策工具。

晋江党委政府在恰当的历史时点对于企业提高产品质量、创立自主品牌、走向资本市场、加强自主创新等提供各方面的助力，成为晋江县域经济逐步转型升级、走向高质量发展的重要推动力量。

（三）推进协调发展，做营商环境的构建者

为县域经济发展做好一系列服务工作，才能真正让企业在本地生根发芽、茁壮成长，也才能真正让产业做大做强，最终作用于县域现代化的经济和社会发展。晋江党委政府不仅将服务企业的生产经营和产业的转型升级作为工作的重点，近些年也将本地的城市建设和社会服务等企业发展的软环境作为城市软实力建设的重要内容。

第一，让企业“省心”经营，始终是政府的工作重心。市场经营活动瞬息万变，既蕴含着大量的商机，也充满无数的风险。为了适应市场的变化形势，企业需要宽松的外部环境，因此政府需要提供良好的政策支撑。服务企业的生产经营活动，需要政府围绕企业经济活动形成快速、敏捷的响应体系，并做好简政放权工作，真正站在企业、企业家、企业员工的角度开展“放管服”的工作，为企业在市场竞争中大展拳脚搭好舞台。

第二，让企业“放心”经营，始终是政府的政策方向。与市场瞬息万变的灵活性相对应，政府打造的营商环境遵循“大结构稳定，小细节灵活”的原则，让地方企业有稳定的政策预期，有持续发展的充足信心，从而让企业专心直面市场的一系列机遇、挑战和风险。因此，保持营商环境的稳定性，特别是维系县域微观产业政策等各方面政策的延续性，是做好围绕企业服务工作、保障企业放心经营、推动产业可持续发展的重要原则。

第三，让企业“暖心”经营，始终是政府的工作基础。随着晋江市经济的快速跃升和转型发展，近些年晋江城乡居民的生活品质稳步提高，各类企

业也热切期待自己扎根立足的城市有更好的城市建设和公共资源。因此，晋江市委、市政府始终牢记“晋江经验”关于处理好工业化与城市化关系的指导，在做好企业服务工作时，铭记企业家作为“市民”的需求，为企业经营和产业发展构建更好的城市环境，以更高水平的城市建设来助推经济高质量发展。特别是，县域不仅是企业家、企业员工等各方面人才开展经济活动的舞台，也应该成为他们“家”的港湾，只有这样才能够吸引和汇集更多的优秀人才，才能真正留住人心。

晋江市委、市政府在这些方面很好地扮演了“服务员”的角色，在推动经济社会全面协调可持续发展、工业化与城市化协调发展等方面开展了丰富的探索，积累了宝贵经验，构建了良好的县域营商环境，成为全国其他地方县域现代化建设的重要参考。

二、晋江党委政府在构建亲清政商关系中的核心举措

（一）创造市场成长空间

创造市场成长空间，要求地方政府在合适的场景中与企业保持距离，留足企业施展拳脚的空间。更重要的是，这并不意味着政府在与企业没有直接业务往来时，可以不展开与企业经营相关的活动，而是要为企业创造能够衍生产业发展的道路，为企业后续的转型升级提供助力。

晋江市政府积极优化本地的营商环境，为企业的转型发展乃至企业家群体的良性互动提供空间。近些年，晋江市政府持续关注地方企业的提档升级工作，通过兴建专业性市场的方式，招来同一子类目的产业集聚，将原先零散的商户集中起来，形成区域性的品牌认知度，并为商户的产品规划提供专业指导服务。这样的集聚工作很快产生了良性的平台效应，政府搭台，企业唱戏，原先受限于空间位置无法扩大经营或难以开展本地化社交活动的商户，在专业性市场中，不仅可以扩大经营范围，提升产品的知名度，还能够基于集聚效应形成良好的企业家社交网络，如晋江市磁灶镇的海峡国际五金机电城。在晋江市政府的支持下，海峡国际五金机电城从无到有，从一片杂

草丛生的山沟烂地，到商贾如云、旺铺林立的繁荣市场，一方面为相关企业的集聚升级提供了广阔的空间，另一方面也补齐了晋江市五金专业市场类目缺失的短板。海峡国际五金机电城一开始商业流量很少，政府通过搬家补贴、入驻补贴、代发工资、税收减免等方式吸引商户入驻。机电城的管理人员还创新运用“一城千车”（先补贴商户购车，购车后在车身上打广告，五年内不更换）等方式维持机电城的收入。2021 年，海峡国际五金机电城的营业额超 100 亿元。更为重要的是，商户的集聚也带来了本地商圈社会关系的集聚和社会资本的充盈。

（二）塑造政府响应体系

政商关系的良性发展需要稳定的沟通渠道，这就需要地方政府打造一个快速响应企业需求的行政体系。近些年，晋江市政府提出，以最快速度响应企业需求，以最大限度支持企业转型，以最强力度服务企业发展。持续推进“放管服”改革，深化“马上就办、办就办好”，精简审批，靠前服务，改进机关作风。2019 年全市市场主体同比增加 27.2%，[①] 极大地激发了市场活力。同时，推广利用大数据，购买专业服务，为企业提供精细化、精准化服务，让“数据多跑路、群众少跑腿”，减少企业办事成本。

为了塑造政府的快速响应体系，晋江市政府通过 3 个方面开展工作。第一，抓“标准化”改革。持续推进审批事项削减、前置条件精简、办理环节撤并、申报材料“瘦身”、审批时限压缩等工作，截至 2020 年，全市 225 个行政许可事项、285 个公共服务事项和 79 个行政确认事项全部纳入“权力清单”，所有事项办理严格控制在“受理—审查—决定”3 个环节内，审批时限平均压缩至法定时限的 17.75%，行政服务大厅当场即办率 82.15%，“最多跑一趟”和“一趟不用跑”事项占比 93.03%。第二，抓“集成化”通办。聚焦“一网、一门、一次”，加快新行政审批服务中心建设，全面整合所有审批分中心、服务单位和便民服务窗口，力求实现群众“进一扇门，办所有事”；打破部门信息壁垒，推进电子证照“一库共享”，推动行政审批系统与

① 晋江市发展和改革局：《关于晋江民营经济发展有关情况的汇报》，2020 年 7 月 28 日。

部门业务系统的对接互通，促成所有进驻事项全部开通网上预审功能、61个事项实现全流程网上审批、482个事项实现电子证照调用功能，实现“数据多跑路、企业少跑腿”；探索企业开办集成服务，将企业开办时间压缩为3个工作日以内，同步推出开办企业“零费用”和便民“服务礼包”（免费发放一套印章，免费邮寄营业执照、发票、印章，免费提供复印等服务），全面提升企业开办便利度。第三，抓“多元化”监管。构建以信息公示为基础、以信用平台为支撑、以信用惩戒为重点的信用监管机制，形成涵盖抽查联动、信用约束和“互联网＋”监管“多位一体”的综合监管格局。①

（三）营造企业经商环境

营造企业经商环境，不仅仅停留在对企业经营活动中的一系列服务，还体现在对企业所仰赖的社会文化生活的建设；不仅仅对企业直面的经营困难施以援手，还提前一步考虑好企业的长远发展问题。近年来，晋江市持续推动县域经济与区域经济、城市经济融合，民营经济与国际资本、国有资本融合，传统与高新并进，产业与城乡民生生态文化等领域并进，最终实现产业升级、城市提质、百姓增利、空间拓展和治理提升。

在城市生活方面，晋江市政府从就医、就学等角度做了大量的工作。晋江市是福建省最早实行12年义务教育的城市，与此同时，最大限度放宽外来务工人员子女入学条件，稳定了每个镇街工业企业中人才留在晋江发展的信心，甚至吸引了许多邻市的学生来晋江就读。晋江市也十分重视高层次人才的引入，已建成投用全省首个县域国际人才港，制定全国首份县级人才认定标准，实施产业转型“启航计划”、博士助力产业升级“远航计划”，打造全链条人才生态。目前已累计引入国家“千人计划”等各类高层次人才5352人。另一方面，晋江市政府也十分重视对本地企二代、创二代的培训引导工作，通过针对企业家特别是本土新兴企业家的素质提升“领航计划”，提高本地人才队伍的建设。通过委托高端智库，全球募集讲师组成授课团队，每年面向晋江的企业家招生。这不仅形成了本地稳定的企业家人才梯队，而且

① 晋江市发展和改革局：《关于晋江民营经济发展有关情况的汇报》，2020年7月28日。

为政府和企业维持长期良性的关系打下了基础。近些年，“领航计划”面向泉州市范围内招收学员，同样形成了良好的对周边地区的辐射促进作用。

（四）铸造稳定政策预期

铸造稳定政策预期，不仅体现在政策执行中“言必信，行必果”，也体现在政策的稳定性和连贯性上，确保一张蓝图绘到底，形成企业经营的稳定预期。在政策的稳定性上，晋江市政府一方面保证领导班子的政策连贯性，发挥党建引领的风向标作用；另一方面也通过政策引导企业追求长远利益，斩断市场中纷扰的短期高风险信号，使得追求持续发展成为企业的优先选择。

（五）通过党建引领企业发展

党建活动是企业发展的风向标，在政企携手共同发展的过程中，灵活运用评选党员经营示范店、党支部推荐放心店、成立党员服务驿站等方式，通过强调亮身份、见诚信、促发展，以党员身份和党建活动锚定企业诚信经营的预期。树立企业发展的典型示范，营造风清气正的企业经营氛围。通过政策引导企业追求长远利益，对一些流量较大、市场机会广阔的市场入驻商户进行审核，要求企业的主营业务必须至少经营 5 年不能有过大变化，更不能将经营活动转化为短期市场投机行为，斩断投机型企业进入市场的路径，使得入驻企业能够更加心无旁骛地专注于本领域业务，拓展本产业的发展机会，保证市场的长久繁荣。

第三节　晋江党政领导县域现代化建设的经验

纵观晋江市 40 多年的发展历程，政府在晋江县域现代化建设的不同阶段发挥着不同的作用，呈现出明显的阶段性和递进性特征，也是一个不断丰富晋江精神中政商关系内涵的过程。在晋江发展的每个阶段，地方政府面临的问题并不相同，从改革开放初期做大经济体量，到做强市场品牌，再到做精产业结构，每个阶段都呈现出了晋江党委政府在本地经济发展中的关键作用：为下一阶段的发展铺路，适时助推企业前行，并为这一阶段的转型保驾护航。

一、抓住改革机遇，做大经济体量

晋江在改革开放初期是一个典型的农业穷县，党的十一届三中全会的强劲东风，在晋江掀起了解放思想的大潮。面对什么是社会主义、怎样建设社会主义这一时代之问，拥有独特人缘地缘优势和敢为天下先文化基因的晋江，率先挣脱计划经济的束缚。1980 年 8 月，晋江县委出台的《关于加快发展多种经营和社队企业若干问题的规定》，拉开了晋江农村工业化的序幕，多种形式、多种成分的乡镇企业在晋江大量出现，工业固定资产投资大幅提升。

晋江经济发展得天独厚的优势之一，是在国外的华侨资源。据统计，1987 年，晋江常住人口为 107.45 万人，其中归侨侨眷就占了 73 万多人，而海外华侨华人也达 94 万多人，遍布 50 多个国家和地区。海外华侨为住在国经济发展作出重要贡献的同时，也经常向国内的亲友汇款。相对于福建省其他内陆县市，当时许多沿海县市家庭都有数千元的海外侨汇，具备了小规模生产加工的资金基础，还有侨胞们时不时带回的海外流行产品可以学习借鉴。上述优势成为晋江在 20 世纪 80 年代发展的基础。在改革开放的浪潮当中，晋江基于“三闲”（即闲散劳力、闲余资金、闲置房屋）起步，进一步开拓了三来一补（即来料加工、来样加工、来件装配和补偿贸易）的产业。晋江政府从县情出发深入研究如何大力发展生产力，决定把发展乡镇企业作为振兴晋江经济的发展战略，以联户集资为主要形式，引进侨资侨企，大胆放手，发动群众集资办厂，有力地推动了经济发展。

改革开放的政策实施后，在晋江政府的支持和引导下，晋江人敢为天下先、爱拼才会赢的内生动力得到了全面激发。依托侨汇的资金优势和侨胞的对外渠道，晋江抢占改革开放先机，创造出了以市场经济、外向型经济、股份合作制为主，多种经济成分共同发展为主要特征的经济发展模式，成为“晋江经验”的重要开篇。

二、树立诚信精神，创建市场品牌

1985 年，晋江县因一个“不光彩事件”而一夜之间名闻全国。当时，晋江县陈埭镇的一家食品厂将速溶饮料包装成治病药，销售至全国各地。这一“假药事件”最终被《人民日报》以整版专题集中报道，一时间全国人民将晋江和假药联系在了一起，连带着晋江其他产品也被当作是以次充好的假货。

这一“假药事件”带来的巨大冲击唤醒了晋江人的诚信和质量意识，也展现了无序的市场经济发展带来的负面影响，提醒地方政府对晋江这一品牌维护的重要性。依托于侨汇、与国际市场的连接以及政府的政策空间，晋江本地的经济发展有着巨大的动能，但这股动能既有可能实现晋江产业的腾飞，也有可能因市场力量发展无序而撕裂整个晋江产业，最终给晋江产业发展带来灭顶之灾。1990 年 11 月，晋江县第七次党代会召开，晋江县委提出了“诚信、谦恭、团结、拼搏”的晋江精神，开始实施区域品牌造势战略，占领市场主导权成为响亮的口号，部分企业步入自创品牌阶段，一批龙头企业出现集群内部创新机制及合理的竞争体制，民营经济逐步成为推动晋江经济发展的主要力量。在此基础上，晋江政府进一步提出了质量立市、品牌立市的发展战略。1995 年，晋江全面启动质量立市工程，大力推行质量体系认证活动，产品质量总体水平大幅提高，推动经济良性增长和社会进步，提升了晋江的整体形象。1998 年，晋江提出品牌立市理念，2001 年，晋江市获得了全国质量兴市先进市县称号。晋江市政府先后出台打造品牌之都的政策措施，重奖创牌企业，给予品牌企业一定的优惠政策，对获得中国名牌产品、中国驰名商标的企业给予奖励。这个阶段，晋江先后涌现出一批国字号品牌，如安踏、361°、恒安、利郎、柒牌、劲霸、特步等。在晋江市政府的引领下，民营经济进一步发展壮大，初步形成优势产业集群。

回溯“晋江经验”的形成过程，一条脉络清晰可见，晋江人将其总结为“改革开放的天时，凭海临风的地利，爱拼会赢的人和”，这一天时地利人和汇聚起晋江产业前行的强劲市场力量。而这股强劲的力量如何发展、如何引导、如何升级，成为政府必须扎实深入思考的问题。这股市场力量在1985年一度要撕裂摧毁晋江的产业信誉，晋江政府和本地企业一道“知耻而后勇”，迅速重建了本地的声誉并重新厘清了晋江经济的发展方向，经济综合竞争力显著增强。1991年，晋江跻身全国综合实力百强县市之列，2001年，晋江跨进全国百强县市前10名。

三、聚焦产业升级，做优产业结构

跻身百强县市并不意味着经济发展就一帆风顺，更重要的是如何保持发展动力，在不同阶段均能处于经济发展前列。习近平同志在福建省工作期间，始终高度关注晋江改革发展，从1996年到2002年先后7次深入晋江企业、社区、村庄调研，并于2002年总结提出“六个始终坚持”和“正确处理好五大关系”的“晋江经验”，并指出“晋江经验”是晋江人民对有中国特色社会主义发展道路的大胆探索和成功实践。

进入21世纪，晋江的产业结构持续优化，技术的发展不断推进产业转型升级。与一些地区以产业谋金融业的“脱实向虚”发展策略不同，晋江市委、市政府始终立足优势条件，坚持以实业为根基，紧抓实体经济不放松，在新世纪发展的不同阶段，先后围绕先进制造业立市、高新产业强市和现代服务业兴市的政策方向，稳步推进晋江地区产业的转型升级及辐射带动作用。2021年，晋江县域经济基本竞争力位居全国第4位，城市投资潜力、营商环境位居全国县域第2位，地区生产总值（2986.41亿元）是1978年（1.45亿元）的2059.6倍。

晋江市产业升级的丰硕成果在2022年集中亮相。2022年在北京举办的冬季奥运会，让晋江产品频频“出圈”，不仅运动员身上的高科技运动装备来自晋江知名企业安踏集团，志愿者、裁判员等在内的冬奥会官方工作人员制服也出自安踏集团。在北京冬奥会这一最高竞技舞台上，安踏打破国外数十项专利技术垄断，实现了在多个冰雪项目装备领域零的突破。① 除此之外，晋江本地其他知名企业也在冬奥会上一展拳脚。舒华成为赞助冬奥会的第一个中国健身器材品牌，匹克为 7 个国家提供了科技与时尚俱佳的专业装备，玩具生产商恒盛制作了冬奥会吉祥物“冰墩墩”玩具，盼盼食品为冬奥会提供袋装休闲食品。这次“出圈”一方面来自晋江企业长期专注本行业发展；另一方面也来自晋江市政府长期的政策支持，如围绕产业升级的“1310”政策大礼包，聚焦“科技创新”这一主题，围绕“企业、人才、平台”三大创新主体，配套出台了科技创新、创新人才、空间要素、营商环境、制造业、服务业、金融业、文化产业、旅游业、现代农业等 10 份政策②等，基于目前产业发展阶段，拟定产业升级支持政策，最终形成了晋江各行业工业制品的行业领先定位。

在完善产业结构的过程中，晋江市政府不仅着力发展本地产业，还时刻关注本地产业在周边城市的产业结构中的位置，优化城市圈产业结构。晋江产业的发展得益于融入泉州与厦门的经济活动与产业分工中，在新世纪的不同发展阶段与泉州厦门的发展潜力一同前行。在晋江城市经济的发展方向上，晋江市坚持在区域一体化中优化布局，融入泉州“一湾两翼三代”城市格局，其中“一湾”指的就是以泉州、晋江和石狮主城区为主体的环泉州湾地区。与此同时，晋江市政府深知本地实体产业是发展的优势与根基，围绕本地制造业业态繁荣，集聚力量发展高端民生制造业，并以厦门为对外发展的窗口，整合商贸会展等资源，打造创新发展晋江经济的先导区；产业融合的同时，晋江市政府也积极推动与厦漳泉都市圈的融合，构筑联系厦漳泉都市圈的重要功能高地，如 2018 年底通车的晋江市 370 县道实现了晋江到厦

---

① 柯国笠：《奔腾的晋江流——北京冬奥会晋江建功观察之三》，《晋江经济报》2022 年 2 月 22 日。

② 蔡斯洵：《10 份政策“大礼包”两年将派发 30 亿元奖励扶持资金》，《晋江经济报》2021 年 5 月 14 日。

门20分钟通勤时间，显著地缩短了两地的距离。晋江长期发展经验表明，坚持在城市群发展中找准定位，突出差异化竞合发展是县域城市需要重点考量的发展因素。通过主动承接厦门泉州市区溢出效应，晋江市成为闽西南协同发展区的重要节点城市。

四、创新发展思路，优化城乡环境

在经济高速发展的同时，晋江市党委政府意识到吸引人才光靠经济发展机会还远远不够，特别是晋江市毗邻厦门市，当晋江企业发展到一定规模时，总部外移的现象凸显，企业的高级人才也选择在晋江工作、在厦门生活，这导致围绕晋江高级人才的消费市场和休闲娱乐活动都在厦门，而无法转化为晋江本地社会发展的动力。因此，在新的发展阶段，晋江市要想留住各层次人才，就必须提升城市的品质，正确处理好工业化与城市化的关系。在新时期的发展中，晋江市城乡面貌脱胎换骨。

（一）城乡面貌焕然一新

在产业发展的同时，晋江市以文化文明共建共享为目标，坚持对本地文化固态保护，活态传承，业态提升。2017年，在晋江市政府的持续努力下，晋江市成功跻身全国文明城市行列，成为全国50个、全福建4个县级文明城市之一。在传统文化的传承与保护上，晋江市政府以文化软规划为基础，实现让闽南古大厝、东南亚“番仔楼”等传统建筑“延年益寿”，让传统文化“见人、见物、见生活”。2012年开工建设的晋江市五店市传统街区，坐落在晋江繁华的都市圈中，历史文化建筑与现代化发展硕果相映成趣，2015年获评国家AAAA级景区。

晋江本地农村的制造业是晋江产业发展的重要动能，多年来，晋江政府坚持城乡一体统筹发展，推进全市一城、城乡一体，实现农村和城市一样的生活品质、不一样的生活体验。在城市发展进程中，晋江市2021年的城镇化率为69.5%，并先后推出了16个组团片区改造、5个系列资源整合，提升城市建设品质，将 2/3 以上的建设用地投入安置住房、基础设施、公共建设项目，保障城市居民和外来新晋江人的住房问题，建成 109 个现代小区，新建 21 个市级公园。在乡村建设中，晋江市 2021 年农村常住居民人均可支配收入为 30201 元，位居福建县域第二位，配合新阶段乡村振兴纵深推进，晋江市形成了乡村振兴示范村 72 个。

（二）民生福祉显著增进

近些年，晋江市政府坚持保障全覆盖、待遇均等化，实现城里乡村一个样、新老晋江人一个样，每年将 65%以上本级财力投入民生领域，真正实现发展成果全民共享。晋江市在民生保障方面实现了 7 个率先：在全国率先探索新农合跨省异地结报；在全国率先实现被征地人员养老保险即征即保；在全国率先实现治安巡逻村社全覆盖；在全省率先推行居住证制度；在全省率先实行公办高中和中职学校免学费；在全省率先实行乡村医疗养老保障制度；在全省率先实行城乡环卫保洁一体化。晋江本地 100 多万外来创业务工人员享受 30 项市民待遇，每年都有超过 4 万名学生受益于免学费政策。晋江市政府坚持 3 个优先：优先保证事关民生的财政投入，优先解决事关民生的利益问题，优先构建事关民生的保障机制，构筑了就业保障、教育保障、医疗保障、住房保障、安全保障、环境保障和社会保障等 7 个保障体系。

以人民群众最为关心的教育、医疗和养老问题为例，“十三五”以来，晋江市在全省率先实现公办高中和中职学校免学费，零门槛保障近 21 万新晋江人子女平等接受教育，外来人口可享受同等待遇，新增优质学位超 6 万个，新增教育用地 5565 亩。在教育资源上，晋江市成功引进中国科学院大学、福州大学、清华附中等教育资源优化教育，资源布局培育养正中学等 8 所省一级达标重点学校。近些年晋江市的医疗水平也稳步提升，深化与树兰医疗、上海六院等高端医疗资源合作。养老方面，晋江市目前已建成各类养老设施 397 所，市级养老院 1 所，镇街级养老机构 16 所，村级敬老院 50 所，村（社区）居家养老服务站 325 所，民办养老院 5 所，在建筹建养老机构 30

所，总床位 7326 张，每千名老人拥有养老床位 39.3 张。

（三）社会治理水平大幅提升

晋江市坚持党委领导构建四大体系，探索形成了以平安保稳定、以稳定保发展、以发展促平安的县域社会治理晋江样板。晋江市先后被评为全国平安建设先进县（市、区）、福建省 2013—2016 年度平安先进县（市、区）；连续 12 年获评泉州市平安建设综合工作优秀县（市、区）；扫黑除恶专项斗争工作成效位列泉州第一；2017 年全市群众安全感率首次位列泉州市第一，闯入全省前十；2020 年度群众安全感率位列泉州第二，全省第十一。

2017 年，晋江市在全国首创“六守六无”（守诚无失信、守德无纷争、守约无陋俗、守规无事故、守法无案件、守廉无贪腐）考评机制，让平安成为晋江的新名片。社会治理体系的完善依靠的是先进的数字技术，晋江市自主开发平安指数系统，汇集全市有关行业部门的数据，围绕警情、案情、社情、舆情四方面，每半个月生成平安指数，对各镇（街道）、村（社区）社会治安状况进行评价。与此同时，晋江市还构建立体防控网络体系，构筑人防、物防、技防、网防、治防“五位一体”的智能感知防控网络，破案率从 2011 年的 25.1％上升到 2020 年的 70.9％。

第四节　晋江亲清政商关系的主要特征

在晋江经济发展的不同阶段，晋江党委政府都在塑造政商关系、推动产业发展上扮演了重要角色。从改革开放初期晋江党委政府积极放开市场管制、晋江企业“三闲”起步快速发展；到市场负面效应涌现，晋江党委政府知耻而后勇带领企业重建晋江信誉；再到晋江党委政府政策前瞻引导，晋江企业在多个行业大放异彩；最后到以经济发展带动城市建设，以完善的基础设施留住产业发展人才。晋江的政商关系促使我们进一步思考，在何种条件下，党委政府与企业之间才能形成这样团结一心、相互配合、共同发展的良性政商关系？

一、政商关系的前提是深度了解

在晋江经济发展的不同阶段，晋江党委政府一直在思考和研究当地企业如何发展，以及怎么才能让当地企业良性发展。为此，政府定期组织工作人员到企业学习，实地探访企业的需求和动向；在实地探访的过程中，为企业讲解相关的政策动向，及时传递国家的产业政策，向企业介绍其他省市的经验，促使企业紧跟行业发展的最新动态，并向国家的政策方针靠拢。政府工作人员也会借此了解本地政策的实际执行情况，为政策的优化提供实践案例。晋江政府还常常带领企业家参加各类管理培训，促使企业向现代化经营转向。通过这一持续的政企互动，晋江政府和企业都更加深入地了解了对方的实际需求。

政府与企业“有边界的交心”是亲清政商关系的实践要求，在晋江市的政商互动中，不仅各级官员亲力亲为，不摆架子，与企业“交心”谈发展；在晋江发展的企业也明白政府的权责边界，知道如何与政府互动，不碰政策的红线。

二、政商关系的稳定需彼此依赖

多年来，晋江市党委政府的服务精神得到了本地企业认可。为了让本地企业能够用好、用足、用活各项中央和省市一级的产业发展政策，晋江市政府自 2015 年起，组织了数十场总计约 2000 名企业家参加的政策宣讲会，帮助本地企业深入了解和掌握政策的精神与实际操作应用。与晋江党委政府持之以恒的服务成果相对应的是，自改革开放以来，晋江市规模以上企业工业总产值的结构发生了巨大变化。2000 年，晋江市的国有企业总产值是私营企业的 3 倍，但私营企业的工业总产值一直在快速增长。到 2013 年，国有企业的总产值降至私营企业的 1/10，并在次年退出晋江市规模以上企业工业总产值的统计口径，集体所有制企业则在 2015 年淡出本地经济活动。私营企业和港澳台商投资企业成为晋江经济发展的绝对主力。2019 年，私营企业总产值首次超过港澳台商投资企业。2020 年新冠疫情暴发时，在港澳台商往来与投资一定程度受阻的背景下，私营企业继续逆势上扬，规上工业产值达到 2837.76 亿元，占晋江市全部规上工业产值的一半。2020 年，晋江市规模以上私营企业数稳定在 1477 个，占本地企业数的 72.5%。私营企业的持续性活跃，为晋江市财政收入提供了保障，2020 年，在全国和泉州市一般财政收入下降的背景下，晋江市财政收入增长 2.7%，达 227.67 亿元。民营企业的活跃为晋江经济赋予了强劲韧性。

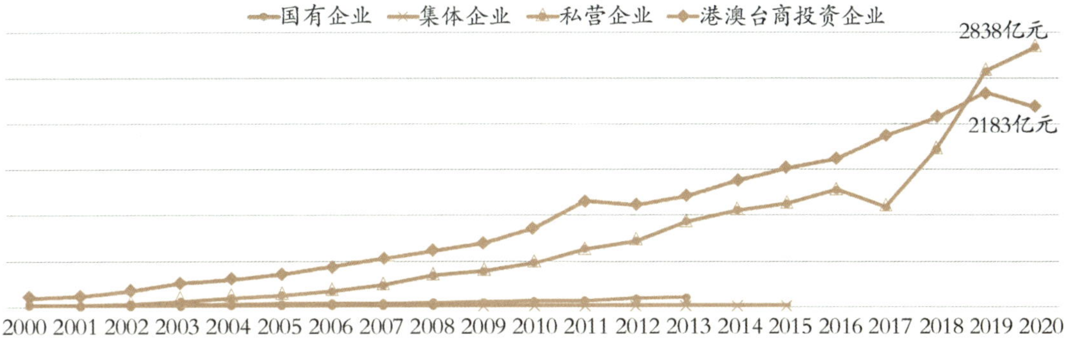

数据来源：《晋江统计年鉴 2021》。

图 4-1　2000—2020 年晋江市规模以上企业工业总产值变化

晋江本地企业不仅在地方税收上为晋江市的发展作出重要贡献，而且对晋江市的社会治理也有作为。晋江市企业家们强调“老板文化”，这一“老板”特征主要体现在企业家们的社会责任担当上。晋江市的企业家常常会带领中高管理层去养老院、育婴院等开展志愿服务活动，自发实施捐资助学等慈善项目，践行企业家的道义责任。为支持本地农业的发展，实现共同富裕，晋江市企业家们也自发开展了订单农业的包销，带领周边的农民一起致富。在 2020 年新冠疫情期间，一些晋江企业在武汉附近设有厂房的，都将自己的相关物资赠送给当地社区和医院，在国家抗疫的关键时期贡献自己的力量。这些践行“老板文化”的晋江企业家们成了晋江市社会建设中最活跃的群体。

纳税大户和“老板文化”成为晋江企业家的经济社会地位标签，也塑造了本地企业家群体与晋江政府互动的模式。政府深知，民营企业良性发展，地方经济才能稳步向前，相应地，也才有更多的资金用于晋江的社会建设。对于晋江企业来说，他们同样深知自己在本地经济发展中的地位，明白自己的发展与晋江经济社会发展之间的紧密关系，也由此形成了对晋江政府的信任。在理解晋江政商关系的稳定性时，政商之间的相互依赖程度十分关键。

三、政商关系的功能需相互支撑

在地方经济遇到发展困境时，政商关系的作用开始显现。当突发性问题出现时，良好的政商关系能够实现双方的相互支持，政府为企业解决临时性的经营困难，企业协助政府化解暂时性的社会风险。

2020 年以来，国内国外新冠疫情双重影响交织叠加，对经济产生连环性、叠加性、系统性的深度影响，全球供求急剧收缩，生产、流通、消费、投资环节全面受限，产业链、供应链、资金链深受冲击，晋江市经济面临较大下行压力，晋江民营经济发展遇到前所未有的挑战和困难，具体表现在就业用工难、疫情防控难、交通物流难、供应链协同配套难、市场拓展难等“五难”。晋江市政府通过高频率的调研走访和居中协调，了解企业的实际困难，尽全力解决如原料等迫在眉睫的困难，助推企业复产复工。企业也响应政府的号召，积极联系、协调召回、努力留住企业员工，尽快复产复工，保证晋江经济的平稳运行。特别是众多晋江企业主动求变，应势而转。比如，拓展新渠道，借助网络平台开展直播带货；企业发动全员销售，开启社群运营；企业入驻淘宝 C2M 泉州产业带超级工厂，实施大数据精准营销等；顺应产业转型和新基建加码加力投资趋势，5G、工业互联网项目加快推进；企业进军医用专业制造领域、“大健康”领域、家具服装生产等新行业。

在晋江市全面推动复工、复产、复商、复市之下，全市民营经济总体经受住了新冠疫情的重大考验，在2020年第一季度指标降幅较大情况下（地区生产总值下降13.8%、规上工业产值下降10.7%），自4月开始逐月复苏好转，二季度大部分指标增幅相比一季度出现两位数回升，实现由负转正，各项指标排名在泉州市各县（市、区）中整体靠前，2020年上半年实现由负转正（地区生产总值比增0.5%、规上工业产值比增0.8%）。[①] 新冠疫情下晋江经济快速复苏到全面复产复工，再次证明了良好的政商关系对于地方经济发展韧性的重要意义。

四、政商关系的方向要协同发展

政商关系的最终目标，应该是政府在企业的支持下提升地区治理效能、优化社会生活环境；与此同时，企业也在本地政府的扶持下实现产业的转型升级，构筑地区发展的经济基石。意识到政府和企业均为地区发展的关键主体，是理解在当前背景下谈论政商关系意义的核心要义。

纵观晋江市近年来的发展，政府一直在不遗余力地支持地区企业的转型升级，设计了租金补贴、销售额补贴、人才补贴、研发补贴等一系列政府引导的产业发展路径，这些补贴一方面解决了一些中小企业的燃眉之急，在发展的关键时间点上“托一把”“扶一下”“送一程”，另一方面也形成了创业和转型风气的引导，对企业来说，补贴代表的是地方政府对产业支持的态度。除了补贴之外，围绕地方产业发展，政府还提供人才房、经济适用房等解决居住问题。无论是本地的老晋江人，还是受晋江产业政策吸引而从天南海北落户晋江的新晋江人，都能感受到晋江市政府支持地方经济发展的决心。

晋江企业感受到的“政府比企业家还着急企业发展”，是晋江精神在政府层面的最直接体现。对这一现象的讨论有助于我们厘清新时代政商关系的

---

① 晋江市发展和改革局：《关于晋江民营经济发展有关情况的汇报》，2020年7月28日。

基本特征，更有助于其他地区学习“晋江经验”的实践意义。企业需要考虑的首要问题是企业自身的发展问题，而政府需要考虑的首要问题是社会民生的发展问题，只有当政府和企业的两个发展目标整合为一个发展目标时，政府和企业才能持续性地同向而行。这一整合过程首先仰赖于政府和企业的深度了解，在厘清“亲”“清”关系的前提下，政府对本地企业的发展方向有前瞻性预判，企业对政府的政策走向有稳定性预期。当本地企业在政府的引导和扶持下逐渐形成规模后，将形成政商关系的“正反馈环”：本地民营企业成为支持当地社会民生发展的核心力量，引导每一届地方政府将更多的关注点放在支持民营企业的发展上，这又促使了民营企业进一步发展，同时锤炼了政府在经济活动中灵活运用不同的政策工具，引导与扶持民营企业的转型升级，并形成地方政府与民营企业相互依赖的稳定关系。当这一关系稳定之后，一次又一次的经济转型升级关键期更能证明良性政商关系对于地区和企业发展的重要意义。最终，政府与企业相互之间深度了解，彼此之间相互依赖，通过相互支撑建立了深厚的“友谊”，实现企业自身和地方社会的共同发展。

第五节　晋江亲清政商关系的维系纽带

要想维持政商关系的良性互动，须有更坚实的制度建设和社会基础。考察晋江政商关系维系，来源于两个因素，一是一系列政商互动的正式制度建设，这是政商关系的稳定器，使得无论在何时，政府与企业之间都能保持良好顺畅的互动渠道和相对高强度的互动频率。二是作为政商关系催化剂的文化纽带，这是晋江本地的特色，但也并不是晋江独有的社会互动方式，这一文化纽带决定了晋江政府官员和企业家的精神气质，也提醒我们对本地社会文化的挖掘与传承是政商关系建设的一个重要因素。

一、作为政商关系稳定器的正式制度

（一）制度保障：建言献策的路径

政商关系互动的制度保障，首先来源于国家层面提供的制度化的政企互动渠道，晋江市政府努力将该渠道用活用足。晋江市人大代表和政协委员中有大量本地的企业家，有赖于晋江市党委政府深入实施献智工程，统一战线各界人士围绕市委、市政府中心工作建言献策，为晋江发展提供智力支持，2015 年以来累计提交意见建议超 2000 件，政协提案正式立案超 1000 件。

除了通过人大和政协建言献策外，晋江市政府还构建了领导干部挂钩联系企业机制，每年召开“工商企业界千人大会”（后更名为“晋江市企业创新发展大会”），邀请龙头企业上主席台就座，知名企业家上台交流经验，对党委政府的政策决策进行评议、提出意见和建议。

晋江每年都会开一个企业家大会，主要就是统一思想、发现问题。每年大会有一个主题，每年政府也会适时推出一些政策，这个活动也成了政府和企业互动的长期信息平台。围绕每年举办的企业家大会，晋江市政府形成了一整套的工作模式，会前充分收集不同企业的经营经验和实际困难，整理上报并研究设计相应的政策；会中邀请本地贡献较大的企业家坐在主席台上，而多数政府官员坐在台下，充分地体现出了政府对企业家的尊重和支持；在会上，还会根据前期的调研成果形成政策大礼包，直击本地企业当下经营的关键问题；会后围绕大会建立的工作模式，转化为政府和企业互动的长期信息平台，持续性地为政府制定政策和企业经营策略提供信息与资源支持。

（二）行业协会：贯通合作的平台

晋江市的行业协会在本地经济发展中扮演了重要角色。近些年，晋江市政府创新发展工商联组织建设，加强商协会组织建设，成立 25 个异地晋江商会，实现市内所有镇、街道、开发区商会全覆盖，选优配强领导班子，不断扩大会员规模，商协会健康有序发展。推广“党政＋商会”联席议事制度，在“台面”上解决企业困难。

对于国内的异地商会，晋江市政府深入实施回归工程，充分发挥异地晋江商会作用，推动项目、资金、技术、人才回归，2017 年以来先后推动 30 个项目回归，总投资超过 320 亿元。发动商协会企业参与光彩事业和百企帮百村精准扶贫行动，每年筹集超过 1 亿元开展公益慈善活动。处于国外的异地商会，则深入实施引侨工程，发挥侨务资源优势，大力开展招商引资、招财引智，助推经济社会发展，引导海内外晋江乡亲支持家乡公益事业。

异地商会成了晋江跨越空间、连接全国及海外各个地方的重要节点。一个异地商会不仅可以团结在异地经营的晋江人，在关键行业上发力，适时反哺家乡；还可以辐射一片区域，为晋江带来新的优秀人才和发展契机。

（三）企业党建：共识建构的机制

企业党建“做实了就是生产力、做强了就是竞争力、做细了就是凝聚力”。晋江民营经济活跃，非公企业党建的问题是晋江市党建工作的重点，也是连接企业与政府的重要桥梁。实现与政府党建工作的同频共振，也有助于政商关系在党建工作的支持和引导下健康发展。

晋江市非公企业党建在企业内部承担了 5 个重要的功能：一是发挥党员干部的先锋模范作用，提高企业生产管理水平和业绩；二是充分发挥党组织的桥梁作用，凝聚和激励企业员工；三是化解劳资矛盾，调解纠纷，构建和谐劳动关系；四是加强企业和党委、政府的联系，帮助企业了解最新的政策和制度，获取政府资源和帮助；五是帮助企业建立严密的组织人事体系，提升公司治理和管理水平。

以近些年安踏开展的“冠军党建”为例，一是以党建入章激活发展动能。采用大党建工作模式，推动党委领导班子与公司管理层“双向进入，交叉任职”，调整优化内部制度，成立审计监察部，增强党组织、党员服务公司决策能力。二是党管人才赋能企业发展。围绕“党建＋人才”工作思路，公司党委积极对接各部门发展需求，在企业人才“引、育、用、留”上承担职责、展现作为，组建党员科技研发“尖刀连”，推进党员人才双向培养工程，实施“三高人才工程”战略，组建党员商品零售“铁军团”，增强党组织推动企业发展的能力。三是党员先锋靠前破解难题。通过设立党员示范岗、责任区、攻坚队等，搭建党员发挥作用的平台，使党员成为企业各个关键岗位上的骨干力量和先锋表率。新冠疫情期间，安踏充分发挥党组织战斗堡垒和党员先锋模范作用，于2020年12月获全国工商联颁发的“抗击新冠肺炎疫情先进民营企业”荣誉证书。①

开展非公企业的党建工作，不仅激活了企业通过党建开展工青妇等活动，切实保障员工权益，而且推动了企业内部管理体制变革，成为企业内部治理现代化改革的一条有效路径，还强化了政府与企业的稳定联系，构成政商形成共识的重要机制。

二、作为政商关系催化剂的文化纽带

（一）“海滨邹鲁”：深厚的文化底蕴

晋江素有“海滨邹鲁”的美誉，在历史上，晋江出过16名宰相、11名状元、1853名进士，是全国18个千人进士县之一，依山傍海而居的晋江人写下了独具闽南特色的人文胜景。晋江五店市传统街区是晋江的发祥地，自唐代蔡氏一家五口在此开店，才有了后来的晋江市。五店市的状元牌楼上书写着“十一状头直以高风辉岁月，千余进士尽收文藻佐江山”，各户门前篆

① 中共晋江市安踏（中国）有限公司委员会：《“冠军党建”领航高质量发展》，中国经济新闻网2021年4月13日。

刻的一行行家训也体现出了本地深厚的文化底蕴。

改革开放以来，晋江丰富的侨乡资源为现代晋江的本地教育打下了坚实基础，许多华侨有乡土情结，重视家乡宗族教育，因此回到晋江开办了许多学校，这也连带地培养了晋江的企业家长期支持地方教育的习惯。晋江本地丰富的文化资源与晋江企业发展的深度联结，使得晋江的商业环境也充满了中国传统文化的温情。特别是晋江的宗祠文化，时刻提醒着晋江企业家在经营过程中不忘本，积极投身各类慈善活动。

（二）“祠堂祖厝”：团结的宗族网络

晋江是全国著名侨乡和台湾同胞主要祖籍地之一，现祖籍晋江的华侨华人和台港澳同胞300多万人。不管身居何地，晋江华侨华人和台港澳同胞始终情系桑梓，为家乡建设尽心尽力。

维系晋江侨胞们家乡情怀的，是晋江保留较为完整的祠堂和祖厝，以祠堂、祖厝为载体的尊祖敬宗活动，对晋江的经济成功起了巨大的推进作用。这一宗族网络一方面加强了地区生产活动中同宗族的团结协作能力，另一方面也使得宗族内部的企业家非常重视自己的声誉，并积极投入宗族相关的地方公共建设中。宗族网络也成为加强境内外乡亲联络联谊的纽带，在将外资和人才请进来的同时，也为晋江人走出去铺平道路。近些年，晋江市政府一直在加强境内外晋江人交流合作，开展晋江市侨乡文化名镇名村五年行动（2020—2024年），留住海外侨胞“根”的记忆；在新生代中聚力开展工作，推动晋江青年传承接力，举办中国寻根之旅夏（冬）令营、世界晋江青年发展论坛等。比如，世界晋江青年联谊会（简称“世晋青”）充分呈现出中国特有的家文化和寻根的期盼，该协会是2007年12月7日由晋江各界青年代表同港澳台、海外晋江籍优秀青年组成的联谊性、非营利性的社会团体。该协会有两个品牌活动，第一个是针对世晋青协会的理事每年举办一场“世晋青精英秀”，促进不同地区的晋江籍青年交流，更重要的是为晋江籍青年创造合作经营的机会；第二个是针对晋江籍青少年的“青少年文化交流活动”，组织本地晋江籍青少年出国（境），与境外晋江籍青少年进行互动交流，用同龄人之间特有的交流方式在境外晋江籍青少年心中埋下家乡的期盼，唤醒境外青少年的家乡“根”情。

从针对境外晋江籍青年的“世晋青精英秀”，到针对境外晋江籍青少年的“青少年文化交流活动”，家乡的观念深埋于全世界的晋江籍人群中。可以预见，这些青年不仅将与本地晋江青年一道，成为晋江经济社会发展的动力，也会是晋江时刻与国际接轨的重要桥梁。

（三）“爱拼会赢”：奋斗的商业基因

另一个植根于晋江文化中的重要元素就是海洋文化的商业基因，使得晋江人在历史上就敢拼、爱拼、善拼，敢为天下先。晋江人自古以来就形成了商品意识、竞争意识、开放意识、创业意识等深厚历史文化积淀的城市基因，在改革开放和发展社会主义市场经济的伟大实践中，他们发挥侨乡优势，发扬爱拼敢赢的拼搏精神，大胆探索，与时俱进，闯出了一条独具特色的发展道路，并不断总结、积累宝贵经验。

福建地区素有“八山一水一分田”的说法，即强调福建以丘陵山区为主，可耕作田地稀少，其中福建的四个沿海小平原中，又以泉州平原面积最小，往北紧邻浙闽丘陵，山路更加崎岖难行，因此泉州地区一直以来都有着南下出海冒险的传统，并逐渐形成了“宁当鸡头，不当凤尾”的独立自主的精神气质。这一历史传统与精神气质也造就了改革开放以来晋江发展的强大动能，约300万晋江籍华侨华人为晋江提供了相当规模的资金，本地晋江企业秉持爱拼会赢的精神勇往直前。对于同样承继这一精神气质的晋江政府来说，支持本地晋江人以最为“传统”的方式“冒险”，也是一个合乎本地情理之事。近些年，晋江企业家们不仅强调“爱拼会赢”，而且努力“善拼敢赢”。从“爱拼”到“善拼”的转变，象征着晋江经济发展的新阶段。

第六节　晋江亲清政商关系的巩固、持续和拓展机制

一、巩固政企互动的正向反馈

晋江政商关系良性发展的一个重要机制是晋江党委政府与晋江本地企业形成了有效的关系正反馈环。通过相互深度的了解，晋江政商形成了彼此依赖的稳定关系，在多个关键时间点相互支撑，最终实现了协同发展。这一关系正反馈，来源于晋江党委政府长期专注于对良性政商关系的打造。因此，在下一阶段应该更进一步地巩固政企互动的丰硕成果，具体包括：

第一，进一步梳理晋江政商关系互动的各种渠道，巩固晋江政商关系互动的工作机制。特别是对晋江市企业创新发展大会、非公企业党建、行业协会等在政商关系塑造中发挥重要作用的工作机制和组织架构进行总结，突出在亲清政商关系建设的前提下，不同模式对于政企间信息流通、信任建立、共识形成的作用机制。

第二，进一步挖掘晋江政商关系的文化基础，将晋江的政商关系与晋江本地的文化传统相结合。晋江政商关系维系的重要来源之一，就是本地的文化纽带。不论是作为海滨邹鲁的晋江，还是爱拼会赢的晋江，上述文化特征都是晋江企业在后续转型升级中的文化软实力。因此，将政商关系寓于文化联结中，更有利于晋江市政府把政策工作做到晋江人心中。

第三，进一步优化晋江城乡发展面貌，提高基础设施建设和社会保障水平。随着中国人民生活水平的提高以及人才在新阶段发展中的重要性愈发突出，许多城市都加入了“抢人大战”。晋江市的发展，也面临着新发展阶段人才流失的潜在可能。因此在新发展阶段，晋江市政府应继续在做优城乡环境上下功夫，让本地人才及其下一代愿意在晋江生活发展，让海外侨胞乐见家乡的变化。

二、坚持政策环境的持续连贯

政策环境的持续连贯是政府和企业之间信任关系的基础。近年来，历届晋江党委政府坚持“一届为一届打基础，一届接着一届干”的政策制定和执行逻辑。正是这一原则推动了政府和企业之间的互相信任与共同发展。在后续的工作中，应继续坚持政策环境的持续连贯，具体包括：

第一，坚持政策的连续性，树立政府部门的工作共识。对于政府的政策制定来说，虽然时刻存在着外部环境变化带来的政策转变问题，特别是在当下贸易战升级、未来发展态势不明朗的国际环境下，政策的连续性可能更难维持，但是政策的连续性也应该是政府部门的工作重点。在政府部门的工作中，树立首先考虑政策连续性可能的工作共识，是应对新阶段外部环境变化的一个重要的工作机制。

第二，坚持政策的稳定性，营造企业认可的政策环境。在条件允许的情况下，应遵循符合行业发展方向的产业政策保持稳定、行业发展前景不明朗的产业政策适时调整、行业发展前景较差的产业政策逐步退出的政策方针。在不遗余力地支持企业在适当的产业发展路径上前行的同时，为前景不明朗的企业留出政策转变空间，并适度引导和协助不符合发展要求的企业退出，避免形成市场的系统性风险。

第三，坚持政策的可持续性，形成政策出台的论证机制。在政策制定的过程中，需要充分考量该政策的适用时间、范围和场景，论证政策出台的合理性，特别是可持续性。这就要求政府继续畅通与企业的沟通渠道，避免“一放就乱、一管就死”的“一次性”政策的出台。

三、拓展政商关系的适用情境

在晋江政商关系的基础上，可尝试进一步将“政企互动”的优秀经验创新地延伸至政府与社会关系、“政社互动”中，尊重并保障每一位社会成员共享发展的权利，注重全社会的全方位协同发展和城市发展质量的全面提升。

第一，大力培育现代社会组织，更加充分地发挥社会组织在社会治理中的作用。正如晋江市政府在本地企业发展中发挥了重要作用，新时期更需要政府在社会组织建设中扮演“引路人、推车手和服务员”的角色，推动本地社会组织的快速发展。

第二，积极鼓励企业回馈社会，依托晋江传统文化进一步宣传企业社会责任。基于晋江传统文化对于家乡发展的重视，晋江市政府可尝试继续鼓励企业承担更多的社会责任，特别是可探索企业与社会组织联动合作的治理方式，形成政府、企业、社会组织三方共同参与的社会治理模式。

第三，主动创新政府工作机制，构筑更多元的政府与社会的沟通渠道。良好的信息沟通渠道是信任关系建立和共谋地区发展的关键，这是来自晋江政商关系发展的启示。政府需要创新工作机制，探索通过数字技术或社会组织，在更多维度上建立政府与社会的沟通渠道。

第五章

晋江城乡融合与晋江新市民

“晋江经验”凸显了晋江现代化建设的多元主体及其关系，晋江的现代化实践正是在处理好各种关系中展开和推进的，其中城乡关系和本外关系是两大非常重要的关系。这两大关系在实践中的变化和发展很大程度上反映了晋江现代化的进展；反过来说，能否处理好这两大关系，会影响晋江现代化进程。本章重点关注晋江现代化中的城乡关系演变和融合，以及本地和外来人口市民化问题，并尝试探讨现代化进程中地方社会和行动者的能动性与主体性实践，以期对“晋江经验”及其在新时期的拓展做出进一步的解析。

城乡融合发展与人口的城乡流动、融合共生是现代化建设的应有之义。在现代化进程中，城乡的发展与城乡关系的变迁，以及生活于城乡社会场域的人的发展都是非常重要的议题，也在一定程度上反映了一个社会的现代化水平。改革开放以来，尤其是党的十八大以来，我国在推进新型城镇化、城乡一体化和公共服务均等化等方面都已取得显著进展，但城乡要素流动不顺畅、公共资源配置不合理等问题依然突出，影响城乡融合发展和人口全面发展的体制机制障碍尚未根本消除，与建立新型城乡关系、实现乡村振兴和共同富裕、不断提升民生福祉和社会质量的现代化发展目标仍有相当一段距离。党的十九大做出建立健全城乡融合发展体制机制和政策体系的重大决策部署，重塑了新型城乡关系，走城乡融合发展之路，促进乡村振兴和农业农村现代化。作为中国县域社会现代化的一个典范，晋江走出了一条全面发展之路，在经济增长、城乡建设、服务供给、创新转型、融合发展等方面都不断实现历史跨越，成为独具特色“晋江经验”的一个重要内涵。

第一节　晋江特色的城乡关系与城市化

习近平指出，“晋江经验”是晋江人民对有中国特色社会主义发展道路的大胆探索和成功实践。“晋江经验”充分展示了以技术发展（工业化）和社会变迁（城镇化）为内核的中国式现代化道路的经验，是立足本地优势的县域现代化典型，代表了中国县域现代化的方向和路径。2014 年，习近平对福建晋江推进新型城镇化试点工作做出重要批示指出：“眼睛不要只盯在大城市，中国更宜多发展中小城市及城镇。”总结晋江县域城乡建设和城镇化的经验，对于推进全国层面县域的城镇化、现代化建设指导意义显著。2022

年，中共中央办公厅、国务院办公厅印发了《关于推进以县城为重要载体的城镇化建设的意见》，强调县城是我国城镇体系的重要组成部分，是城乡融合发展的关键支撑，对于促进我国的新型城镇化建设、构建新型工农城乡关系具有重要意义。在此背景下，对晋江县域的城乡社会发展经验以及现代化进程中在处理城乡关系和本外关系等方面的相关实践经验做出进一步的探讨，显得尤为重要。

一、国际视域下的工业化、城市化与城乡关系

整体上，就西方早期工业化历史而言，机器工业的兴起主要集中于都市，尤其是大城市，走的是城市工业化和工业化推动城市化的道路。向工业社会的转型中同时伴生了向城市社会的转型，人口从乡村向都市不断集聚，这意味着从集聚性较弱的状态向较强的状态转移。19 世纪的工业城市化带来了显著的社会影响，最广泛的变化在于社会形态集聚和社会结构变化，在人口流动上主要表现为人口不断向大城市聚集，进入劳动密集型产业，并不断强化各类专业人员之间的相互联系，由此带来的是城市人口密度的上升和乡村的空心化，城乡之间在空间结构、人口结构等方面出现了显著分割。因此，可以说现代工业的成长是以农村的萧条和崩溃为代价的。① 在工业城市化发展的同时，伴随着广大农村的凋敝和破产，城乡关系由此可见一斑，城乡差距也不断拉大。

进入 20 世纪，不同于 19 世纪西方工业城市化所引起的城市社会转型中的人口和社会运动，人口流动的变化在不同阶段的城市化中逐渐从人口的都市集聚转向人口的都市分布。在经济增长、社会变动与空间流动的联系增强，以及汽车等现代交通工具和电话等通信工具广泛普及的背景下，城市在增长的过程中出现了分散和扩散，即出现了一个离心发展的趋势，城市中心的密度下降、大都市区不断向外快速扩展，整个城市地区的密度则逐步趋于均衡，1910—1960 年间分散的趋势不断加速，到 20 世纪 70 年代以后分散化

① 费孝通著，刘豪兴编：《中国城乡发展的道路》，上海人民出版社 2016 年版，第 7 页。

加剧并且出现了“逆城市化”的巨大推动力。城市化的这种离散趋势客观上强化了城乡之间的过渡，削弱了城乡之间的割裂，在城乡关系上则表现为差距的逐步缩小和城乡的融合发展，并试图将乡村纳入城市之中。相形之下，第三世界国家的城市化道路则是在乡村向城市社会转型的过程中，人口主要迁移到大城市的外围聚落地带；在城市经济对劳动力进行吸纳时，产生了空间扩散、阶级冲突以及次文化马赛克等问题。城乡的差距不断拉大。

20 世纪七八十年代，世界不同国家和地区的城市形态和城市化过程中的差异进一步扩大：欧美和其他新市场经济国家在经历了发展早期的城乡区隔后，开始逐渐走向城乡融合；而在发展中国家，一方面人口一直集聚在大城市，另一方面出现了很多西方社会并不存在的城市化问题，城乡分化日益加剧，城乡社会发展也出现了明显差异。

中国的城市化和城乡关系与其他发展中国家有着大体相同的特征，但更多方面则存在一些明显的特殊性。随着中国参与全球化的程度日深，一方面，持续、快速的经济增长和工业化作为拉力，农村剩余劳动力的城乡流动作为推力，中国国家层面的城市化日益加速。但另一方面，整体上也面临着更加错综复杂的城市化发展背景，尤其是社会分化严重，包括城乡分化、区域分化、阶层分化和保障分化等诸多方面，继而产生了新的城乡发展问题。

二、中国现代化的路径选择与小城镇发展

在中国的经济社会发展和城市化、现代化进程中，与其他国家相比最大的不同在于，在向内寻求工业积累的工业化道路和赶超式的现代化模式之下，国家公共干预对于城乡二元分化的制度和行政固化，以及由此而来的二元区隔的城乡社会发展。其中，在联结城市与乡村、工业与农业以及分化的劳动力市场上，县域内的小城镇起到了关键作用。

主要是中国的现代化路径选择。在全球各异的现代化进程中，中国地位突出。改革开放前，在“完全向自身寻求工业积累的工业化道路”以不断实现赶超的中国式现代化进程中，在总体性社会结构下，国家通过行政干预力量控制了全部的社会生活和重要资源及其分配，确立了二元划分的城乡居民

身份，以保证农民为工业发展提供积累。[1] 这种工业化道路和发展模式带来的一个社会结果就是，城乡之间出现身份壁垒，人口的城乡社会流动被严格控制，城乡社会成了互相封闭的二元结构，二元的制度设计带来了城乡社会的长期失衡与发展鸿沟。

老一辈学人费孝通在其对城乡关系的研究中注意到了小城镇的重要意义，即为城乡之间的互通互补提供了重要的中间一环，它的发展为在广大农村地区逐步形成一些经济中心、商品加工中心，以至服务中心、科技中心、文化中心等提供了空间载体，是为城乡社会繁荣的商业活动的活力所在。事实上，中央领导也早已看到小城镇问题的重要意义。中国的小城镇在20世纪50年代曾进入过一个衰落期，在“以粮为纲”之下，当时的农村主要是搞粮食生产来支持城市发展大工业，缺乏农村发展各类小型工业、手工副业的政策，市镇商品交换萧条、小城镇出现萎缩、人口不断下降；此后到20世纪70年代后期一度陷入谷底。1980年，胡耀邦同志视察云南时注意到颓败的小城镇，指出“要发展商品经济，不恢复小城镇是不行的……如果我们的国家只有大城市、中等城市，没有小城镇，农村里的政治中心、经济中心、文化中心就没有脚”，“小城镇是发展农村经济、解决人口出路的一个大问题”。此后整个20世纪80年代，中国乡镇企业异军突起，全国各地也不断涌现小城镇的复兴。集镇成为公社、生产队办的“社队企业”的集中之地，吸引了大量的农村富余劳动力进入工业生产领域，农村集体经济和农民收入均出现了明显改善，开始走上农村现代化的道路。

从费孝通有关中国农村工业化和现代化的论述来看，小城镇在沟通联系城乡的同时，构成了中国早期“城乡互补、由乡而城”的重要空间和载体，甚至于，以改革开放前后几十年而言，“以农补工、全面赶超”式的中国工业化和城市发展也是在乡村和小城镇的基础之上发展起来的。可以说，在城乡人口迁移和社会流动受到管控的情况下，扎根于农村地区的乡村工业化和小城镇发展，很好地实现了城乡之间的互通互补、共同发展，是当时中国城乡发展最为现实和恰切的需要，也成就了此后中国城乡发展的一大特色。

---

① 孙立平、王汉生、王思斌等：《改革以来中国社会结构的变迁》，《中国社会科学》1994年第2期，第47—62页。

不同于西方的工业化道路是以农村的衰败为始，中国小城镇模式下的工业化和城市化则是工业与农业、城市与乡村的共同一体发展，也即“工农相辅、城乡一体、共同繁荣”，小城镇是农村与城市之间的过渡空间和社会实体，以此形成了工业与农业、城市与乡村相互协调一体的连续统。[①] 乡镇工业和小城镇发展的几种不同模式，包括晋江模式在内，均体现了小城镇理论中工农城乡连续统的思想。而晋江的乡村工业化、现代化之路和“万元户”“亿元村”的出现，正是这种中国式现代化实践中小城镇发展之路的真实写照。

三、晋江特色的城乡发展

小城镇建设有不同的发展模式。“在 80 年代农村经济大发展中，由于乡镇企业的兴起，在比较发达的地区，不论过去属于哪一种类型的乡镇，都走上了工业化的道路，几乎都成了以乡镇企业为基础的小城镇，但各地条件不同，所走的具体路子各有特点。……各地的乡镇所具备的地理、历史、社会、文化等条件不同，在向现代化经济发展的过程中采取了不同的路子，不同的发展路子，也就是不同的历史进程，就是我们所说的不同发展模式”。不同模式之间同时存在异与同，概括来说，“乡镇企业的发展，必须具备劳动力、资金、原料、市场、技术和管理等条件，它们的来源可以不同、办法可以各异，但缺一不可”。[②] 在以农业生产为主导的经济转向以工业生产为主导的经济的转型中，晋江城乡发展和城镇化进程的特色也正在于这些基础条件和禀赋上。

小城镇也有不同的类型。如以农副产品和工业品集散流通为主要特点的经济中心，以众多家庭手工业为主要特点的专门化工业小城镇，军事防御和政治中心功能的小城镇，消费型游览城镇，以及交通枢纽型城镇等。[③] 在晋

---

① 李晓斐：《城乡一体化：小城镇理论的反思与扩展》，《华南农业大学学报》（社会科学版）2019 年第 3 期，第 131—140 页。

② 费孝通著，刘豪兴编：《中国城乡发展的道路》，上海人民出版社 2016 年版，第 8—9 页。

③ 费孝通：《各具特色的吴江小城镇》，《瞭望》1984 年第 2 期，第 18—20 页。

江，小城镇发展同样也不以单一类型而论，不仅各个乡镇都形成了以各类家庭手工业为主要特点的专门化工业小城镇，如制鞋的陈埭镇、制伞的东石镇；更重要的是，晋江发展了商品的流通机制，不断拓展小城镇的功能，并着意从县级政府进行全局引领和规划，这也正是晋江商品之所以能遍布全国市场、远销海外市场的关键所在。而基于乡镇工业的乡村发展、小城镇建设和政商关系，构成了晋江全域城乡经济社会发展的底色，奠定了晋江小城镇模式下的城市化道路和最初的城乡融合一体发展雏形。

（一）侨乡：从贫穷代名词到发展新机会

侨乡历史上曾一度代表着“贫穷”，正因为本地资源少、机会少，无法在家乡谋生的人才不得不通过海路向外寻找生存和发展机会，把在外面闯荡打拼挣来的钱再汇回家乡，以支持亲人日常生活和帮助家乡发展。改革开放以来，侨乡变成了晋江的优势资源，给晋江地方带来了新的发展机会。

多年下来，晋江的侨汇不断增长，这对于改善本地人的家庭经济状况、生活水平和基础设施建设起到了非常重要的支持。仅以 1978 年而论，当年晋江全县的财政收入只有 1833 万元，而侨汇的数额却达 3902 万元。据不完全统计，在晋江，90％以上的村都接受过旅外侨亲的捐赠，大部分资金都被用于卫生、教育、道路、水利建设等。① 随着侨汇的持续增长，晋江的侨眷家中开始积累到不少“闲散资金”，大量侨民家中也有房屋常年空置。这些闲资金、闲房屋与农村的大量闲散劳动力，便是晋江早期发展所倚仗的“三闲”。

侨乡不仅给晋江带来了最初的发展起步资源，更重要的是，激发了晋江人的商品意识并创造了独特的商业机会。晋江历史上，对外贸易繁盛，商品经济发达，前工业时代便已形成“市镇繁华、贸易丛集”的景象。到 20 世纪下半叶，随着侨胞与晋江本地亲友往来的频繁，漂洋过海回来的一件件衣服、小吃食和其他日用品逐渐成就了晋江的“小洋货”市场，当地人从侨胞海外寄回的、探亲时带回的这些新鲜物件中捕捉到了市场信息，并在市场交

① 晋江市委统战部、民宗局：《侨在“晋江经验”中的贡献》，汇报材料。

易中不断发现商机。各地侨胞纷纷回乡投资兴业，开始从洋货市场的当地零售，转为直接生产并供应国内和海外两个市场。不仅如此，侨胞还给晋江带来了先进的生产技术和管理理念。在这一过程中，大量的家庭作坊形成了晋江乡村工业和村镇发展的重要基础，并日益构成晋江民营经济、实体经济的最重要内容，是为“晋江经验”的最大特色之一，而以陈埭为首的各乡镇齐头并进则是晋江县域全面发展中的最突出亮点。

从贫穷的代名词到发展的新机会，侨乡是晋江城乡社会发展初期最大的优势和特色。时至今日，侨乡依旧发挥着重要的作用，影响的领域也益发广泛，不断从经济领域拓展到社会领域。“始终坚持立足本地优势和选择符合自身条件的最佳方式加快经济发展”，是习近平同志总结提炼“晋江经验”中“六个始终坚持”之一，也正是晋江立足本地优势谋求经济起步和社会发展的长期实践写照。

（二）“农村包围城市”：从城乡封闭对立到互通互补

正如中国革命所走的“农村包围城市”，晋江小城镇模式下的工业化道路和产业发展也是在农村基础上所走出的一条农村包围城市之路。一反西方工业发展的都市聚集和逐步向外进行产业转移，晋江的发展起步则源于农村经济改革和乡村的工业化，而晋江的早期工业化一开始就附着了城乡融合发展的基底，表现为城乡之间的互通互补。

“以社队和乡镇企业为龙头，以外向型经济为导向”，晋江各乡镇大力发展小工业企业，不断为城市产业发展注入基层力量，也带动了域内农村的商品经济发展，这从晋江的经济结构调整和产业增加值相关发展数据中看得非常明显。各乡镇作为联结农村与城市的重要依托，实现了生产要素在城乡之间的充分流动和自由组合，在以工补农、以工促农中达成城乡间的互惠，不断缩小城乡差距。随着农村经济的繁荣和乡镇工业化的深入，晋江的城乡关系也发生了根本性变化，从改革前的封闭对立不断转向互通互补，形成了城乡一体发展的早期样貌。

而这一发展路径一方面离不开晋江人爱拼敢赢、勇于探索的商业精神，另一方面也离不开晋江政府顺应市场、引导服务的政商合作理念。1978 年底，陈埭（镇）率先利用侨乡闲散的资金、房屋、劳力，联户创办企业；1979 年，全县各乡镇纷纷效仿。在此形势下，当时的晋江县委结合县情，抓住市场脉搏为发展导向，并积极履行引导职责，大胆探索，于 1980 年颁发《关于加快发展多种经营和社队企业若干问题的规定》；当年，晋江的工业产值第一次反超农业，可谓是历史性转变。到 1984 年，陈埭镇成为福建省第一个亿元镇。此后，晋江企业历经“资本化运作”“品牌化运营”“集群化发展”“智能化升级”“高端化转型”“平台化创新”等阶段和特色，这里面都有当地政府大力支持的影子。

在晋江人的实践创新和晋江政府的政策创新双重努力下，晋江进入了以乡镇社队企业与外向型经济为主旋律，同时纵深推进工业园区和综合开发区建设的工业化、城市化发展阶段，晋江城乡社会和人民生活也有了翻天覆地的变化。这些都是践行习近平同志总结提炼的“晋江经验”中“始终坚持以市场为导向发展经济”“始终坚持加强政府对市场经济发展的引导和服务”“处理好发展市场经济和建设新型服务型政府之间的关系”的历史写照。这期间，在工农关系、城乡关系上，晋江的农业和农村一改原来的相对被剥夺地位，与工业和城市社会一道迈向了全面发展。

（三）传统与现代的结合：自下而上、遍地开花

和全国同期取得较好发展的县域村镇类似，晋江早期的乡村工业化、城镇化主要是在市场需求之下相对自发地成长起来的，明显具有自下而上的特征。在其他地方，很多这样的村镇在当地社会多属于“一枝独秀”，或是呈星点分布。但在晋江，继陈埭镇之后，很快发展出了遍地开花的繁荣景象，此后晋江各乡镇更是抓住优势产业齐头并进。至 1992 年晋江撤县设市之际，晋江已有乡镇企业 2 万多个，总产值超过 50 亿元；创办市镇级工业小区 40 个、村级工业小区 20 个；全市有 14 个镇、6 个村的乡镇企业总产值过亿元，超过千万元的村更是多达 101 个，各乡镇村普遍形成了区域化专业生产的独特格局。这种发展模式与晋江本地的人文特质和社会情境直接相关。

一方面，乡村工业化初期，晋江各乡镇充分利用对外开放桥头堡的优势，立足当地特色和资源禀赋，出现了“家家点火、村村冒烟”的制造业发

展态势，在空间分布上也可谓星罗棋布，这就使得家庭经济和资源配置上农工兼业成为可能，从而保持了相对传统的乡土价值观的主导地位，前工业社会的结构也在一定程度上得以延续，传统行动体系和现代行动体系在各家族的非正式人际关系网络中、在家庭工业生产参与市场的过程中找到了结合点。而晋江人“开放又保守”的品质和精神又决定了企业家立足本地优势、选择最适合自身条件的方式，保持定力、心无旁骛、坚守实业、专注本业。另一方面，有为政府在寻求政府、社会和市场的积极互动中形成了良好的政商合作关系，当好企业的“引路人、推车手和服务员”，在把握市场、尊重社会的过程中，有效联结了政治和社会两个层面的整合，也即行政性整合与契约性整合的有机联合，进而形成了全社会发展的价值整合，在城乡之间、镇村之间、大中小型家族企业之间生成了一种良性竞争的合作发展氛围，并不断推动晋江城乡社会的全面发展。

第二节　晋江城乡建设与融合发展

一、晋江城乡建设的发展历程

改革开放之后，晋江依托村社、乡镇企业走上工业化、城镇化和现代化道路，城乡建设也不断步入快速发展轨道。以 1992 年撤县设市、2002 年修编城市总体规划、2009 年启动新一轮城市总规修编为分界，大体经历了起步发展、快速推进、综合开发和提质升级等 4 个阶段。

（一）起步发展阶段（1978—1991 年）

晋江一方面以“三闲”起步大力发展乡镇企业，不断推进工业化并带动城镇化发展。在此期间，晋江的非农人口迅速增加，将近 60％的本地农村劳动力和近 20 万外来劳动力进入各级各类劳动密集型企业，他们逐渐成长为各个领域的专业技术人才；丰富的业态带来了商贸的繁荣，数万晋江农民跻身市场，进入商品经营和流通领域，或为供销人员，或入销售网络，或成管理人才。另一方面，晋江的城市空间也迅速扩展，整个晋江以建制镇为基础，自然地形成了城区加城镇体系的城市空间形态；城镇化率也出现上升，由 1978 年的 14.4％提高到 1990 年的 23.2％。这一起步阶段在经济上呈现出飞跃姿态，但从城乡建设的角度而言，在市场基础上自下而上、自发内生的城镇化也有很多弊端：城镇形态不成熟，规划性较差，甚至是无序蔓延；城市产业集聚和集约效应有限，环境污染、生态破坏加剧；城市功能和综合承载能力较弱，半城市化地区较多；城市基础设施和各类配套设施建设落后，服务能力提升慢，城乡社会生活质量总体不高。

（二）快速推进阶段（1992—2001 年）

1992 年，国务院批准晋江撤县建市，晋江的城乡建设步入快速推进期。以工业园区的开发利用为主，推进企业进城入园、产业集聚和市场扩张，产业密集度不断提升，商贸圈格局基本形成；至 2001 年，晋江首次跃入全国百强县（市）前十位，特色县域经济社会发展格局初成。以安海镇安平开发区为例，在 1991 年经省政府批准后，1992 年，安海镇将 1.2 平方千米以浅海滩涂和荒杂地为主的土地交由香港封域发展有限公司独资经营开发，当年投资 1200 万美元，引进人造金刚石、轻纺、电子、食品等 13 个项目。经过 10 年的开发建设，安平开发区内的各项基础项目基本完成，逐步形成以工业为主体、工贸平衡发展、商住皆宜的现代化工业综合开发区。[①] 有别于大多数城市在发展中主要将建设项目等各类资源集中在主城区或个别重点发展乡镇的现象，晋江这一阶段的城乡建设反而出现了所谓城区和镇区的倒挂，安海、罗山、深沪等全市各乡镇的园区建设如火如荼，反而是主城区的相对优势和首位度、集聚度不甚明显，以至于出现了“城市不像城市、农村不像农村”的情形。

---

① 中共晋江市委党史和地方志研究室编：《晋江市志（1988—2007）》，海峡文艺出版社 2020 年版，第 103 页。

（三）综合开发阶段（2002—2008 年）

2001 年，福建省政府批准晋江市按照中等城市规模进行规划建设；2002 年初，晋江市通过修编城市总体规划的决定，拟从城市规划和建设水平上实现由小城市向中等城市的历史性跨越。同年，时任福建省省长的习近平同志在多次调查后总结晋江改革发展的经验并指出，要“正确处理工业化与城市化的关系，加快城市和乡镇的现代化建设的发展进程”。此后，晋江的城乡建设和公共事业发展进入一个新时期，确立了“全境城镇化”的发展布局，重点包括主城区建设“两轴、四组团、两个拓展区”的用地规划布局结构，以及旧城区（青阳）、旧镇区（金井镇）和旧村（西滨镇跃进村）等重点改造和综合开发，以“六改三拆三配套一绿化”［改路、改水、改电、改沟、改圈（猪圈）、改线；拆危房和闲置房、拆违章搭盖、拆违规建筑；配套基础、公共和文化设施；因地制宜，逢空插入绿化］等为主要内容，一改老旧的城乡建设面貌，城市建设投资规模明显扩大，市政公用设施供给能力持续增加；城市公共服务功能明显增强，人居环境明显改善；村庄“三多一少一无”（旧危房占地多，工厂与居住混同多，乱搭盖多；耕地少；建房无规划）明显减少，更新开发后的街区、道路、房屋、绿化都有明显改变。但正如习近平同志 2002 年总结“晋江经验”时指出的，“晋江市当前存在着城市化滞后于工业化发展的问题，城市整体品位不够高，城镇规划和管理工作落后”，[①] 晋江城乡社会建设和城镇化亟待转向更高质量的发展。

（四）提质升级阶段（2009 年至今）

2009 年，晋江城镇化率达到 50.2%，城镇人口首次超过了农村人口，标志着晋江进入了城市时代。同年，晋江启动新一轮城市总规修编，提出“全市一城”概念，重点强调主城区带动全域城乡社会发展，确立“全市一城、一主两辅（主城区＋晋南、晋西辅城）”的城乡一体发展格局，步入以提质升级为特点的新型城镇化建设阶段，启动大规模城市更新改造。自 2009

① 习近平：《研究借鉴晋江经验　加快构建三条战略通道——关于晋江经济持续快速发展的调查与思考》，《福建日报》2002 年 10 月 4 日。

年以来，晋江先后完成棚户区、城中村房屋拆迁1300多万平方米；压茬推进16个组团（片区）建成现代小区、改造老旧小区、投用保障性住房；中心城区建成区面积拓展到115平方千米，城镇化率升至2021年的69.5%；晋西、晋南等城镇产业集聚能力、城镇化速度等也都与中心城区并驾齐驱；同时主动融入“一湾四区多组团”的泉州城市总体规划。十数年来，晋江的城市发展定位从2010年的“现代产业基地、滨海园林城市”，到2013年的“中国品牌之都、现代产业基地、滨海生态城市”，到2016年的“国际化创新型品质城市”，再到2017年“打造本地人留恋、外地人向往、更多人可托付终身的现代化品质城市”，不断由规模扩张向质量提升转变，更加注重完善城市功能、保护生态环境和产业升级，不断提高城乡居民的生活品质和满意度。城市能级稳步提升，全面对接闽西南协同、泉州环湾发展大局，调整城建领导工作机制，坚持“新城建”理念，高水平规划“全市一城、一主两辅、双湾双带”总体布局。统筹推进144个城乡品质提升项目，完成投资109亿元，提速晋东、高铁、科创等四大新区建设，启动池店南片区、安海龙山寺北环、英林中心镇区、梅岭中片区等有机更新项目，实施阳光片区等微改造，12条道路建成通车，“聚城畅通”工程梯次推进。

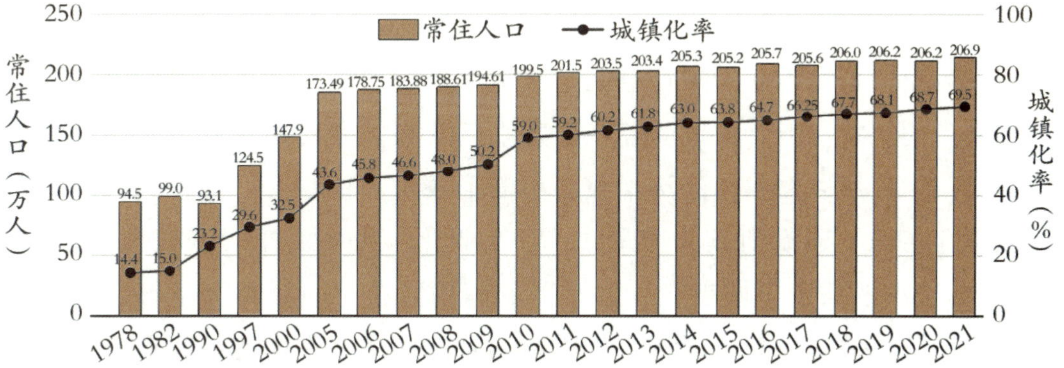

图5-1　晋江城镇化率增长情况

数据来源：根据《泉州统计年鉴》《晋江统计年鉴》第三、四次人口普查数据及晋江市（县）人民政府官方网站公布数据整理。其中，1982年及之前的人口包含未单立的石狮市人口。

晋江长期坚持将全市作为一座城来统筹规划建设，“152030”快速交通圈（全域内任何地方都可在 15 分钟内上高速、市区 20 分钟内可到达任何一个镇、各镇之间可在 30 分钟内通达）、15 分钟文化生活圈、10 分钟体育健身圈基本成型。农村和城市虽有不一样的生活体验，但却有着一样的生活品质，真正实现了全市一座城、城乡一体化。如今的晋江早已脱胎换骨，逐步从一个“城不像城、村不像村”的“乡土晋江”蝶变成了一座功能完善、生活便捷、生态宜居的现代化品质城市，共建共治共享县域治理格局更加完善。

二、晋江镇村发展与城乡更新

晋江自唐开元六年（718 年）置县，至今已有 1300 多年的历史，曾“以一县而成就三市”，1988 年析出石狮市后行政区划趋于稳定。截至 2020 年，晋江市陆域面积 649 平方千米，共辖 13 个镇、6 个街道、396 个行政村和社区。自 1992 年撤县设市以来，晋江城乡社会历经开发、改造和更新，城区、乡镇和村庄的面貌和功能也都发生了巨大的改观，特别是在组团发展过程中，镇村发展和城乡更新尤为亮眼。

（一）城乡发展的空间基础与优化

一般而言，城市的发展在空间上大体呈现为“据点开发—点轴发展—网络布局”的规律，但晋江民营经济多发端于草根，主要布局在乡镇，且属于“遍地开花”，所以在乡镇经济增长、不断形成“一镇一品”特色的同时，晋江同样存在城乡建设地较为分散，“‘工业化’水平高于‘城镇化’水平、‘城镇化’水平高于‘城市化’水平”的问题，在空间布局上不够紧凑，主城、辅城及各镇域之间未形成有机联系和功能组团，整体能级和辐射带动力亟待提升。[①]

为有效推动产城联动与融合，不断优化城市布局，晋江市于 2005 年提出“三组团”规划，即主要围绕当时的“现代化制造基地、生态型滨海城

---

① 晋江市发展和改革局：《关于“十四五”时期晋江市域空间布局的思考》，2020 年 6 月。

市”发展定位，确立中心市区组团、产业经济组团、滨海宜居组团3个组团的基建更新、空间优化与功能提升，不断落实“四个集中”原则和“五配套”“十保障”细则（“四个集中”即耕地向规模经营集中、企业向工业园区集中、住宅向现代社区集中、人口向市区和集镇集中；“五配套”指立体交通、供水排水、园林绿化、电力燃气、环境卫生；“十保障”指组织领导、队伍建设、宣传引导、规划执法、体制创新、城市经营、产业培育、资源整合、资金投入、检查监督），通过城市的“组团化”发展，推进产业集约、人口集聚、空间集中和生态优化。

2006年，晋江进一步确立“一城两镇三组团”的总体布局，即按照“全市一城”进行规划发展，并重点对经济重镇陈埭、文化古镇安海两镇进行规划建设，以发挥产业集聚带动和城镇辐射示范作用。此后，晋江不断将组团发展推及全域，2009年启动五大组团，2010年拓至梅岭组团、滨江组团、青阳组团、城北组团、安海组团、金井组团、内坑组团等七大组团；2011年新增磁灶组团和东石组团，拓至九大组团。其间，同时对各组团的交通体系、生态环境体系进行重点配改建设，并不断向民生设施等公共空间倾斜，坚持安置房建设、基础设施建设和公建项目建设“三个先行”。以梅岭组团为例，其规划用地中用于商住开发的面积仅占不到三成（29%），其余13%用于拆迁户就地安置，5%用于教育、医疗等民生设施和文化建设与保护，40%用于公共空间和生态养护，以更好回应和满足人民的美好生活需要。

2012年，晋江确立“全市一城、一主两辅”的城乡一体发展格局。其中，“一主”指一个主城区，形成磁灶—内坑、滨江—陈埭、池店—紫帽、老城区—新塘罗山、灵源—永和五大相对集聚的功能组团，并对接泉州288平方千米的总体规划。“两辅”指晋西、晋南两个辅城区，晋西辅城以安海—东石组合城市为核心，发展安海组团和内坑组团，规划范围为185平方千米；晋南辅城依托滨海区位优势，发展金井—英林、龙湖—深沪两大功能组团，形成以金井为中心的四镇组合城市，规划范围为176平方千米。

组团发展在启动之时提出的目标是“三年一小变，五年一大变，八年完全变”，如今晋江全市的整体面貌和空间布局已经有了很大的改观。

（二）晋江镇域发展

习近平总书记在2014年对福建晋江推进新型城镇化试点工作做出的重要批示中指出："眼睛不要只盯在大城市，中国更宜多发展中小城市及城镇。"① 而在中小城市及城镇的发展中，勾连了城市和乡村、作为工农城乡联系的小城镇位置非常关键，它的建设与发展也直接关系到城乡社会建设的水平与质量。

在晋江，不仅全域常年保持在全国百强县的前列，域内各镇也多在全国千强镇之列，2018年、2019年更是全部连续进入全国千强镇榜单。在经济发展上，从传统的鞋片、布片、纸片、薯片到现代的芯片，晋江不断形成纺织服装、制鞋、建材陶瓷、食品饮料、纸制品及包装印刷、新材料、装备制造等"一镇一品"特色优势产业；在民生改善、生态建设、人口集聚和城乡融合发展等方面也都不断取得显著提升。截至2020年，晋江19个镇街中，有11个镇街的常住人口城镇化率已超过50%，其中有6个镇街（3镇、3街道）已达到100%。这既与晋江发端于乡镇的工业化路径有关，更与历届晋江政府的规划发展密切相关。

经过20世纪90年代的园区建设和旧镇区改造等综合开发阶段之后，到2002年，在获批中等城市规模规划建设之际，晋江市委在九届六次党代会上提出，要大力推动镇区和农村建设，通过优化城镇规模结构不断推动城乡统筹、一体融合发展。在2006年的"一城两镇三组团"城市发展总体布局中，重点提出加强陈埭经济重镇和安海文化古镇的规划建设，以更好发挥产业集聚和城镇辐射的示范作用。为实现"五个统一"（城乡产业统一布局、城镇功能统一规划、基础设施统一建设、基本社保统一标准、公共服务统一供给），晋江成立城乡规划委员会，在修编完善城市总规的同时，重点逐步推进镇级总规和村庄规划，并实现了镇、村规划全覆盖。此后，晋江开始在中心城区建设之外，着力同步推进小城镇建设和新农村建设。

---

① 中共福建省委、人民日报社联合调研组：《积极探索中小城市新型城镇化之路——福建省晋江市推进新型城镇化的经验与启示》，《人民日报》2014年12月22日。

表 5-1 2020 年晋江市街镇、村（社区）基本情况

行政区划	社区数量（个）	村数量（个）	户籍人口（人）	常住人口（人）	常住人口城镇化率（%）	常住人口老龄化率（%）
青阳街道	13	—	64750	102773	100	8.87
梅岭街道	15	—	65573	154900	100	7.63
西园街道	11	—	42681	53623	42.4	11.93
罗山街道	16	—	59284	93942	73.4	9.92
新塘街道	11	—	36905	59365	60.9	11.17
灵源街道	10	—	30930	42135	100	11.12
安海镇	6	36	130133	174248	66.6	12.79
磁灶镇	2	24	98026	106633	46.7	13.64
陈埭镇	2	24	82544	304033	100	5.79
池店镇	1	24	89864	228625	100	6.99
东石镇	5	29	109089	136212	33.6	13.03
内坑镇	—	28	73219	93604	32.6	12.25
深沪镇	7	12	49531	79467	50.9	12.48
金井镇	2	20	57078	75986	41.4	15.39
龙湖镇	—	42	84656	112520	32.3	13.72
永和镇	—	24	71516	91988	10.4	11.99
英林镇	—	20	47624	70908	33.7	12.21
紫帽镇	1	8	17303	20120	59.2	13.14
西滨镇	1	2	1638	13897	100	4.31
合计	103	293	1212344	2061551	68.7	10.10

2010 年，在福建全省开展小城镇综合改革建设试点工作之际，晋江按照简政强镇原则不断深化小城镇综合改革建设试点工作，以着重增强重点镇、

中心镇和经济发达镇的人口吸纳能力和发展活力，形成各具特色的城镇发展模式；积极创新小城镇建设管理体制，大力推行强镇扩权工作，不断提高试点镇的社会公共服务水平；增强镇区作为区域中心的集聚和辐射功能，带动周边农村发展，改善农村生产和生活环境。具体而言，晋江通过管理服务、财税金融、土地、规划建设、户籍、社会保障、农林水利、环境保护、人员机构等 9 个方面的政策措施，持续推进安海、金井、东石、磁灶等试点小城市、小城镇建设，不断优化试点镇的基础设施建设、特色产业支撑、社会事业发展、公共服务管理、宜居环境打造和投资开发机制创新。

至 2018 年，晋江累计安排建设项目 448 个，完成投资 479.72 亿元，先后培育 1 个全国经济发达镇行政管理体制改革试点镇、3 个全国重点镇、9 个省级小城镇机构改革试点镇、2 个镇级“小城市”，走出了一条小城镇改革试点的晋江“强镇之路”，一改试点镇以往基础建设严重滞后、社会综治乱象频生、公共资源分布不均、公共服务存在缺位、生态环境不断恶化等现实问题，初步建成了一批“规划先行、功能齐备、设施完善、生活便利、环境优美、保障一体”的宜居城市综合体，基本形成了布局合理、特色明显、生态优美的小城镇发展格局和配套保障政策。各镇按照“整合资源、构筑平台、统筹城乡、强化保障、整体推进”的要求，依托不同平台和发展模式，不断构筑均衡优质的公共服务体系，就业、教育、医疗、综治等方面明显得到提质升级，无障碍环境建设也有明显改善，镇域功能和品质不断提升。

纵观晋江过去几十年的镇域发展，明显可以看到晋江走过了一条城乡一体的融合发展之路，即从早期“城乡互补、由乡而城”到新时期“城乡融合、以城带乡”的“全域一体”发展路径。这种城乡建设的融合发展思路不仅体现在 19 个镇街齐头并进的经济领域，同时也越来越多地体现在教育、卫生等社会事业和公共服务领域。

以医疗卫生领域为例，晋江通过稳步推进县域医共体建设，在全域范围构筑了“15 分钟医疗卫生服务圈”，不断优化了各镇街和城乡之间的医疗资源配置，显著提升了基层的医疗卫生服务能力。

晋江市紧密型医共体建设

县域医共体是指以县级医院为龙头、乡镇卫生院为枢纽、村卫生室为基础，县乡村三级医疗卫生机构分工协作、三级联动的县域医疗服务体系。县域医共体建设能够优化城乡之间的医疗资源配置，完善医疗服务体系，加快提升基层医疗卫生服务能力，改变不合理的就医格局，更多更好地在县域内满足居民的医疗卫生需求，有助于推动构建分级诊疗、合理诊治和有序就医新秩序，是国家在深化医药卫生体制改革重大决策部署中的重要举措。

2019年以来，晋江市按照“积极稳妥、创新务实”的总体要求，开始稳步推进紧密型医共体建设，以构建“3＋4＋5＋X”的医疗卫生资源格局[①]为目标，出台《晋江市紧密型医疗卫生共同体建设实施方案》，明确医共体建设的远景规划、具体目标及运作标准、实施细则；2020年9月，晋江在市医院、中医院、安海医院（第二医院）3个医共体总院分别举行紧密型医疗卫生共同体总院揭牌仪式；年底完成全市21个基层院区（医共体成员单位）的资源整合，形成了区域全覆盖、资源全统筹、服务优质化的工作格局。其中，晋江市医院医共体以三级甲等现代化综合性医院建设为目标，带动市妇幼保健院（医疗部分）和医疗次中心市医院晋南分院、英墩华侨医院，辐射带动梅岭、青阳、罗山、新塘、经济开发区社区卫生服务中心和金井、英林、永和、深沪镇卫生院及其辖区村卫生所（社区卫生服务站）；晋江市中医院医共体以三级甲等综合中医医院为基础，重点带动医疗次中心磁灶、陈埭中心卫生院，辐射带动西园街道社区卫生服务中心和池店、紫帽、西滨镇卫生院及其辖区村卫生所（社区卫生服务站）；晋江市安海医院（第二医院）医共

① “3＋4＋5＋X”医疗卫生资源格局即建立以晋江市医院、晋江中医院、安海医院（第二医院）等3家晋江市直医疗机构为晋江市级医疗服务中心（龙头机构），以晋江市疾控中心、妇幼保健院、疗养院、卫生监督所等4家机构为公共卫生专业技术服务核心，以晋江市医院晋南分院（晋南）、陈埭中心卫生院（晋东）、磁灶中心卫生院（中西医结合医院，晋北）、东石中心卫生院（晋西）、英墩华侨医院（晋中）等5家机构为区域医疗中心，充分辐射带动周边基层医疗卫生机构，形成分布均衡、科学的医共体和区域医疗卫生服务圈。

体以三级乙等现代化综合性医院建设为目标，带动东石中心卫生院（医疗次中心）、灵源街道社区卫生服务中心和安海、内坑镇卫生院及其辖区村卫生所（社区卫生服务站）。

截至2021年底，晋江通过探索行政管理、人力资源管理、财务管理、医疗质量管理、药械管理、信息管理、医防融合“七个一体化”，立体推动紧密型医共体建设，有效提升了区域医疗服务水平，目前已基本形成“3＋4＋5＋X”医疗布局，构建了“15分钟医疗卫生服务圈”。

（三）晋江农村建设与改革发展

晋江的改革和发展起步于农村，农村的发展与建设不仅是当地村民和海外侨民心之所系，也是晋江历届政府工作和城乡社会各发展阶段的重中之重。在推动农村现代化发展的努力中，晋江农村历经乡村工业化、城乡一体化、新农村建设、新型城镇化与县域全面现代化等发展阶段，通过园区发展、旧城旧村改造和新村建设、环境整治和美丽乡村建设等发展行动，在基础设施建设、环境卫生面貌、居民收入增长、公共服务覆盖、生活品质提升等方面都有了明显改善，并持续改革创新，不断取得巨大成就。

1992年8月，在前期改革创新成果基础上，晋江成为福建省发展农村股份合作制试验区。1994年12月，“中国农村发展道路（晋江）研讨会”的举行给予中国农村发展的“晋江模式”高度评价。1998年5月，晋江市获得“福建省农村脱贫致富奔小康先进市”称号。进入21世纪，随着晋江中等城市建设提上日程，城乡建设不断推进，在交通体系、供电系统、给水排水、垃圾处理、生态保护等方面日趋靠拢“全市一城、城乡统筹”。以垃圾处理为例，2003年底，晋江率先采用BOT方式建设生活垃圾焚烧发电综合处理厂，推进垃圾无害化处理；每年投入超过2000万元运行经费，实行“村一级清扫收集、镇一级清倒中转、市一级转运处理”的垃圾收集转运一体化运作模式；2011年将城乡环卫保洁纳入年度为民办实事项目，逐年推进设施建设与设备更新改造计划，城乡环境卫生管理水平和整体面貌不断提升。

2012年起，晋江每年投入1亿元用于美丽乡村建设；2013年，晋江加强对农业产业化的扶持力度，安排农业产业化专项扶持资金2600万元，提升农业规模化、农业产业化、现代渔业、高效农业“四大工程”；对农民就业培训给予最高1000元/人补贴，对促进农村劳动力就业的企业按吸纳新增就业数量多少分等次给予奖励；以小额贷款贴息引导发展非农产业；鼓励农民个人房产等不动产对外出租、租赁，暂缓缴纳相关费用；鼓励发展农村和集体股份经济，出台村集体经济发展扶持专项政策并印发《晋江市村（社区）集体创收项目专项扶持资金管理规定》《晋江市金融机构扶持村级集体创收项目融贷款实施意见的通知》，市财政每年安排1000万元用于扶持发展村（社区）集体经济，各镇（街道）同时进行专项资金配套扶持，以切实帮助村集体解决资金困难，鼓励村级集体因地制宜，更好地发展特色项目，不断增强村（社区）集体造血功能；实施先进村培育“领头雁”、薄弱村治理“奋蹄马”双翼行动，探索集体推动型、产业带动型、生态旅游型等不同的新农村建设模式。

2015年，党的十八届三中全会中提出了农村“三块地”改革政策，即“农村土地征收、集体经营性建设用地入市、农村宅基地制度”，晋江市被确定为全国33个农村宅基地制度改革试点县（市、区）之一；2016年，晋江市又被赋予“农村土地征收”和“农村集体经营性建设用地入市”两项改革试点任务。晋江随之发布了《晋江市农村集体产权制度改革试点实施方案》，启动了三项试点改革，按照“因地制宜一村一策、实事求是稳步推进、民主决策依法办事、正确处理各方关系、创新发展鼓励先行、加强指导落实责任”等原则，选取试点镇并逐步扩大试点范围，大胆探索建立集约化、节约化的土地利用管理模式，同时赋予农村集体土地“同权”，重点围绕保障农民集体经济组织成员权利、发展农民股份合作，落实农民对集体资产股份的占有和收益，积极探索农民对集体资产股份的有偿退出和继承，创造条件开展农民对集体资产股份的抵押、担保等内容，协商制定方案、规范程序，加强股权管理，集中产生了一系列工作机制和相关办法。

在三项改革试点中，晋江以宅基地为主线推进产权制度改革，逐步探索出了借地退出、指标置换、资产置换、货币补偿等4种宅基地退出方式和组团片区改造、旧村整体改造、生态景观提升、空心村盘活、产业带动、古村落保护等多种宅基地综合利用模式，宅基地既可在一定的范围流转交易，也可用以置换安置房、商住房等。相关资料显示，自改革启动以来，晋江共腾退宅基地 3748 亩，其中城市改造腾退宅基地 1732 亩，节地率 66%；成片石结构房改造腾退宅基地 738 亩，节地率 32%，优化了全市土地空间布局和利用率，为城区和新农村建设及产业发展提供了广阔的发展空间。同时，晋江也在投融资机制上作出了积极探索，以农村“两权”抵押融资盘活产权资源，释放改革红利，率先在全省办理宅基地使用权抵押登记。2017 年以来，全市共办理宅基地和农房抵押 865 宗，金额高达 7.01 亿元。其次是实施林地占补平衡试点改革，将原本分散、破碎的林地聚集连片，不仅提升了生态景观和森林覆盖率，同时解决了经济社会发展中林地定额指标不足的问题。自改革启动以来，晋江共补充林地面积超过万亩，林地获批近 5000 亩，可以有力地保障城乡各类建设项目的用林需求。据相关统计，自从三项改革试点以来，晋江市累计盘活闲置农用地 12300 多亩，全市农村居民人均可支配收入提高了 5259 元，晋江村组两级集体资产增长 7.05 亿元。截至 2021 年 7 月，晋江全市村集体经营性收入总额达 9705.17 万元，村均集体经营性收入达到 25.34 万元。①

在大力推动农地制度改革创新的同时，晋江也始终着意富民增收、环境整改、服务优化、品质提升、治理高效等各个方面，持续建设宜居环境、打造美丽乡村、实施文化保护，不断推动农村人口市民化和公共服务全覆盖。晋江以“民生为优先”，重点实施“民生微实事”党建项目，立意解决城乡居民关注度高、受益面广的小事、急事、难事，持续投入村（社区）安全、村道、照明、沟渠等设施的治理，积极引入社会专业力量为村庄提供公共服务和福利服务。为打通服务社区群众的“最后一公里”，晋江在全省率先整合市、镇两级在村级设立的各类工作站点，并不断推进其规范化、标准化建设，实现了全市村（社区）的公共服务设施“十个一”全覆盖。晋江还探索建立精细化、高效化的新型治理模式，以“网格化管理、社会化服务”为方向，率先实行市、镇、村三级网格化管理，试点推进基层服务社会化工作，全市网格化管理试点村的覆盖率高达 98.5%。

---

① 农业农村部政策与改革司、全国农村集体产权制度改革部际联席会议办公室：《夯实家底 多措并举 新型集体经济激发乡村活力》，《农村集体产权制度改革情况》第 23 期，2021 年 12 月 22 日。

在经济收入上，从 1978 年到 2020 年，晋江农村居民人均可支配收入从 107 元增至 27344 元，收入水平和生活水平明显提高。截至 2020 年，晋江全市全年城乡居民人均可支配收入增至 44827 元，比上年增长 3.2%，其中，城镇居民人均可支配收入为 54594 元，增长 2.6%；农村居民人均可支配收入 27344 元，增长 5.3%。城镇居民和农村居民收入差距持续缩小，人均收入比值为 2.00，比上年缩小了 0.05。

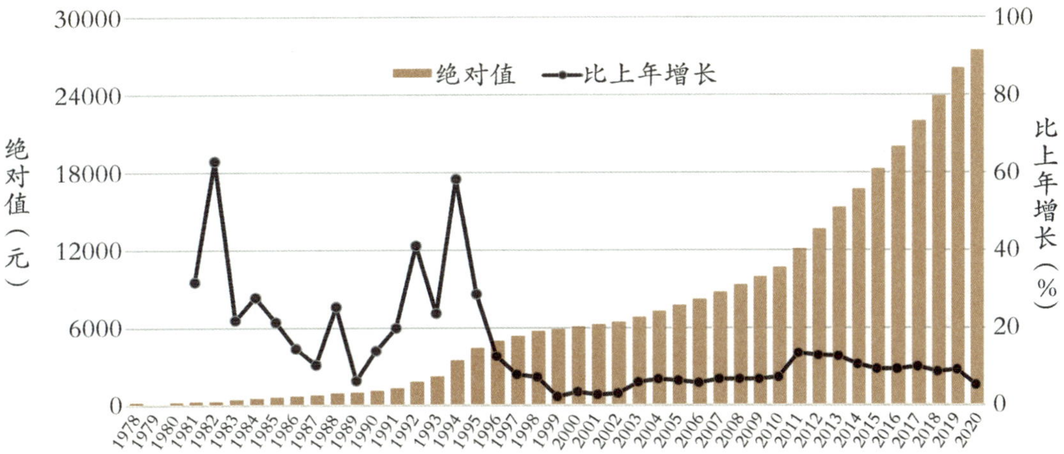

数据来源：《晋江统计年鉴 2021》。

图 5-2　晋江农村居民人均可支配收入增长图

在社会保障方面，晋江于 2006 年率先在全省建立被征地人员养老保障制度，2009 年抓住全国首批新型农村社会养老保险试点契机，成为全国首批新型农村养老保险试点，建立了覆盖城乡的养老保障制度。截至 2020 年，全市城乡居民基本养老保险续缴率 96.2%，基础养老金每人每月 187 元，65 周岁以上的每人每月 192 元；被征地人员养老保障紧跟项目建设即征即保，养老金 300 元，养老补助金 140 元；企业退休人员实现“16 连调”，人均月养老金达到 2449 元。城乡低保标准月人均由 580 元提高到 775 元，特困人员救助标准按护理需求等级分别为每人每月 1182 元、1440 元、1698 元。城乡居民医保人均筹资标准提高到 800 元，长期护理保险人均筹资标准 90 元。

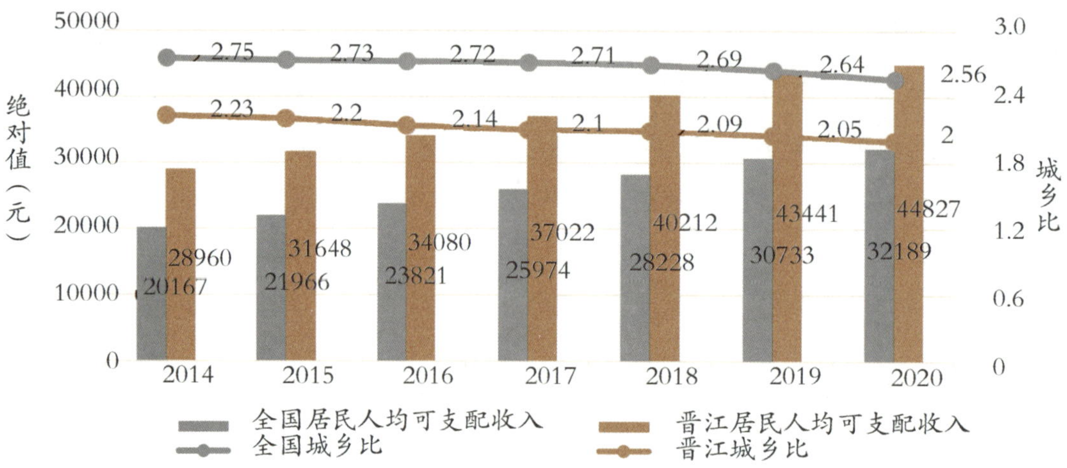

数据来源：《中国统计年鉴 2021》《晋江统计年鉴 2021》。

图 5-3　全国和晋江居民人均可支配收入和城乡比

全市实现医保定点“村村通”。同时，晋江不断完善养老服务体系，大力发展社区养老，从 2014 年起每年都新建、改建 20 所综合性村级敬老院，村里的老人可以在家门口得到安养。

金井镇围头村“两个十年”振兴发展与农地改革

围头村位于晋江东南沿海围头半岛突出部，与金门隔海相望，辖区面积为 3 平方千米，有海岸线 6500 米，常住人口 4300 多人，外来人口 2500 多人。在晋江全市村庄中发展起步较晚，1978 年村民人均年收入仅 150 元，2006 年村财不足 10 万元。

2007 年，围头村以晋江市新农村建设为契机，制定了“两个十年”的围头振兴目标，逐年推进村庄发展，如 2007 年是“环境整治年”、2008 年是“资源整合年”、2009 年是“旅游发展年”……历经新农村建设、美丽乡村建设、乡村振兴建设等 3 个五年发展阶段，目前已形成“渔业生产＋养殖＋休闲＋文化”的产业融合发展模式，先后荣获“中国乡村旅游模范村”“全国休闲农业与乡村旅游示范点”“全国特色景观旅游名村”“中国美丽休闲乡村”“国家级最美渔村”“全国文明村”“全国乡村特色产业亿元村”（连续两年）等25项国家级荣誉以及福建省第一个农村五星级休闲农业称号等80多项省市县各级荣誉。至2017年，围头村的村财收入已达到300多万元，人均年收入达到3.5万元，其中2/3来自乡村旅游，村民也主要从事渔业生产、水产养殖和乡村旅游、休闲农业。

2017年3月，晋江制定出台《晋江市农村集体经营性建设用地入市管理暂行规定》和《晋江市2017年集体经营性建设用地基准地价》，明确了集体经营性建设用地的入市条件、入市主体、入市方式、入市程序、基准地价、增值收益分配等。围头村通过集体经营性建设用地入市改革，把部分闲置的集体建设用地盘活变现，增加村集体经济收入的同时，也解决了招商引资问题，拓展了村庄的发展项目，增强了村集体经济发展的后劲。

在振兴村庄经济的同时，围头村也十分重视完善各项配套设施，优化村庄公共服务。早在2008年就创建了福建全省首家村级敬老院，向有需要的村民提供送餐配餐、文体娱乐和生活照料等服务；2009年建立晋江第一座低保户安置楼，安排16户五保、低保户等住房困难群众入住；每年为村民缴纳基本医疗保险参保费用；每年年初通过年度计划持续推进村庄环境整治、项目建设和公共设施提升等多项惠民工程，不断完善构建教育、治安、养老多方位公共服务网络；成立晋江市首家村级义工协会，设置敬老助老、文体演艺、抢险救灾、支教助学等多个志愿小组，提供村庄义务互助；动员华侨筹资2000多万元重建围江小学；引入村庄公园，为村民提供休闲娱乐的活动空间。

2019年，围头以红色旅游带动村庄渔业生产与休闲旅游，全村经济总值达3.85亿元，人均年收入3.8万元，全体村民提前走上了小康之路。通过发展村庄公共设施建设和公共服务、村庄福利，围头村的村庄秩序和社会团结也出现极大改观。

过去几十年，晋江农村的建设和发展充分体现了晋江的城乡融合一体发展底色，同时也直接展示和共享了这种发展路径的卓越成果，即既有与城市一样的生活品质，又能保有不一样的原生态乡村生活体验，农村居民的生活幸福感也越来越高。与此同时，我们还能看到晋江农村的一个明显不同，那就是现在的农村更能留住人了，尤其是年轻的大学生；而且，不光是能留住本村的年轻人和大学生，还能吸引不少外地的年轻人和大学生来到这些镇村，施展自身专长的同时寻找更好的发展机会。

三、城乡融合发展与城市品质提升

随着城镇化的快速推进，我国的城乡关系格局发生了深刻变化，整体上已由“乡土中国”进入“城乡中国”阶段，城乡要素流动日益通畅，城乡关系也开始逐渐从城市对农村资源的“单向吸纳”转向城乡之间的“双向对流”。[①] 党的十九届五中全会提出要强化“以工补农、以城带乡，推动形成工农互促、城乡互补、协调发展、共同繁荣的新型工农城乡关系”，这是理解当前和未来城乡社会发展的总体背景。

不过，在晋江，自改革开放政策实施之后，互通互补、融合发展就已是地方城乡关系的底色。晋江城乡建设的最大特色就在于以小城镇为主体推进城乡协同一体的融合发展思路和实践，城镇化从启动之初即按照规划与建设并举、城乡协同并进来推进，这一点在其他地方并不多见。小城镇的发展在一定程度上促进了城乡之间的联合，而小城镇的发展水平也体现了城乡一体化融合发展的水平。[②]

从发展基础来说，晋江的城镇化是在一片大农村的基础上自发推动的，直到 20 世纪 90 年代初，晋江全域也依旧主要呈现为传统乡土社会的面貌，是为“乡土晋江”。但是，早在 1978 年，晋江便已按照规划与建设并举，县城、集镇、乡村同步发展的思路，逐年推进城乡建设与各项社会和公共事业发展，逐步完成供水、排水、交通、供电、邮电等生产和生活基础设施的配套。只不过，相比这一阶段经济领域的腾飞态势，晋江的城乡建设与社会发展总体缓慢。在 1992 年撤县设市之际，晋江提出“轻型外向、工贸结合、

---

① 付伟：《新型工农城乡关系是乡村振兴抓手》，《光明日报》2020 年 11 月 4 日。

② 王昱皓：《小城镇在城乡关系中的功能——基于费孝通相关文本的分析》，《西部学刊》2019 年第 5 期，第 139—141 页。

城乡一体、协调发展”的发展理念，在突出经济优势的同时也更加注重城乡均衡发展，不断推进城乡建设与社会公共事业发展。这一理念在某种程度上可谓与新时代的发展观高度契合，在当时具有相当的前瞻性。

进入21世纪，面对城乡建设与经济发展始终脱节的现实局面，晋江加速推进城镇化，于2004年完成城市总体规划编修，启动“三组团”规划，以中心市区和中心城镇为重点，推进新区建设、旧城改造，实现城乡互动；于2009年启动新一轮城市总体规划修编，并在2010年《晋江市城市总体规划（2010—2030）修编》中提出“全市一城、一主两辅、城乡一体”的市域空间结构，更加强调兼顾城镇与乡村，按照“全市一城”“城乡一体”推进城乡统筹协调发展。城乡环境加速提质，深化城乡人居环境整治2.0版，实施最严环卫考评新规，推进城乡环境提升16个专项行动，通过全国文明城市复查。深入打好污染防治攻坚战，严格落实中央生态环境保护督察反馈问题整改，推行河长制项目绩效考评，农村生活污水管网接户率达87.1%，全年空气质量优良率保持100%。在“把649平方千米作为一个城市来建设”理念指引下，晋江不断推进新型城镇化的探索，逐渐走出了一条城乡融合发展的成功道路，一体化的城乡和现代化的都市也初现成效。

目前，晋江已经建成为一座以市区为中心、镇区为辅中心、美丽村庄星罗棋布的城乡一体的现代化花园城市，城乡基础设施和公共服务也趋于一体化，县域社会现代化也不断走向全面、高质量发展。在新型城镇化试点建设中，晋江坚持“以人为本、城乡一体、产城融合”，坚持“为民建城、为民管城、为民创城”，加大基础设施和配套建设投入，持续完善升级农村基础设施，统筹解决城乡社会管理粗放问题，提高城乡公共服务水平，引导城乡内涵式发展，推动城乡协调发展超越，不断提升城市化质量。与此同时，晋江也在城乡发展和政社互动中尊重并保障每一位社会成员的共享发展权利，注重全社会的全方位协同发展和城市发展质量的全面提升，注重文化文明共建共享和生产、生活、生态融合发展，不仅建设了品质城市最美的生态底色，留住了城市的根脉文脉，跻身全国文明城市之列；更关键的是，晋江通过实施包容、多元、有温度的社会政策和有力度的民生投入，实现了待遇均等化和保障全覆盖，留下来并吸引了越来越多的各类人才。“人口在县域内不同城镇节点的分布和城乡之间的两栖流动，将是未来中国城乡关系格局中的常态”。[①] 就城乡社会关系而言，晋江从早期“城乡互补、由乡而城”到新时期“城乡融合、以城带乡”的“全域一体”发展路径或许提供了一种中国城乡关系理想模式的样貌，为探索并实现县域的工农互补、人口流动、产城融合、城乡融合、全面发展积累了重要经验。

第三节 晋江社会建设与新市民

社会建设是县域现代化行稳致远的根本保证，晋江的社会建设与公共事业发展也是晋江新型城镇化探索和社会现代化建设的题中之义。习近平同志在 2002 年总结提炼“晋江经验”的同时也明确指出，晋江存在社会建设滞后的问题。此后，晋江坚持“以人为本、为民建城”，在“以人的城镇化为核心”的新实践中，紧扣本地农业转移人口和外来人口的市民化这一主题，始终坚持“同城同待遇、保障全覆盖”基本理念，深化户籍制度改革，不断推进晋江社会建设和晋江人的城镇化。

一、晋江农业人口市民化

晋江的草根经济和相对内发的工业化、城镇化路径决定了农业人口是晋江城乡经济建设和社会建设的主力，人的城镇化是晋江城市化进程中面临的重要问题，一方面是本地农村富余劳动力转移就业及其市民化，另一方面是被征地拆迁农民的市民化。

（一）农村富余劳动力市民化

进入 21 世纪，在城镇化加速过程中，晋江市政府较早注意引导本地农

① 付伟：《新型工农城乡关系是乡村振兴抓手》，《光明日报》2020 年 11 月 4 日。

村富余劳动力向非农领域转移。2002 年，晋江推出“镇改街、村改居、农民改居民、市区作全面调整”的城市管理体制改革，此后历届市政府不断推进农业人口市民化工作，高度重视城市化过程中农民的就业和社会保障问题，并于 2003 年开始探索建立相关就业援助制度和农村人口的社会保障制度。

在就业方面，晋江市政府于 2006 年提出“三个一部分”（即坚持自主创业鼓励一部分、发展第二产业和第三产业容纳一部分、进城务工转移一部分），大力促进农村劳动力转移再就业。在社会保障方面，晋江不断完善城乡居民最低生活保障制度，2006 年建立了低保标准自然增长机制，做到提标扩面、应保尽保；2009 年成为全国首批新型农村养老保险试点，建立了覆盖城乡的养老保障制度。

与此同时，晋江不断深化户籍制度改革，2012 年探索实施“两分两换”，即：将宅基地与承包地分开，将搬迁与土地流转分开，以承包地换股、换租、换保障，推进土地集约经营，转换农民生产方式；以宅基地换钱、换房、换地方，推进小区集中居住，转换农民生活方式，不断加快推动农民市民化。“两分两换”从生产、生活两大方面提供了优厚的保障，而且明显盘活了农村集体经济和村民个人资产，大大打消了农民转居民的顾虑。

2014 年，晋江进一步探索农业转移人口市民化的成本分担机制，更稳妥、更可持续地推动“同城同待遇”。2016 年更是全力推动农业转移人口市民化，不断加快农民市民化和人的城镇化。

（二）被征拆农民市民化

城区和镇区的规划建设和更新改造过程中，势必涉及大量的征地拆迁。随着 2005 年晋江启动城市组团化发展，在和谐征拆的过程中陆续出现了大量的被征地农民，晋江政府随即针对性地探索建立专门的失地农民生活保障机制。

2006 年，晋江基于“土地换保障”思路，为保证被征地农民“老有所养”，在全省率先专门建立被征地农民的基本生活保障和养老保障制度，跟随市重点项目的建设，做到被征地人员养老保障征地必保、即征即保；2007 年继续完善被征地人员的养老保险政策，并不断扩大试点范围；2008 年完善被征地人员养老保险的配套措施；到 2009 年，晋江基本实现了被征地人员的养老保险、新农合、低保等“三道保障线”，2006—2020 年累计 13.88 万人参保；被征地人员养老保险金从最初的每人每月 250 元逐步增至 300 元，养老补助金为 140 元，待遇高于晋江城乡居民社会养老保险的基础养老金（每人每月 187 元，65 周岁以上每人每月 192 元）。

在土地换保障之外，晋江的征拆还考虑到了土地、房宅等资产的保值增值，并能让被征地人员共享相关收益。2014 年，晋江对城市拆迁提出了“七个换”模式，即被征地、拆迁居民可以以被征收土地房屋换安置房、商务办公楼、店面、商场、现金、股权等，以盘活资产，实现其保值增值。同时，晋江的安置房建设还尽可能挑选好的地段就近安置，高标准建设安置小区，同步配套完善的公共服务设施，极大地提高了进城转居农民的生活品质。如此，才有了晋江的和谐征拆，才有了梅岭组团 2 万人口 54 天完成同意征迁任务；高铁新区 2200 多户 28 天完成征迁签约。

通过“就地就近城镇化”“生活生产全融入”等多种渠道，以及“各类人口同待遇、资源要素同权利、城乡功能同提升”的“三同”标准，晋江很好地解决并不断推进本地农民市民化的问题，引导城乡居民的生产生活接轨和生活品质提升。

二、外来人口本地化

“以人为本”更体现在晋江的外来人口政策和待遇上。在晋江过去几十年的工业化、城镇化、现代化建设中，百万外来人口也是主力军。因此，想方设法吸引这些外来建设者留在晋江、融入晋江、扎根晋江，一直都是晋江在社会发展中努力探索突破的重要领域。

晋江对外来人口的政策大体历经权益保障—服务保障—身份保障几个阶段。2006 年，晋江针对外来民工主要是依法保障其合法权益并协助维权；到 2008 年的“三不”承诺，其中前两条仍主要指向权益保障，即不让任何一名来晋务工人员因恶意欠薪而蒙受损失，不让任何一名来晋务工人员维不了权；后针对这两项承诺陆续建立了工资支付监控网络，投入 1000 万元设立企业欠薪保障调剂金，筹集 1.6 亿元作为建筑领域员工保证金，并建立欠薪举报奖励等制度；同时建立了市、镇、村、企四级的劳动争议调解组织体系，以保障外来务工人员的合法权益。

2007 年以后，晋江针对外来人口的政策逐步拓展至教育、医疗等公共服务上，包括开始探索农民工子弟学校的多种创办形式，促进义务教育均衡发展，开展农民工工伤保险和大病医疗保障工作等。2008 年全面落实的流动人口服务管理 15 条，更是从就业、教育、社保、户口登记、法律、计生、住房、儿童保育、医疗、贫困帮扶和救助等方面明确了外来人口的服务保障内容。其中，外来人口市民化的一个特点就是从教育服务和保障入手，公开承诺“不让任何一名来晋务工人员子女上不了学”，将其作为留住青壮年劳动力的重要举措和培养留住二代劳动力的社会投资，每年投入教育的市级资金就有 20 亿元，安海一镇的慈善捐助教育基金就有 2 亿多元。人口大镇陈埭更是有近九成都是外来人口，2018 年仅外来人口学生就有 4.6 万人，而当年陈埭镇的本地人口才 8.1 万人。

2011 年，晋江在全省率先实施外来流动人员居住证管理制度，持有居住证的外来人员在新农合参保、事业单位招聘、住房公积金缴存、经济适用房购买等诸多方面享受市民化待遇。事实上，早在此前，晋江就已出台《流动人口落户管理实施意见》，探索对外来人口不断放开落户限制，实行“无房也可落户”“先落户后管理”的零门槛、零阻碍落户政策，吸引他们成为晋江“新市民”。

2012 年，晋江开始全面实施居住证制度，保障外来人员权益维护和基本公共服务均等化，并解决流动人口购房落户问题；2013 年，在放开落户限制的基础上，研究建立外来人口市民化成本分担机制；2014 年将居住证待遇拓展至 30 项，出台积分优待管理办法，完善鼓励购买安置房政策，不断推动更多外来人口落户晋江；2016 年通过健全生活保障、生产就业、人文关怀机制，通过企业、社区、学校“三融入”不断强化融合融入、共建共享，在工作、生活和政治待遇等方面不断增强其作为“新晋江人”的身份认同和归属，真正落实了“同城同待遇、保障全覆盖”。

2016 年 12 月，国家发展改革委编制印发《新型城镇化系列典型经验

（农业转移人口市民化案例）》，其中首个案例就是晋江推进农业转移人口市民化的相关经验，总结了晋江外来人口本地化和市民化主要做法和成效。整体观之，晋江在放开落户限制、共享市民待遇、保障充分就业、营造开放包容的社会环境等方面的政策创新，是其能吸引到百万外来建设者的关键因素。

三、本外融合与晋江社会建设

晋江的新型城镇化和社会现代化探索最大的特色之一就存于本外关系的融合上。2014 年，福建省政府批复《晋江市推动农业转移人口市民化，促进城镇化健康发展试点方案》，明确提出“以人的城镇化为核心，全面提高城镇化质量”的目标任务。此后，晋江更加注重人的全面发展和人才战略，也更加注重社会保障体系和公共服务的均等化。

在处理城市融入、本外融合问题上，晋江始终贯彻“以人为本”，紧紧抓住民众最关心、最直接、最现实的利益问题，坚持贯彻“同城同待遇、保障全覆盖”的基本理念，通过实施一批改革方案和惠民举措，形成了各类人口同待遇、资源要素同权利、城乡功能同提升的“三同”经验；每年都把 60%以上的本级财力投入民生建设当中，逐步构建起就业、教育、医疗、住房、安全、环境和社会保障等 7 个民生体系，解决了各类人群待遇保障和基本公共服务均等化问题，实现了社会保障全方位推进、公共服务全域均等化和社会质量的全面提升。无论是本地原住民还是外来建设者，新老晋江人的获得感和幸福感都与日俱增。

在住房保障上，晋江率先通过建立居住证制度实施住房补贴，将外来人口纳入住房公积金缴存对象；此后重点从廉租房、公租房、经济适用房、企业员工宿舍、安置房和人才房等 6 个方面构筑了多元化、多层次的外来人口住房保障体系，同等保障外来人口“有房住”。特别是在安置房方面，不同于很多地方的“排外”和“设限”的做法，晋江通过设立交易服务平台，实行“直接落户、就近入学、低额计税”等鼓励措施，探索购房按揭贷款办法创新，极力创造便捷条件实现外来人口安居。与此同时，晋江还结合梯度住房保障制度，不断吸引更多外来人口落户成为新晋江人，引导他们通过各类培训成为更高层次的优秀人才。

在教育保障上，晋江于2012年率先在全省实行12年义务教育（含公办普通高中和中职免费学位），并逐步实现了城乡和本外义务教育的全覆盖。在外来人口子女入学问题上，晋江从一开始探索创办农民工子弟学校多种形式（2006）到落实农民工子女入学“同城待遇”（2008），从积分优待开放公办学校起始学位到“两为主”“零门槛”全面开放公办学校学位，赋予本地学生和外来人口子女无差别的就学、升学权益，着力保障教育的公平性和公益性，不断促进晋江常住人口子女的义务教育均衡发展。2020年，晋江全市中小学幼儿园中，来晋务工人员子女21.1万人，占全市学生数的56.01%，规模超过泉州市外来工子女总数的1/3，约占全省外来工子女总数的1/6；全市义务教育阶段学生25.9万人，其中来晋务工人员子女占到了该阶段全部学生的54%；在晋江281所小学（含一贯制学校）中，外来人口子女就读人数占到了全市小学生总数的一半以上，92.9%的外来人口子女在公办学校入学；普通高中和中职在校生中，来晋务工人员子女的增幅分别为8.4%和12.3%，均高于全市普通高中和中职在校生总数的增幅（5.3%、7.6%）。晋江每年用于保障外来务工人员子女义务教育的投入超过了14亿元。

在社会保障上，晋江针对域内遍布于各领域的大量外来建设者，2007年最早启动了工伤保险和大病医疗保障工作。此后，晋江不断推动“保障全覆盖”，赋予外来人口平等享受各项社会保险、职工医疗互助、急难临时救助等的社会保障待遇。其中，医疗方面的保障政策尤为突出。外来务工人员可以以雇员身份或是灵活就业人员身份参加职工医疗保险。单位有工会的，还可由单位统一组织参加职工互助医疗。2012年，晋江开始将外来人口纳入本市新型农村合作医疗的参保范围。后因外来人口多在老家参保而不能在晋江重复参保的情况，又于2015年开通了福建省内的新农合跨地双向结报服务，设立“异地结报窗口”，参照外来人口户籍地新农合相关标准和政策为5个县的新晋江人提供结报服务。此后外来人口新农合异地结报的服务点又不断拓展到外省多地。此外，晋江还设立了惠民医院，为没有参加医疗保险的贫困病人减免医疗费用。至2016年，晋江参加城镇职工养老、医疗、失业、生育、工伤等社会保险的人员中，外来职工的参保比例就已分别占到了73%、62%、73%、65%和73%。

在市民化成本分担机制、居住证管理制度、全面放开落户限制、实行积分优待管理、实施人才生根计划等政策措施下，晋江外来人口及其家庭的社会权利得以有效保障，真正实现了“同城同待遇、保障全覆盖、待遇均等化”，也让外来人口能真正扎根晋江、融入晋江。晋江的社会事业和民生保障更加健全，更有温度；本外关系趋于和谐，外来人口的城市融入度、与本地社会的融合度也不断提升。

“打造本地人留恋、外地人向往、更多人可托付终身的现代化品质城市”，这是晋江市委于2017年提出的城市发展定位。如今，这一定位照进了现实，也被不少晋江人挂在了嘴边。在晋江，人们更多感受到的是日趋均衡、充分的发展为实现美好生活向往所带来的丰厚基础：公共服务益发均衡优质便捷，社会保障水平连年持续提升，生态生活环境越来越适宜，城乡社会也更加和谐包容。无论是本地原住民还是外来新市民，他们也都可以在日常打拼之际，从容地享受晋江这座城的舒适与温情，品味文化积淀的厚重与时新。

第四节　晋江现代化：城乡社会发展与行动者主体性探索

过去40多年，晋江在现代化进程中大致经历了3个重要阶段：第一阶段从1978年到1991年，以农村改革为起点，成功打造了一条独特的乡村工业化道路——“晋江模式”，实现了经济的跨越式发展。第二阶段以1992年撤县设市为标志，晋江开始了县域城市化和社会现代化的新探索，实现了新的发展跃升，奠定了“晋江经验”的基底：经济发展接近世界中上等水平，城乡基本实现统筹发展，现代社会结构初步形成，以工业化、城市化、社会事业现代化促进城乡协调发展、经济社会协调发展，基本实现了现代化。第三阶段从21世纪第一个十年中期开始，特别是到2012年进入新时代，晋江在“晋江经验”的指导下再次跃升，率先完成了小康社会建设，进入了探索更加全面、更高质量的现代化发展阶段，晋江的现代化发展有了明显的提升，除经济增长依旧强劲外，在社会、文化、生态、营商环境与治理体系等方面也都取得了长足改善。

这一发展成就的取得与晋江特色的城乡关系和工业化、城镇化、现代化发展之路密切相关。陆学艺等老一辈学人曾将晋江模式新发展的经验概括为“三化促两协调”，即工业化、城市化和社会事业现代化，促进经济与社会协调、城市与农村协调，其中，工业化是晋江现代化的动力，城市化是晋江现代化的重要载体，城乡及经济社会协调发展是晋江现代化的保证。[①]

> 从广义上讲，现代化是一个探索过程，它的结果是未知的。……我们把转型理解为在原则上继续开放的现代化的总体性之内的、在很大程度上是进行“追赶”的现代化进程。但同时也看到，通往现代化的道路并不只有一条，而且道路还不是直线、渐进的，对于后进国家来说，也不只有一条卓有成效的实现转型的道路……
>
> 在全球范围内，我们可以从一个明显分层化了的世界社会出发。……在现代社会的层级内部，也存在着明显的差异，按照“对路向的依存性”的标准，这些差异可以被理解为制度选择上的差异。这对进行追赶的社会来说，意味着要对范式进行选择，也意味着最低限度的一种可能性，即通过对各种要素进行综合，寻找到一条特有的、同他们体制的潜在能力相符合的道路。[②]

可以认为，以晋江为代表的中国城镇正是在这样的追赶式的发展情境和理论意义上，选择了一条迥异于世却又契合自身社情的工业化和现代化道路。在改革开放的东风下，“农民在农业繁荣的基础上，以巨大的热情兴办

① 陆学艺主编：《晋江模式新发展——中国县域现代化道路探索》，社会科学文献出版社2007年版，第86页。

② 谢立中、孙立平主编：《二十世纪西方现代化理论文选》，上海三联书店2002年版，第408—414页。

集体所有制的乡镇企业。这种乡镇工业以巩固、促进和辅助农业经济为前提，农、副、工齐头并进，协调发展，开创了农村繁荣兴盛的新局面。”从当时的社会场域和具体发展情境下历史地看，这样的道路选择，“并不是从理论上推论出来的结果，而是农民群众在实际生活中自己的创造”，[①] 是在综合考量了人口、资源、技术之后所能寻找到的一条“特有的、同他们体制的潜在能力相符合”的工业化和现代化发展道路，是一种相对内生的、自发的、自下而上的城乡社会发展探索，更是现代化进程中民众主体性的表达与探索。从某种意义上来看，晋江的城乡关系及其发展在乡村工业化早期是一种双向的滋养和哺育，而这些都能在晋江各镇的历史和现今案例中得到生动的展现。

在这种地方性的探索中，从志在富民到文化自觉，以小城镇为基础的区域发展研究是中国现代化进程中主体性探索的一个重要方面。从《江村经济》到《乡土重建》，费孝通看到，城乡之间是一种“城市吞食乡村”的关系；而要改善这种城乡之间的“相克”，使之变得“相生”，就须进行城乡一体化的改革，形成一种良好的互补关系，就需要小城镇在其中予以调和，成为连接纽带，促进城乡共同发展。[②] 另一方面，城乡关系的根本性变化也会深刻地影响到城乡社会的行动者实践和主体性表达。何以晋江的大小作坊、大小企业之间能够在竞争中达成一定的合作，共同取得发展，而不是在恶性竞争中走向萎缩？这或许就须从当地社会结构和人文世界方面去找原因，即从城乡之间的关联与互补、企业家之间的社会关系、企业与当地城乡社会之间的关系，以及企业家的行动理念和原则方面去寻找答案。[③]

管窥过去二三十年晋江的城乡社会发展和人的发展，可以清晰地看到，晋江早已完成了后进者的追赶进程。如今，晋江正在传承发扬“晋江经验”的基础上，通过各领域、全方位的创新和全面深化改革，来不断回应新时代

---

① 费孝通著，刘豪兴编：《中国城乡发展的道路》，上海人民出版社 2016 年版，第 7 页。

② 王昱皓：《小城镇在城乡关系中的功能——基于费孝通相关文本的分析》，《西部学刊》2019 年第 5 期，第 139—141 页。

③ 焦长权、周飞舟、王绍琛、庄家炽：《祠堂与祖厝：“晋江精神”的社会基础和历史渊源》，《东南学术》2015 年第 2 期，第 21—27 页。

提出的新挑战。在2020年初至今以来的新冠疫情防控中，晋江发挥产业链基础和优势快速实现转产，在本外地和新老晋江人的通力合作下，再一次展露拼搏精神和晋江速度，为全国抗击新冠疫情及时奉上了晋江贡献，更是体现了晋江社会的韧性。

这所有的“晋江力量”和辉煌成就的取得，事实上都与习近平总书记早年总结提炼的“晋江经验”和早已深深写入晋江人基因中的特质紧密相关。“‘晋江经验’是晋江人民对有中国特色社会主义发展道路的大胆探索和成功实践”，而海内外500万晋江人正是这一经验的缔造者。这里有始终坚持在顽强拼搏中取胜、以诚信立市的广大企业家抱团打拼、激流勇进、爱拼敢赢；有新老晋江民众致力发展、拥护改革、锐意创新，不断为地方经济和社会发展贡献力量；有海外侨胞和港澳台同胞情系桑梓、回报家乡、热心公益；更有始终坚持以发展社会生产力为改革和发展的根本方向、始终坚持以市场为导向发展经济、始终坚持立足本地优势和选择符合自身条件的最佳方式加快经济发展，以及始终坚持加强引导和服务市场经济的晋江党政领导与广大干部，“一届为一届打基础、一任为一任添后劲、一年为一年促发展”。这些力量不断谱写了“晋江奇迹”和“晋江经验”的过去和今天，还将继续书写“晋江奇迹”和“晋江经验”的明天。

如同《中国县域发展：晋江经验》的序篇中所言，“县域现代化是破解我国城乡二元结构及发展不平衡的关键，是我国未来持续发展的潜力所在和希望所在。晋江市是探索县域现代化道路的先行者……因此，‘晋江经验’具有先导性。晋江的成功发展实践表明：薄弱的县域也可以实现赶超式发展，并率先基本实现现代化；县域发展并不主要取决于原有的区位条件和资源状况，而是取决于体制能否继续深化改革，创造条件，加快经济社会发展……”晋江探索县域农村工业化、城市化和社会现代化的典型经验，对于全国县域经济社会发展，以及对于建设中国特色社会主义现代化事业都具有一定的意义。

《晋江市第七次全国人口普查公报》显示，晋江全市常住人口中，60岁及以上人口为208299人，占总人口的10.10%，其中65岁及以上人口为

137899 人，占总人口的 6.69%。普查表明，与全国层面的“未富先老”相比，晋江是一座人口年龄结构尚属年轻的城市，现代化有着进一步发展和提升的潜力。晋江也在不断地搭建高层次平台，培养和吸引更多的各门类人才。作为一个县级市，晋江近年来引进建设了中国科学院大学等 4 所高校，构建了 9 个国家级的研发平台，引导晋江品牌企业跟国内的大学、世界的大学去共建实验室，共同研发攻克一些核心技术；制定了全国首份县级优秀人才认定标准，实施企业自主认定人才模式。截至 2021 年底，已累计聚集各类高层次人才超 5000 名（次），人才总量领跑全省县域，全市每 10 万人中拥有大学文化程度的人数为 9069 人，相比 2010 年第六次全国人口普查的 3580 人也有了明显上升。年轻的、充满活力的、不断聚集众多人才的晋江，将在深化传承拓展“晋江经验”的社会现代化全面发展之路上走得更远、更好。

第六章

华侨华人与晋江国际化

与很多地方政府主导和跨国公司、国际组织主导的“精英国际化”有所不同，晋江的国际化是普通老百姓自下而上推动的，有着深厚的社会民众基础，体现了其本地优势和顽强拼搏精神。近年来，随着“一带一路”倡议的实施，作为海上丝绸之路的重要起点，晋江本地企业逐渐开始实施“走出去”战略。这种战略及其成功实践是企业自身发展和内在动力的结果，也是建立在多年“草根国际化”基础上的选择，是晋江本地的“草根国际化”在国家战略基础上、在地方政府引导和支持下的结果。

第一节 晋江的“草根国际化”

晋江的国际化，主要指晋江市作为一个地域范围，其经济发展与世界接轨，具体表现为本地资金包括企业资金的国际化、产品的国际化、标准的国际化等。

晋江国际化的特征首先在于其“草根”的特质。与很多地方政府主导和跨国公司、国际组织主导的“精英国际化”有所不同，晋江的国际化是从民间自发开始，是普通老百姓自下而上推动的，有着深厚的社会民众基础，发挥了民众的主体性，有着内生性的特征，体现了其本地优势和顽强拼搏精神。“草根国际化”鲜明的特点使草根社会“网络”发挥了重要的国际化渠道和机制的功能，身处异域的晋江人带着原有的社会“网络”，带动了国内国外的发展脚步，并把这种国际化社会“网络”转变为发展动力和资源。与此同时，“草根国际化”带有鲜明的文化特点，生活方式的交流使得晋江产生了一些新的文化样态，从居住到服饰等日常生活都会出现一些国际的元素。近年来，随着“一带一路”倡议的实施，作为海上丝绸之路的重要起点，晋江本地企业逐渐开始实施“走出去”战略。这种战略及其成功实践是企业自身发展和内在动力的结果，也是建立在多年“草根国际化”基础上的选择，是晋江本地的“草根国际化”在国家战略基础上、在地方政府引导和支持下的结果。“草根国际化”与企业发展所需要的“精英国际化”相结合，相互学习、相互促进，是晋江所独有的第二个特征。

立足于晋江本地华侨和“海丝”优势的、“草根”与“企业精英”相结合的国际化是符合其自身条件的最佳方式，是“晋江经验”所强调的市场取向和立足本地优势的集中体现。广大海外华侨华人既是晋江的本地优势，又是晋江拓展市场的一股重要力量。因此，探讨晋江现代化发展以及“晋江经验”，都不能不关注晋江华侨华人与晋江现代化建设的关系。同时，晋江的国际化也在晋江市委、市政府对未来规划中有所体现。2016 年 8 月，晋江市委按照“晋江经验”的内涵，为晋江未来描绘了“国际化创新型品质城市”的新蓝图，即紧紧围绕中央“四个全面”战略布局，坚持发展第一要务，牢固树立、自觉践行“创新、协调、绿色、开放、共享”五大发展理念，以创新转型、跨越发展为主线，全力打造国际化创新型品质城市。晋江作为“晋江经验”的坚定实践者和受益者，更是与时俱进地大力弘扬新时期“晋江经验”，有力地推动晋江向深度国际化迈进。在此过程中，晋江也以实实在在的成绩成效，不断赋予“晋江经验”新的内涵。

第二节　华侨华人在晋江国际化中的作用

一、晋江的华侨传统及其特征

晋江是我国著名的侨乡，先民“习于水斗，便于用舟”，乘槎浮海的历史悠久。据清代东石蔡永蒹《西山杂志》记载，早在隋初，即有东石人林智惠、高逢桢“导舟”远航浡泥（婆罗洲）等地；唐开元、乾符年间，林智惠裔孙林銮、林灵仙等，先后航海经商至浡泥、真腊（柬埔寨）诸国，因其“往来有利……晋海商人竞相率航海”。唐末五代以来，北方战乱，中原人口不断南迁，泉州地区人口增多，人稠地狭，无地少地的农民也日渐增多。因此，宋代晋江人出洋经商、谋生乃至旅外者，屡见于史籍。在对外贸易的过程中，晋江人开始到海外定居，成为晋江早期的华侨。至明清时期，赋役苛重、灾荒，加上土地兼并和战争的影响，晋江人相继出逃外洋谋求生路。自民国初年至 20 世纪 30 年代，社会动荡不安，许多青年因此而远避海外，民众“走土匪”“逃壮丁”成为普遍现象。1923年，金井坑西村居民不堪陈国辉和匪徒的骚扰，全村80%以上被迫出走他乡，不少人则逃往东南亚谋生。同时，还有不少革命志士因避难而出国。中华人民共和国成立后，晋江人大批出国的现象基本告一段落，境外定居以归侨、侨眷出国探亲或继承祖业为主。

晋江的华侨华人有几个特点。一是人数众多，规模大。据1987年侨情普查统计，全县归侨、侨眷人口数为738248人，占全县总人口数（107.45万）的69%。而生活在海外的华侨华人更是众多，晋江县共有海外华侨华人94.45万人，遍布50多个国家和地区，其中又以东南亚各国居多，具体分布为：菲律宾65万人，印度尼西亚9.5万人，新加坡4.5万人，缅甸1.3万人，越南1万人，泰国0.5万人，日本、美国、加拿大、澳大利亚、朝鲜等国共6万多人。其祖籍情况为，菲律宾以龙湖、石狮、深沪、永宁、英林等乡镇为多，新加坡、马来西亚以东石、祥芝、安海等乡镇为多；印度尼西亚则以罗山、安海、磁灶、池店等乡镇较多。[①] 许多村庄整村的人或大部分人在国外。如此大规模在外工作或定居的华侨，是其他地方尤其是“精英国际化”的地区所不具备的。

二是情感认同。历史上，多数晋江人出洋谋生，其眷属都留在家乡。在华侨华人心中，故乡是根。晋江市委原书记刘文儒曾讲了这样一个故事：“我到新加坡国立大学培训十天，教我的老师好几个都是福建人。有个老师说他在新加坡出生，但从他记事起，他爷爷就跟他说他是福建泉州府同安县人。”这说明在外的华侨华人虽经过几代，但依然念着故乡。华侨华人心向祖国，在外勤俭所得，素有辗转汇到家乡赡养亲人和建家置业的传统。而他们回馈家乡的慈善捐赠和建设家乡的投资与贸易也构成了晋江由普通民众带动的“草根国际化”的主要内容。

三是诚实守信，互相支持，形成了很好的社会网络。这在曾经繁荣的安海“侨批业”和海外公会上有所体现。“侨批”记载了老一辈海外侨胞艰难

---

① 晋江市地方志编纂委员会编：《晋江市志》（下），上海三联书店1994年版，第1190页。

的创业史和浓厚的家国情怀，也是中华民族讲信誉、守承诺的重要体现。当年出海华侨与国内家人之间既无邮电往来，又无银行汇兑，沟通十分困难，与国内家人相互联系的渴望，促进了“侨批”这一行业的发展。清同治十年（1871 年），安海海外华侨与洋垵人郑灶伯和郑贞伯兄弟在兴胜境街开设郑顺荣批馆，这是福建省开办最早的民信局之一，也是安海侨批馆发展的开端。“侨批”，其实是闽南的方言，闽南语称“信”为“批”，“侨批”即“华侨的信件”。而“批”又有批量、批次之意，旧时华侨的信件都是一个船期来一次，一个船期来一批，因此“侨批”这个词便成为海外华侨通过海内民间机构汇寄信件、银信等物品这一特殊邮传载体的代名词。经营侨批的民间机构便被称为“侨批局”，或“批馆”。侨批业在安海的繁荣，大大促进了海外华侨与家人之间的联系。海外华侨除了寄钱回家，一旦在海外立足，便谋划着如何“带动亲友”进一步发展。带着这样的文化传承，晋江海外华侨成立了诸多公会，进一步将其共克困难、携手发展、热爱家乡、回馈家乡的“拉、帮、带”精神发扬光大。以安海为例。1948 年，新加坡安海公会成立。1962 年，几经波折的菲律宾安海公会也宣告成立。旅菲华侨、旅新华侨终于正式以公会为平台沟通感情，互相扶持，共谋发展。公会里的乡贤输财出力，不断为家乡捐资捐物。菲律宾安海公会、新加坡安海公会还联合香港安海同乡联谊会，发展会务，合作互助，为安海兴办福利事业作出了重要贡献。[①] 身在海外的晋江华侨华人把原有的社会关系和社会网络移植到了国外，虽然身处国外，但依然属于家乡的社会网络，遵从原有社会网络中的文化和行为规范，是家乡的一员。

回顾晋江华侨情况及其特征可以发现，晋江华侨身上浓厚的故乡情结和拉帮带的传统一直深植在民间社会中，可以说，“晋江经验”扎根于晋江人热爱家乡的乡土信念中。而这种对家乡有着浓厚情感、植根于浓厚熟人社会土壤中的华侨华人群体，再加上庞大的海外华侨华人数量，共同构成了晋江

① 晋江市安海镇归国华侨联合会编：《家山万里共安平：安海华侨及港澳台同胞历史资料》，2021 年编印。

华侨的特征，也成为晋江“草根国际化”必不可少的社会基础，间接促进了晋江经济的腾飞。

二、华侨与晋江慈善：移民慈善回馈家乡

移民“回报”家乡，推动社会发展的实践行为，我们称之为“移民慈善”。[①] 晋江华侨捐资回国历史悠久，也并不是简单地捐款捐物，而是有当地特色的慈善传统。华侨捐资办学的传统从光绪年间一直延续下来，早在光绪五年（1879 年）就资助安海教会创办铸英学堂。至 1949 年，全县（不含鲤城区）已有 201 所小学、4 所中学，其中大部分为私立学校，而私立学校中有 90%是由华侨兴办或资助的。中华人民共和国成立后，海外侨胞对建设家乡教育事业热情更为高涨，至 1959 年，在 10 年左右时间内，晋江华侨华人捐献家乡教育事业的款项达 206 万元，新建、扩建校舍（包括部分国家投资）1064 间，建筑面积 12.4 万平方米。据统计，1950—1987 年，海外华侨华人捐资兴办中、小学及幼儿园的款项分别为 948 万元、5437 万元和 113 万元。全县的侨办侨助中学（包括中等专业学校）共 22 所、侨建幼儿园 26 所，436 所小学除完全侨办者外，均有不同程度的侨汇资助。许多侨办学校还设有奖学金、奖教金。

基础设施建设也是海外华侨华人捐资的重点。据不完全统计，1950—1987 年间，晋江海外华侨华人捐资修桥造路的款项就达到 1711 万元，仅 1987—1988 一年多的时间里，全县各乡镇海外华侨华人捐资修建的乡村公路就有 21 千米，并建有 3 座公路桥，投资总额达 288 万元。到 1988 年，全县已有 127 条公路，通车里程达 706.5 千米。此外，医疗是海外华侨华人关注的另一重点。在 20 世纪初，每逢家乡疫病流行，不少地方的侨胞便购买药品寄回村中施赠。晋江市内的安海医院、英林医院、明玉医院皆为华侨华人捐资修建；同时，众多乡镇卫生院或分院等都不同程度地接受了华侨的捐

① 景燕春：《华人移民慈善的动力机制：以广东侨乡顺德为例》，《华侨华人历史研究》2018 年第 4 期，第 68—75 页。

资、捐赠。

华侨华人还关注文化体育事业，不断捐资创办各种报社、图书馆、戏剧院、体育场等娱乐文化场所，丰富社区文化生活。20 世纪 50 年代末，全县 705 个篮球场有 76%是由华侨捐建的。1979 年以来，海外侨胞又捐建许多体育馆和运动场。至 1985 年，新捐建的田径场 5 个、篮球场 73 个、排球场 55 个、体育馆和游泳池各 1 个。[①] 此外，晋江华侨热心公益事业，安海养生堂（育婴堂）自清代由侨属倪人俊于道光二十四年（1844 年）创立，之后规模不断扩大，屡次接受海外侨胞捐助，收养弃养女婴、孤寡老人数万人。经过代代华侨华人的捐赠、义举等，晋江移民慈善痕迹渗透到人们生活的各个方面。改革开放后，华侨捐赠达到新高潮，自 1991 年以来，侨捐公益事业金额达 199781.88 万元。

华侨华人对晋江的慈善捐赠给经济并不发达的晋江带来了全面的变化，教育、医疗软硬件水平显著提升，村庄小学、乡镇卫生院的硬件条件比很多城市学校、医院都高；人民文化生活丰富，甚至比很多大城市的生活更加“现代”；尤其是基层道路桥梁的建设，各乡村铺筑了石砖路、混凝土路，与其他通车公路形成侨乡交通网络，便利了人民生活，也为发展外向型经济和振兴侨乡经济提供了必要的交通运输条件。特别是，在移民慈善捐赠的带动，以及晋江各级政府的推动下，“不重面子重里子，不讲排场讲慈善”的移风易俗理念，经由海外华商首倡，海内外企业家共商共行，现已逐步成为晋江各地的新风尚。这种华侨捐赠带来的国际化的方式虽然草根，但渗透到人民生活方方面面，给人民的生活和视野带来了全方位的变化。

三、华侨华人与吸收外资和对外贸易

晋江华侨华人对家乡的感情不仅体现在修桥铺路、捐资办学办医上，更体现在带动家乡人民共同致富上。华侨华人在家乡兴办实业振兴家乡的历史

① 晋江市地方志编纂委员会编：《晋江市志》（下），上海三联书店 1994 年版，第 1215 页。

悠久。从清末开始，海外华侨华人就在家乡兴办实业。早在清光绪十五年(1889年)，菲律宾归侨蔡汀就在安海开设联美布庄，之后华侨华人在商业、交通运输业、工矿企业、农垦业、房地产业等领域都有涉及，试图通过实业建设报效国家。中华人民共和国成立以后，在中共中央和人民政府的鼓励、保护海外华侨的正当权益和爱国爱乡热情之下，晋江华侨华人掀起了支援祖国社会主义建设的热潮。他们积极引进侨资外资、技术和设备，开展“三来一补”经济活动，兴办“三资”企业。同时，还热心捐资兴办学校、医院和其他公益事业，为晋江的“四化”建设作出了贡献。

表 6-1　　1949 年前晋江华侨在家乡投资情况表①　　单位：万元

大体分期	投资主要项目	投资金额
1889—1918	典当、信局、金融、海产、棉布等 15 家	42.6290
1919—1927	交通运输业等 8 家	1747.7634
1927—1937	电力工业、纺织业、面粉业、房地产业等	188.9610
1937—1945	商业为主	27.2293
1945—1949	工商业	103.4860

当时正值全球产业转移。20 世纪八九十年代，欧美、日本等发达国家和亚洲“四小龙”等新兴工业化国家和地区将自身不再具有竞争优势的产业向以中国为代表的发展中国家转移。而从 80 年代开始，我国大量承接发达国家和新型工业化国家和地区转移出来的劳动密集型制造业，加速了我国的工业化进程。晋江人抓住这次机遇，广大华侨华人用投资、现金、技术装备和

① 晋江市地方志编纂委员会编：《晋江市志》(下)，上海三联书店 1994 年版，第 1211 页。

管理经验等帮助家乡大力发展经济。在华侨华人的帮助下，晋江深化外经贸体制改革，探索独具侨乡特色的"'三来一补'起步，乡镇企业铺路，'三资'企业上路，成片土地开发迈大步"的外经贸发展之路，努力营造改革开放格局。1979—1987 年，全县侨属办厂达 3325 个，占全县群众集资办厂（5418 个）的 61%，与"三胞"签订"三来一补"合同 1.5 万余份，收取工缴费 2839 万美元；全县经批准的"三资"企业有 101 家，总投资额达 9692 万元，其中利用外资 6792 万元。在海外华侨华人的带动下，晋江加快了利用外资发展生产建设的步伐，从 1981 年晋江批准成立第一家"三资"企业开始，至 1988 年资金引进的第一个高峰点，"三资"企业已达 241 家。1988 年当年批准"三资"企业 140 家，投资总额 35981 万元（按当年兑换美元利率，折合 9672.3 万美元），合同外资 0.72 亿美元。1993 年是晋江市利用外资的第二个高峰。1988—1993 年，晋江利用外资步入高速发展期。在此期间，晋江批准"三资"企业 1471 家，投资总额 19.43 亿美元，合同外资 16.7 亿美元，实际到资 5.69 亿美元。受东南亚金融危机的影响，之后几年晋江新批"三资"企业的数量呈下降趋势。至 2002 年晋江撤县建市 10 周年，全市资金引进工作迎来重大发展机遇。2003 年晋江利用外资迎来了第三个高峰。1994—2003 年是晋江市利用外资的振荡期。在此期间，新批"三资"企业 1944 家，投资总额 49.13 亿美元，合同外资 40.55 亿美元，实际到资 27.4 亿美元。2004 年之后，新批"三资"企业数量呈下降趋势，但是投资总额却稳中有升。2004 年的投资总额 10.24 亿美元，首度突破 10 亿美元大关。2007 年投资总额 12.99 亿美元，项目投资总额和平均水平均达到历史最高水平，实际到资呈稳定上升趋势。从 2004 年的 3.61 亿美元上升至 2007 年的 5.2 亿美元，利用外资质量有了明显提升。1988—2007 年，晋江市累计批准"三资"企业 4125 家，投资总额 112.87 亿美元，合同外资 88.47 亿美元，外商实际到资 50.2 亿美元。[①]

---

① 中共晋江市委党史和地方志研究室编：《晋江市志（1988—2007）》，海峡文艺出版社 2020 年版，第 308 页。

表 6-2　　1982—1988 年晋江“三资”企业情况表[1]

		年份						
项目	计算单位	1982	1983	1984	1985	1986	1987	1988
1. 已批准项目（累计）	个	1	1	17	68	79	101	241
其中：已投产（累计）	个	1	1	8	44	53	60	95
其中：合作企业	个	1	1	5	36	45	51	84
合资企业	个	—	—	2	8	8	9	11
独资企业	个	—	—	—	—	—	—	—
2. 计划总投资（累计）	万元	40	40	1117.48	5769.88	7066.00	9692.38	45673.00
其中：利用外资	万元	30	30	755.82	4164.17	4892.76	6696.74	35322.00
3. 已投产实际产值（累计）	万元	40	40	913.56	1698.29	3423.82	8088.90	17059.50
4. 已投产实际利润（累计）	万元	15	15	167.03	271.33	288.22	547.00	929.00
5. 上缴税金	万元	2	2	45.68	235.21	286.51	452.30	704.00
6. 已安排劳动力	人	15	15	765	2230	3026	4231	9762

表 6-3　　1988—2007 年晋江县（市）利用外资情况表[2]

年份	新批企业数	投资总额（万美元）	合同外资（亿美元）	实际到资（亿美元）
1988	140	9672.3	0.72	0.07
1989	68	3160.7	0.26	0.27
1990	131	5477.7	0.45	0.53

① 晋江市地方志编纂委员会编：《晋江市志》（下），上海三联书店 1994 年版，第 613 页。

② 中共晋江市委党史和地方志研究室编：《晋江市志（1988—2007）》，海峡文艺出版社 2020 年版，第 308—309 页。

续表

年份	新批企业数	投资总额（万美元）	合同外资（亿美元）	实际到资（亿美元）
1991	138	13714.1	1.24	0.88
1992	385	63406	5.42	1.88
1993	609	98911	8.60	2.06
1994	293	44028	3.79	3.98
1995	199	41903	3.53	3.31
1996	235	33763	3.06	3.00
1997	108	42275	3.76	2.90
1998	133	45227	3.34	2.53
1999	90	46115	4.16	1.90
2000	116	45092	3.52	2.12
2001	160	49703	4.36	2.50
2002	218	51007	3.81	2.30
2003	392	92154	7.24	2.85
2004	338	102397	8.02	3.61
2005	159	105962	7.59	3.80
2006	126	104836	7.79	4.51
2007	87	129884	7.80	5.20
合计	4125	1128687.8	88.47	50.20

在外资和华侨贸易的带动下，晋江本地市场和乡镇企业有了长足发展。晋江民营企业发展的第一阶段就是从侨乡“三闲”起步的。改革开放初期，晋江县的农民根据侨乡“闲房多、闲钱多、闲劳动力多”的特点，联户集资兴办乡镇企业，将闲散的资源组合起来形成现实的生产力，促进了当地商品经济的快速发展。“闲房”是华侨华人修在老家的房子，虽然他们人不在此地，但是由于文化传统，还要在家里建一栋房子，这个房子常年闲置，成为发展乡镇企业的绝佳场地；“闲钱”就是指海外华侨华人汇给本地亲属的钱，

也包括海外华侨华人捐赠给本地的钱，让本地企业发展所需要的资金较为充沛；“闲劳动力”是由于晋江存在人多地少的状况，因此农村富余劳动力多，出现了闲散劳动力无法就业的情况。虽然改革开放初期的晋江还算是“前线”，缺乏国家项目的投入和高新技术的支持，但是在拥有充沛的劳动力、资金和场地的条件下，凭着晋江人吃苦耐劳、团结拼搏、爱拼敢赢的精神，晋江的产业建设和市场经济意识迅速发展。晋江县的陈埭镇在1984年产值就突破1亿元，是福建省第一个亿元镇，被誉为“乡镇企业一枝花”。除了“三闲”的作用，华侨华人带来的新鲜观念和见识也给晋江本土企业家很大的启发。陈埭第一家做鞋的企业就是受到作为香港归侨的表姐的启发，从做内衣开始积累了第一桶金，之后转战鞋业市场发展起来，从而带动陈埭镇成为鞋业专业市场。在榜样的带动和激励下，晋江各地纷纷兴办乡镇企业，承接“三来一补”。20世纪90年代初，晋江侨乡已形成3个专业市场：石狮服装市场、陈埭鞋业市场和磁灶陶瓷市场。乡镇企业的发展，不仅解决了县内富余劳力的出路，而且还吸收了外县5万多名劳动力。[①] 发展生产带来的影响是立体式的，遍布整个晋江。各乡镇的建设也有很大发展，不少侨村还集资兴建新街道、楼房和店面，出现不少新的集镇。晋江由过去依靠捐赠为主的消费型的侨乡，转变为依靠“三胞”投资和外资发展生产的生产型的新侨乡。晋江本地生产的产品远销海外，许多侨眷也由过去依靠侨汇为生的消费者变为社会财富的创造者。

就这样，海外华侨华人通过对晋江的捐赠和投资办厂等方式直接推动了晋江的发展，华侨华人给家乡带来的闲置钱物和外部视野同时带动了本地市场和乡镇企业的发展。在改革开放初期，晋江迅速打开了大门，展开了带有草根特色的国际化，普通华侨华人的行动带动了整个地区的经济发展。晋江发挥侨乡和地理条件的优势，形成了以市场经济、外向型经济、股份合作制为主，多种经济成分并存的共同发展的经济格局和运行机制。

---

① 晋江市地方志编纂委员会编：《晋江市志》（下），上海三联书店1994年版，第613、1219页。

四、地方政府的引导与支持

地方政府对普通华侨华人回乡建设提供了大力支持，让他们对投资家乡建设充满热情，从而带动“草根国际化”。

首先，晋江各级政府都极为重视侨务工作。改革开放后，晋江政府颁布各项侨务政策，建立了专职面向侨务工作的组织机构，吸引华侨华人回国居住和投资，大力发展侨乡经济。这在大部分县市级政府是不多见的。晋江政府还极为重视侨联机构的设置，积极引导镇级成立侨联组织。从1979年起，晋江县革命委员会侨乡建设办公室、中共晋江县委进出口领导小组、晋江县进出口办公室、晋江县对外经济贸易委员会等机构先后成立，甚至成立村级侨联组织，专门处理侨务。无论是市级层面，还是乡镇、村级层面，各级领导人员都特别注意发挥海外侨胞的作用，吸引侨胞为改变家乡献策献力。

其次，采取具体措施，优化投资环境，吸引外资的同时，促进本土企业走出去。

第一，营造开放格局。1990年，县委、县政府制定外向型经济规划，组织开展安平、晋南、福埔3个“三资产业区”连片开发的前期准备工作。1992—1995年，以晋南、磁灶、陈埭为专业辐射点，做好企业布局工作，同时实施土地成片开发，为扩大对外交往和对台贸易，投资989万美元开发66.67万平方米荒山荒滩，引进韩国、菲律宾、日本、英国等国家和中国香港地区、中国澳门地区投资项目21项。1996年，加快新项目和在产企业增资、更新进口设备的审批进度。1998年，大规模开展调研活动，探究新形势下对外开放的新路子，邀请专家教授组成课题组，完成了《晋江“二次创业”中对外贸易的战略定位》《晋江鞋业企业的企业管理制度》等专题调研报告，推动全市鞋业发展，带动其他行业逐步走向规范化、国际化。

第二，完善基础设施。通信和交通对于国际、国内贸易交流来说非常重要。1988年，晋江县进一步建设和完善交通、通信、供水、供电等硬环境。至2006年底，全市城乡固定电话交换机总容量50万门，互联网加入用户

10.4 万户，移动电话用户 130 万户，电话（含固定电话、泉灵通、移动电话）普及率 4.6 部/户，成为全省首批“电话市”之一。2007 年建成以晋江市为中心连接长三角、珠三角两大区域的沿海高速公路，形成辐射全市各镇、街道的高等级水泥公路网，外接福厦高速公路、324 国道、308 省道等，市域公路通车里程 1700.6 千米，公路密度以每百平方千米 262 千米的通车里程名列全国前茅。全市拥有围头、深沪、东石、安平四大港区，有 19 个 500～1000 吨级泊位码头。深沪港区成为国家开放口岸，围头港成为国家一类口岸，并开辟 20 多条内贸集装箱班轮航线和至香港国际集装箱班轮航线。晋江机场成为初具规模的航空港，开辟了晋江至北京、上海、广州、深圳、杭州、舟山、成都、香港及马尼拉、日本冲绳等 20 余条航线，客货吞吐量跻身全国通航机场的第 37 位，成为干线机场。

第三，优化投资软环境。1988 年，晋江县外经贸部门出台《外商投资申办程序》，明确规定申办程序、审批机关、办理时限，有效地解决了项目审批效率低、事难办的现象。1996 年，根据《福建省人民政府关于印发福建省涉及外商投资企业行政事业性收费管理办法的通知》及泉州市制定的 12 条实施意见，明确地规范收费审批权限和收费标准，建立集中收费的管理体系，实行一个窗口统一收费，有效杜绝“三乱”现象和以权谋私不良行为的产生。1997 年，晋江市出台《关于进一步改善外商投资环境的决定》，明确有关职能部门的职责权限，规范管理行为，共同做好外资企业的指导、协调、管理、监督和服务工作，促进外资企业健康稳定发展。出台《关于进一步鼓励外商投资的若干规定》，挖掘政策潜力，增创政策比较优势，使对外开放的政策从中央赋予型向地方自我开放型转化。1998 年开始，晋江市加强制度建设，定期召开外商投资企业总经理座谈会和政策说明会，提高行政效率。市外资工作领导小组定期召集政府相关部门领导、部分外商企业总经理，就各个时期外商企业反映较为突出的困难，或国家出台新的政策给外商企业带来的影响等问题，进行座谈和协商，消除疑虑，解决困难。1999 年，建立外商投资企业投诉接待日制度。每逢投诉接待日，市主要领导当场解答、处理外商投诉件，建立交办制度和反馈制度，限期解决问题，并将上个投诉日的投诉件办理情况予以公布，深受外商欢迎。2001 年，建立一条龙服务制度，为外商提供投资项目合同书及有关资信材料，为其项目的所有报批及权证手续进行代理。2003 年，晋江市实行领导现场办公制度，针对企业存在的共性问题和突出难点，有的放矢地开好现场办公会，以点带面、点面结合地解决问题。此后，根据产业布局，有针对性地引进外资，根据《对外招商重点产业目录》，转变招商方式，突出招商实效，努力推动一批与本地传统制造业发展相配套的装备、原辅材料项目落地，纵向延伸完善产业链，优化传统产业生态环境；注重高新技术产业招商，加大电子机械、新型材料、能源等项目招引力度，带动一批与高新企业配套的上游企业入驻，为产业发展提供强力支撑。[①]

第三节　“草根国际化”与企业国际化的融合：本地企业积极“走出去”战略

近年来，晋江市民营经济“走出去”，在海外投资设厂的队伍越来越壮大，晋江商人的足迹遍布东南亚、中东和欧美地区。晋江企业国际化运作的异军突起自然带动了泉州其他县（市、区）企业的跟进，于是我国企业“走出去”出现了一支由民营企业主导的“泉州军团”。截至 2016 年底，泉州市累计备案企业赴境外投资项目 289 个，投资总额 32.6 亿美元；而没有通过商务部门备案的境外投资项目数量超过 1500 个，投资总额超过 80 亿美元。

如果说华侨华人捐赠与投资带动的国际化主要是外部资源向内流动的话，那么晋江本地企业向海外的拓展则是国际化的另一个方面——要素向外流动。在本土企业“走出去”的背后，一方面可以看到本土企业从上到下多年的努力，另一方面依然可以看到华侨华人的身影。这一阶段的国际化是华侨华人带来的“草根国际化”与企业自身的“精英国际化”的融合。

---

① 中共晋江市委党史和地方志研究室编：《晋江市志（1988—2007）》，海峡文艺出版社 2020 年版，第 305—307 页。

一、以本土企业为中心的全面国际化

本土企业国际化经营是产业集群走向成熟的标志，也是晋江集群市场网络从国内向国外延伸的一种表现。经过多年激烈的市场竞争，晋江市鞋服、食品、伞业、建筑陶瓷等绝大多数产业集群生产出来的产品都具有较高的国际或国内市场占有率。尽管这些产品跟国外同类产品相比，普遍处于中低端的位置，但随着后发赶超优势的发挥与技术工艺的升级、企业研发设计能力的提升，以及品牌国际化战略的实施，晋江市产业发展已出现了从中低端向中高端迈进的势头。越来越多的企业开始引进国外人才，并购同行领先企业，收购海外同行知名品牌，到海外布局研发设计中心、市场营销网络和供应链网络，为全面走向国际化做好准备。

（一）人才与办事机构的国际化

企业想要走向国际，须吸引国际高端人才为企业服务。

第一，企业引进高端人才。在晋江，有数以百计的国外设计师受雇于当地的知名企业，如安踏公司与国际知名设计团队签订长期战略合作协议，借力国际设计资源提升设计能力，提高自主创新能力，提高产品的科技含量，同时在海外广泛建立研发设计中心。盼盼公司旗下中高端定位的品牌“梅尼耶”，就来源于给美国五届总统做点心的白宫首席糕点师梅尼耶。

第二，晋江还引进知名设计师开办工作室，服务不同企业。韩国设计师金圭德的设计公司于 2017 年 3 月进驻晋江工业设计园，目前与位于广州的一家生产户外鞋的公司合作，还为美国品牌斯凯奇提供设计服务。他设计的环保鞋不用胶水，可拆卸，内胆可以作为室内鞋，鞋底可重复利用，广受厂家的好评。“这里集中了全球最大的鞋材市场、品牌企业和工厂生产线，所有鞋服类的上下游产品，你在这里都能找到。”金圭德说。[①] 这也是他愿意来到晋江开办工作室的原因。

---

① 张逸之、贺飞：《“中国鞋都”晋江　为世界制造业带来机会》，《经济参考报》2018 年 7 月 13 日第 A05 版。

第三，企业在境外设立办事机构。如三力机车在澳大利亚、长锋服装公司在德国和西班牙、雅坤服装公司在德国设立商务机构；金钕鞋业在南非建立产品加工厂；安踏集团在全球各地设立研发中心，海外雇员超过8000名，是中国企业中拥有外籍员工最多的企业之一。

（二）品牌国际化

晋江市委、市政府一贯重视品牌建设，早在1998年便对获得中国驰名商标的企业一次性奖励100万元，对获得世界名牌产品的企业一次性奖励200万元。这种引导对企业建立品牌概念、做大做强品牌起到了一定作用。晋江企业通过收购国外品牌和自主品牌的国际运作实现了企业品牌国际化。

第一，收购国外品牌。晋江的企业兼并一些国际品牌，比如安踏实施“单绩效、多品牌”战略，收购了斐乐、始祖鸟在内的21个品牌，打造国际化的产业。斐乐是1911年成立的意大利品牌。2009年，安踏收购了斐乐在中华区的永久商标运营权，2018年全年流水就突破了百亿元，现在已经占安踏公司业务的65%以上。此举不仅经济收益显著，还在品牌形象上收获甚多。斐乐从2018年到2021年间，4次登陆米兰国际时装周，也是唯一一个登上米兰时装周的运动品牌，成为时尚运动品牌的一个传奇。通过收购品牌，安踏公司建起了面向国际的立体式的品牌架构：“安踏”定位在中低端，“斐乐”定位在中高端，“始祖鸟”定位在高端。其他品牌如乔丹、特步等也通过收购品牌来打造国际化的产业布局。

第二，自主品牌的国际运作。晋江体育运动品牌在奥运等国际赛事上异彩纷呈，让国人引以为豪。安踏从2009年开始，陪伴奥委会一起走过了3届冬奥会和3届夏奥会。2018年平昌冬奥会前夕，国际奥委会主席找到安踏公司为奥委会全体官员紧急定制他们所有的装备。安踏公司用了不到一个月的时间，便高质量地完成了这项不可能完成的任务。最后，巴赫主席穿着安踏的装备出席了平昌冬奥会的开幕式。如今，全球100多位国际奥委会的委员都穿着安踏的装备。安踏也在支持国家队比赛装备方面贡献了力量。他们的专业装备在赛场频繁亮相，扭转了过去国家队的比赛装备主要是国外品牌的印象，让人们看到了越来越多中国自己研发的装备。

（三）技术创新国际化

近年来，晋江企业在强调自主创新的同时，更加注重通过整合和利用国际资源在更高水平推进创新。如恒安、安踏等企业在境外设立设计研发和营销中心，恒安携手IBM、SAP深化管理变革，安踏实施国际化、多品牌并购战略，361°设立海外研发中心，乔丹携手中国服装设计师协会承办运动装备设计大赛，利郎组建国际化研发团队等。他们在开放创新中做大做强自己。

除此之外，政府围绕产业升级和技术创新，在招商引资层面布局。一方面着重引入高新技术产业，集中引入发展电子、集成电路、高端装备和智能制造，努力做到全产业链招商。目前，集成电路方面，坚持龙头带动，配套引进，从芯片设计与制作，到分装测试及后期的应用，整个产业链的企业在晋江已经成型，带动了晋江本土企业高新技术的发展。另一方面，在传统产业领域，虽然产业链完整，从研发、生产到销售整个环节都可以足不出户解决，但一些高端环节有所缺失，需补短板，促升级。比如纺织服装领域，近年来集中引进高端原材料企业和服装设计师工作室，补充了本土企业高端原材料生产技术和设计的短板，也提升了本土企业的竞争力。

（四）外贸手段的新形式

晋江自古就是通商口岸，来自全世界的商人汇聚于此，将外面产品带进来，将中国产品带出去。现在，晋江打造的三大国际展会——中国（晋江）国际鞋业暨国际体育产业博览会、海峡两岸食品交易会、中国家居建材博览会，都是国家级的大型展会，影响都很大。展会为国内外的企业和经销商带来便利，提升了我国企业在国际市场上的知名度。

近年来，随着互联网技术的普及与应用，跨境电商成为新型外贸手段之一。晋江发展外贸新业态，推动外贸商业模式发展，大力引导发展跨境电商、旅游购物等外贸新业态，培育外贸竞争新优势。晋江市顺应“互联网+”

融合发展趋势，加快培育“互联网+”等新经济业态，举办 APEC 电子商务工商联盟论坛，成立晋江跨境电商产业联盟，创建晋江国际陆地港跨境通关服务中心、跨境电商洪山园、龙头企业电商中心等，实现电商交易额达 900 亿元，获得“中国电子商务百佳县”“跨境电商示范县”“省级电子商务示范县”等一系列称号。尤其对于质量上乘、货物种类集中的中小企业来说，跨境电商是难得的发展机会。一个做内衣的企业，2021 年全年在亚马逊平台上销售额达 15 亿元，另一家企业仅凭婴儿背带销售额就达到 4 亿元。跨境电商作为新型贸易业态，为区域经济发展提供了新的动力和空间。

企业“走出去”战略是企业内在的发展需求。随着产业集群走向成熟，晋江市集群市场网络从国内向国外延伸。一方面，大型企业纷纷进行国际化产业布局，提升品质，扩大市场，从人才、品牌、技术、市场等全方位走向国际，面向全世界。另一方面，中小企业也抓住电商发展的机遇，靠上乘的质量和合理的价格占有一定的国际市场，同时也可以通过收购国际品牌来逐步走向国际化。晋江企业的足迹遍布全世界，成为世界市场上重要的竞争力量。除了企业自身走向国际化的动力，广大华侨华人和地方政府也在这一阶段企业主导的国际化中起到重要作用。

二、政企社三方融合：本土企业“走出去”的外在力量

（一）华侨华人在企业国际化中的作用

改革开放以来，旅外侨亲在推动晋江经济社会发展中发挥了重要作用，成为晋江与世界密切联系的纽带和桥梁。在经济发展新常态下，晋江通过凝聚“侨心”“侨智”“侨力”，发挥“侨”的优势，抓住“一带一路”机遇，不断壮大优质“海丝”朋友圈，加强海外侨亲交流与联系，搭建交流合作服务平台，加快企业“走出去”步伐，厚植经贸合作利益。晋江组织有品牌、技术、核心竞争力的企业“走出去”，在异地建设生产基地，参与国际市场竞争。在这个过程中，充分发挥“侨”的优势，利用商会、侨联等社团组织

凝心聚力，特别是发挥华侨华人跨区域社会网络的优势。

第一，在企业国际化的布局中，老牌华侨华人的商会网络充分发挥作用。在区位因素的影响下，东南亚自古就是晋江人出海的首选地区，其中又以菲律宾居多。晋江企业在东南亚布局的过程中，首选在菲律宾、越南、马来西亚建厂。在这个过程中，晋江商会贡献颇大。商会本身由在地商人组成，他们消息灵通，网络丰富，与晋江家乡关系紧密，在东南亚当地亦有广泛的社会网络。还有华侨华人在菲律宾当地建立大型商城，为国内企业生产的商品打入国际市场起到了很大助推作用。在捐款捐物建设家乡之后，商会社团帮助晋江企业在东南亚建厂，以新的方式为家乡做贡献。

第二，除了传统华侨华人居住地之外，近年来一批晋江人来到东欧、罗马尼亚、阿联酋等地，他们中的一些人本身就是企业家，他们的到来对企业“走出去”带动很大。2002 年，晋江市通过华侨商会的牵线，组织 18 家企业到匈牙利亚洲中心考察，与亚洲中心正式签订租赁合同，租赁 1185 平方米建立“晋江街”，全市 9 家企业、22 名企业人员入驻。近年来，晋江还在罗马尼亚建立了商贸中心。

（二）服务型政府的大力支持

“一带一路”倡议提出后，作为海上丝绸之路重要起点城市，晋江市委、市政府坚持以质取胜，提升出口商品附加值，努力增强企业国际市场竞争力，大力营造企业国际化经营环境，推动企业加强品质、技术、管理、营销、文化等方面建设，企业国际化取得初步成效。

首先，打造营商环境，营造开放格局。2002 年之后，晋江市逐渐启动“走出去”战略，以发展开放型经济为主线，坚持“引进来”与“走出去”相结合，逐步完善外经贸支持服务体系。帮助企业加快与世贸组织规则接轨，管理涉外经济活动，强化服务和监管职能，加快外贸体制改革，增强开拓市场、技术创新和品牌经营能力，提升出口竞争力。在帮助企业“走出去”的同时，也努力做好本地大型展会的服务工作。由于本地服装制造、食品等企业的特殊性，订购会和展会必须以线下的方式开展，政府在新冠疫情之下，顶住压力，做好展会的统筹和服务工作，出台了一份晋江市企业订购会新冠疫情防控工作导则，摸索出一套安排企业、场地管控等事前、事中、事后全流程的精准防控体系，为地方政府在新冠疫情时期统筹商务发展与地方公共安全起到了示范作用，展现了地方政府的责任担当，体现了“服务型政府”的真正含义，受到各方企业的好评。

其次，开拓“一带一路”市场，拓展“海丝”经贸合作。在确保传统市场出口份额的同时，抓住“一带一路”建设契机，大力开拓新兴市场。开展“一对一”帮扶活动，针对重点企业“走出去”在政策、资金、风险管控等方面给予支持和帮助。举办对外投资合作培训会，加大政策的宣传力度，增强境外投资企业的安全工作意识，切实维护广大对外投资合作企业的人身财产安全。组织企业参加各种对外投资促进活动，进一步密切与世界各国的合作与交流。“十二五”期间，晋江累计新增境外企业和机构数量 70 家，其中入驻波兰新达中国商品城企业 11 家；先后组织开展海外投资选址调研活动；赴菲律宾、泰国、法国、波兰等国开展经贸交流活动，累计组织 2443 家企业参加国内外 157 个国际知名展会，组织 340 家企业赴境外开展经贸洽谈及市场考察活动。多次在广交会主馆大门外设立“晋江专区”，以“中国运动鞋服制造之都、中国内衣泳装出口基地、中国休闲食品名城、中国伞都——福建晋江”为主题，展示晋江城市、产业、交通、人文形象。

最后，提升城市品牌和基础设施水平。2016 年，晋江市委、市政府提出“国际化创新型品质城市建设”的目标，实现了城市功能、品质的提升和基础设施的完善。构建了泉州晋江国际机场、国际陆地港、邮件互换局等一批国际化平台；积极筹办第 18 届世界中学生运动会，成功举办了国际马拉松、世界三大台球巡回赛、大企业足球世界杯等国际赛事；加快国际社区、国际学校、国际酒店及国际医院等配套设施的建设；以点串线、以线带面、辐射连片，大力提升城市生态景观、综合交通廊道和公共服务配套，着力建设宜居宜业的品质城市，把晋江打造成一个既有国际特色，又有人文气息的开放型城市。

第四节　结论与讨论

一、晋江国际化的主要特征

在晋江不断迈向国际化的过程中，广大海外华侨华人起到了重要作用。华侨华人把原有的社会文化网络扩展到国际上，把晋江和世界连在一起，使得晋江具有鲜明的开放性。依托于普通民众及其社会文化网络的“草根国际化”，在一定程度上造就了晋江现在的成就和高度，也是后来本土企业“走出去”的精神引领。自下而上的“草根国际化”与国家“一带一路”倡议和地方政府的支持引导结合，成就了现代化的晋江。

近年来，随着我国经济的腾飞和本土企业实力提升，晋江本地企业逐渐开始实施“走出去”战略。这种战略及其成功实践是建立在多年“草根国际化”基础上的选择，是“草根国际化”与企业发展所需要的“精英国际化”相结合，相互学习、相互促进的结果，也是晋江本地的“草根”和“精英”们在国家战略基础上、在地方政府引导和支持下的结果。

晋江的国际化从“草根”普通民众起家，发展到企业主导的高端“精英国际化”，整个过程带有强烈的社会性特征。“请进来”和“走出去”的双向互动，“草根华侨和民众”与“企业精英”的双向互动，形成了晋江国际化的独特图景。

二、面对挑战如何选择

（一）企业国际化与华侨华人“草根国际化”在新时代如何结合

目前，晋江的本土企业在国际市场中面对来自内在和外在的双重困境，一方面需要自身的技术革新和产业升级，以适应越来越严峻的国际化挑战；另一方面，我国企业也需要在已经成熟的国际市场中找到适合自己的定位，与国际社会深度嵌入，另辟蹊径突破现有格局。

在这方面，企业可以在一定程度上依靠广大华侨华人的力量。虽然广大华侨华人在晋江本地的招商中越来越难获得优惠政策，“草根国际化”的势头有所减弱，但是在本土企业走出去的过程中，他们可以起到链接国外当地政府和社会的作用，是本土企业可以依赖的对象。“草根国际化”从在“由外向内”过程中起作用，逐渐转变为在“由内而外”，即本土企业走出去的过程中起作用；本土企业在国际化过程中应与华侨华人相结合，依靠他们对当地政府和社会的熟悉程度，找到自身产品和品牌的定位，更深地嵌入国际市场。

（二）开放是晋江始终不变的本色

晋江一直在依据本地特色发展。这种发展是内生的，是自然而然形成的，不是外力强加的，也是“晋江经验”中所强调的“始终坚持立足本地优势和选择符合自身条件的最佳方式加快经济发展”。晋江本地最大的特色，一是拥有很强的社会文化网络，二就是开放。从古至今，晋江一直保持着与海外的联系，即使在明清时期闭关锁国的政策之下，依然如此。这种由地理位置导致的物理性的开放，带来了晋江人开放的心态和开放的做法。晋江人对外来事物兼容并包，吸收境外先进经验和方法，学习消化外部优势，在学习中提升能力，创造新的、本土化的现代化机制，并以此为契机加快自身经济发展。

晋江国际化发展历程中，开放与本土化之间有着深刻的内在联系。开放可以促进本土的发展，而本土化是走向世界、进一步国际化的内在动力和能力来源。本土化的发展不是闭门造车，而是要与国际化相结合，兼容并包，开放吸收外界先进经验，再形成优秀的本土力量，自信地走出去，引领国际的时代潮流，开启新的篇章。

以开放为底色，晋江政府始终秉持包容的外来人口政策，在外来人员的教育、住房、劳动保护等方面采取了很多实实在在、行之有效的政策和措施，让广大劳动力稳定在晋江，也让晋江成为一个充满活力的城市。随着晋江现代化和国际化的逐步深入，晋江政府也开始着力于吸引和留住更多高端国际化人才，通过采取有针对性的规划和措施，向产业布局急需的人才倾斜，同时建设城市文化娱乐氛围和环境，让国内外、海内外青年人才觉得在晋江的工作和生活有意思、有意义。

第七章

晋江慈善事业新发展与社会治理现代化

在“爱拼敢赢”和“爱拼善赢”的顽强拼搏精神以及互济互助共赢的文化传统影响下的慈善事业发展，是晋江的一大优势，不仅在晋江过去40多年发展中发挥了不可忽视的独特作用，而且对全国县域慈善发展及社会治理现代化和共同富裕都有非常重要的参照意义。

第一节 氛围浓厚的慈善文化传统

晋江历史悠久，文化厚重，从古到今，源于中原的儒家文化与来自海洋的拼搏精神、多元宗教和侨乡风土相结合，孕育了兼爱怀仁、崇德尚义的慈善传统。历代晋江“修德于家，和平恺悌，睦姻任恤，而恩意流溢者”231名，以“积善行德”“豪爽好施”列名其中的就有80人。[①]“见善如饥、赴义如渴，凡郡邑大役以及桥路寺观，恒倾囊倒囷以济，其他怜贫周急，恤孤助丧，皆出于中心之乐从而无所强”的慈善家119名，其中晋江占有50名。[②]

安平桥是中国现存中世纪最长的石桥，坐落于晋江市安海镇与南安市水头镇之间的海湾上，为世界上最长的跨海梁式石桥，素有“天下无桥长此桥”之美誉，为首批全国重点文物保护单位。它俗称五里桥，宋绍兴八年（1138年），安平商人黄护捐钱万缗倡建，僧祖派始建，未就。绍兴二十二年（1152年），泉州郡守赵令衿及黄护之子黄逸续建，功成。

在晋江，不单是家拥巨资者才成为慈善家，许多平民百姓，遇有义举，也竭力以赴。“人多好义，凡邑中兴建大事，及寻常施舍，家非富饶，亦耻为人后”。[③]晋江沿海有三湾十二港，晋江人以海为田，向海而生，富于冒险精神，敢于搏击风浪，懂得敬畏，信奉“为善得福”。建于深沪港口边的百公宫，专放海难者骸骨。此善举始于清乾隆年间，曾有一艘官船遭遇风暴，

---

① （清）吴之鋘、周学曾、尤逊恭等纂修：《道光晋江县志》卷五十二《人物志·笃行》，载上海书店出版社编：《中国地方志集成 福建府县志辑 25 道光晋江县志》，上海书店出版社2000年版，第756页。

② （清）怀荫布、黄任、郭赓武纂修：《乾隆泉州府志》卷六十一《乐善》，载上海书店出版社编：《中国地方志集成 福建府县志辑 24 乾隆泉州府志》，上海书店出版社2000年版，第372页。

③ （清）吴之鋘、周学曾、尤逊恭等纂修：《道光晋江县志》卷七十二《风俗志》，载上海书店出版社编：《中国地方志集成 福建府县志辑 25 道光晋江县志》，上海书店出版社2000年版，第1000页。

沉入深沪湾，深沪渔民组织船队抢救，打捞上来100多具遗体，于是自发建此宫，哀悼逝者。

晋江人在异国他乡，为了谋求生存，组成以血缘、地缘、业缘为基础和纽带的各种社团，守望相助。1729年，印度尼西亚晋江籍华侨倡建印尼养济院；1855年，马来亚晋江籍华侨倡建福建公司；1873年，菲律宾晋江籍华侨倡建华侨善举公所。与此同时，其慈善文化也深深地影响到祖籍地，逐渐形成海内外互相呼应、互帮互助的良好局面。旅菲华侨黄秀烺（1859—1925年），开设炳记银行，曾积极资助孙中山领导辛亥革命，捐巨资修葺泉州西塔。1916年，中华民国大总统黎元洪颁赠嘉禾勋章题褒“热心公益”“急公好义”匾额以赠。[①] 1927年，著名实业救国侨领陈清机及地方人士致力于修路、兴学、扶危济困等慈善活动，并创办晋江首家民众医院——安海民众医院，开“免费医病”之风。1939年，晋江地区疟疾严重，菲律宾华侨捐寄药品援助。1941年太平洋战争爆发后，海外华侨纷纷归国避难，晋江成立侨民紧急救济委员会、紧急救侨委员会、回国侨民临时招待所、归侨接待站等，保护和帮助归国华侨在本地工作、生活。

近些年来，晋江市始终把发展慈善事业、传播慈善文化、普及慈善意识作为提升市民素质的一个重要内容，不断加大对慈善事业的宣传，广泛弘扬慈善之举、慈爱之心、慈善项目，使得慈善理念深入每一位晋江市民心中。在市宣传部门的支持下，慈善总会在每年的晋江市“慈善日”都会以慈善为主题举办形式多样的公益活动。如今，随着慈善文化宣传活动深入开展，晋江慈善理念深入人心，慈善文化内涵不断升华，逐步形成“人人可慈善、个个可参与”的慈善文化氛围，为保障和改善民生和构建和谐社会作出了重要贡献。

第二节　多元共参的现代慈善“主体性”互动

2019年，党的十九届四中全会首次明确提出“重视发挥第三次分配作

① 晋江市地方志编纂委员会编：《晋江市人物志》，上海三联书店1994年版，第56—57页。

用，发展慈善等社会公益事业”。2021 年 8 月 17 日，习近平总书记主持召开中央财经委员会第十次会议时强调，要坚持以人民为中心的发展思想，在高质量发展中促进共同富裕，正确处理效率和公平的关系，构建初次分配、再分配、三次分配协调配套的基础性制度安排。十九届六中全会公报进一步指出，立足新发展阶段、贯彻新发展理念、构建新发展格局、推动高质量发展，全面深化改革开放，促进共同富裕，坚持在发展中保障和改善民生，协同推进人民富裕、国家强盛、中国美丽。第三次分配和公益慈善事业成为收入分配调节、促进共同富裕的重要手段，是国家治理体系和治理能力现代化的重要内容。

目前学界对慈善公益尚缺少统一的概念。一般而言，传统意义上的慈善公益更具有道德意义，主要是对社会中的弱势群体、困难阶层以及特殊群体的社会救济与社会帮扶。慈善主体也主要是社会中的富人阶层，而且具有较强的宗族色彩。现代慈善公益的概念谱系中，公益慈善包含的不仅仅是传统道德意义上的社会捐赠或社会救助，更是一种社会分配方式，其在实施主体层面包括政府、企业、社会组织、社会公众等，对象层面扩展到整个社会群体中。近些年来，晋江市正是秉持这种多元主体的现代慈善逻辑，按照“政府引导，乡贤主导，各方配合，全民参与”的慈善事业发展理念，努力推进慈善事业社会化发展，始终把“人人慈善为人人”贯穿全领域、全过程，着力打造民间慈善事业推动共同富裕的“晋江样本”。

一、政府引导，搭建多元共参新平台

（一）融入城市发展整体战略

2002 年，晋江市以撤县建市 10 周年为契机，成立了以市长为组长、分管副市长为副组长、其他相关部门领导为成员的慈善事业发展领导机构，建立了慈善工作联席会议制度，统筹推动慈善工作。同年，由党政领导、乡贤发起、社会襄助，晋江成立全国首家县级民间慈善机构——晋江市慈善总会。2003 年，市人大常委会审议通过每年的 12 月 18 日为晋江市“慈善日”。

截至 2021 年，慈善总会共募集善款 40.89 亿元。

2012 年，晋江市首次将创建“中国爱心城市”写进市委、市政府工作报告，正式纳入城市发展战略，并坚持以人民为中心作为创建工作的出发点和落脚点。2019 年，利用政府机构改革契机，民政局慈善业务主管科室与登记管理科室合二为一，成立社会组织管理和慈善事业促进科，深入推进职能转变，提升慈善治理工作效能。2021 年的晋江市政府工作报告中强调，要推动公益慈善全面发展，美好生活更有品质，为产业发展、城市繁荣注入源源活水。鼓励企业投身公益事业，支持慈善机构开展“解困、助学、助听、复明、安居”等慈善活动，发挥好第三次分配作用。

（二）助力慈善发展法治化

2016 年 9 月 1 日，《中华人民共和国慈善法》正式实施，中国慈善事业进入法治时代，开启了向现代慈善迈进的新格局。晋江市认真学习、积极制定配套政策措施。2018 年，为贯彻党的十九大关于开展移风易俗、弘扬时代新风行动和完善慈善事业制度的精神，晋江市委、市政府出台《领导干部出席慈善捐赠仪式管理规定》，规范领导干部出席慈善捐赠仪式行为。规定指出，凡慈善捐赠仪式与婚嫁喜庆活动同场举办，并邀请领导干部出席的，领导干部只参加慈善捐赠仪式，不参与其他活动。这在规范领导干部出席慈善捐赠仪式行为的同时，又契合晋江人重面子和社区评价的意义追求，让慈善润物“有声”，引导了公益慈善的风尚，得到社会好评。

具有典型传统文化特点的晋江慈善事业的规范化、法治化、现代化也在一系列慈善发展规划的出台中不断得到推进。晋江市民政局的“十四五”规划中提出，加强《中华人民共和国慈善法》《福建省慈善事业促进办法》的宣传贯彻工作，进一步加强和改进慈善工作，落实慈善事业在税收、土地、金融、教育、表彰、政府购买服务等方面的激励政策，完善慈善事业嘉许回馈制度，做好“中华慈善奖”推荐工作，鼓励社会公众、民营企业积极参与社会公益和慈善事业。

（三）打造慈善公信力

随着慈善事业的快速发展，在监督管理方面的一些问题日益突出，慈善监督管理体制机制仍不完善，缺乏有机统一的部门联动监管体系，民政部门更多的是行政监督，且编制人员不足；财政、审计、税务、新闻媒体和公众的监督不到位，一些慈善机构管理上还存在漏洞，信息公开制度不够健全。针对这些问题，晋江市提出了一系列保障性措施，努力提高慈善工作透明度，增强社会公信力，积极推进慈善事业持续健康发展。

晋江市民政局等有关部门通过每年年度检查、“双随机”抽查、组织开展等级评估、实地走访检查等形式，加强对慈善组织的监督管理。此外，通过“以评促改、以评促建、以评促管、评奖结合”推进社会组织规范化建设。2019 年市慈善总会获评为晋江市 AAAAA 级社会组织。晋江市民政局综合运用晋江市政府门户网站、“晋江民政”微信公众号、晋江市民政局党（政）务公开栏等平台，及时更新民政工作动态及政策动向，定期发布社会救助、社会保障、慈善公益、老区扶贫等工作信息，及时解答群众网上咨询事宜，充分保障群众知情权、参与权、监督权。加强与各级新闻媒体、新闻网站的沟通协调，不定期在报刊等媒体发布民政业务信息，扩大政务公开受众面和影响力。市民政局常年设立社会组织举报投诉电话，专门受理包括慈善组织在内的社会组织乱收费线索等的咨询投诉，接受社会监督。

晋江市积极做好慈善组织公开募捐资格审查认定工作，公布一批具有公开募捐资格的慈善类社会组织名单。组织举办社会组织专题系列培训班，提升社会组织内部治理能力。加强社会组织执法监督，建立社会组织异常名录和社会组织失信黑名单。强调以慈善组织和慈善活动为重点，建立更加完备的慈善综合监管体系，严格执行年度报告和信息公开制度，规范组织慈善公开募捐、保值增值投资等活动，加强慈善活动监督，规范慈善主体行为，保障慈善财产合法使用。畅通慈善领域投诉举报渠道，加强事中事后监管和联合执法工作，推进“依法治善”“依法行善”。

（四）培育现代慈善理念

晋江市委、市政府注重通过开展各级各类公益慈善的评选活动，举办各类专业化主题论坛，不断总结提升“晋江慈善”文化内涵。2004 年晋江市“慈善日”期间举办中华慈善文化（晋江）论坛，来自全国各地的慈善事业领域的专家和学者会聚一堂、畅所欲言，从慈善事业与和谐社会构建、慈善传统与现状、政府与慈善、公司与慈善、慈善组织研究、义工与志愿服务、慈善与法律建设等多个角度探讨了晋江乃至全国的慈善事业的发展现状和对策。[①]

现代慈善理念以民众社会责任意识为基础，而社会责任意识建立在公民对其“身份”的理解上。慈善不应该被看作政府的完全责任，而是每个公民的共同社会责任。为加强慈善先进典型宣传，提升晋江慈善事业的社会影响力与号召力，晋江市正在推进“晋江慈善馆”建设，总建筑面积 754 平方米，重点展示晋江慈善内涵。场馆结合晋江慈善文化与地域特色，是展示晋江慈善文化、传承“晋江经验”的重要基地。

（五）培养慈善专业人才

为了促进慈善发展的专业化和慈善人才的培养，晋江市积极指导从事慈善工作的工作人员提升专业化服务水平，加强慈善事业发展的人才培养和保障，不断优化慈善人才的政策环境，进一步加大社会组织人力资源方面投入。积极举办慈善组织服务能力提升培训班，组织各慈善组织和志愿协会有关人员参加培训，依托高校、研究院所资源，培养具有较强公益慈善相关岗位实操能力，胜任公益机构项目运作、宣传推广、专业服务以及理论研究等工作的应用型、复合型高层次专门人才。

---

① 中共晋江市委宣传部编：《壮阔东方潮　奋进新时代——庆祝改革开放 40 年“晋江经验”大型主题采访报道汇编》，泉文广新出（2018）内书第 18 号。

二、泽被桑梓，华侨慈善特色鲜明

（一）捐助投资，推动现代产业发展

晋江改革开放成就的取得，可谓“始于侨，成于侨”，无论是招商引资、兴办实业、捐资助学、修路铺桥，还是捐建各种公益事业，处处都有侨的身影。“晋江经验”的产生过程证明，晋江籍华侨华人、港澳台同胞是晋江经济发展的独特优势和宝贵财富，侨务工作是关系晋江深化改革、扩大开放、走向世界的重要工作。

改革开放初期，在内资企业搞活的同时，晋江政府充分利用侨乡优势，鼓励企业拓展“三来一补”业务。晋江侨居海外的乡亲，利用当时国家的“海外华侨向国内赠送价值10万元以下的设备可以免税”政策，纷纷向国内赠送生产设备，办起了“三资”企业，走上了外向型经济发展的路子。在这种对外合作方式中，本地企业和人员不需投入任何资金，而产品由外商包销，没有任何市场风险。随着“三来一补”企业的蓬勃发展，晋江籍侨胞对家乡投资的信心大增，而在本地的一些民营企业学到技术和管理知识后，政府又开始不失时机地引导本地民营企业嫁接外资、侨资，兴办中外合资企业。到1991年，晋江县共有“三资”企业518家，总投资额13.5亿元，实际利用外资总额11.56亿元，总产值达8.68亿元。

晋江籍侨亲向来有着情系桑梓、泽恩乡里、慷慨解囊、乐善好施的“侨心”。他们以崇德向善的美德、豪爽大气的行动践行着对家乡晋江的大爱，在不同的历史时期推动慈善事业蓬勃发展，是晋江各项社会事业建设不可磨灭的重要贡献者。改革开放以来，晋江市华侨华人、港澳台同胞捐赠公益事业金额近30亿元，为晋江市的经济发展和家乡的慈善公益事业作出了重要贡献。

（二）恩泽乡里，加强基础设施建设

不管晋江人远离家乡多久、多远，他们始终情系桑梓，热心慈善公益事

业，在许可的条件下，以各种方式回报乡里。安海镇侨史馆有很详细的展示：安海侨批业自清末至社会主义革命和建设时期的近百年发展历程，在沟通华侨华人与祖国联系，推动祖国的革命和建设事业方面，发挥着重大的作用。近年来，华侨慈善开始与公益、乡村振兴、社会治理等领域结合起来，市、镇、村级纷纷设立了慈善（协）会或者公益慈善基金会，开始用专业化的手段做慈善。[①] 时至今日，晋江华侨华人的移民慈善已经进入晋江生活的各个方面，华侨捐赠日益增多，慈善方式开始专业化运作，并向公共治理等议题延伸。

晋江华侨华人具有浓厚的故土情结，在海外创业一有成就便回家乡建筑房产，因而不少传统村落受到“丝路”遗韵影响，形成“蚝壳厝”、中西合璧建筑“番仔楼”，以及西式建筑等景观。针对海外华侨华人爱乡传统和故乡故土情怀，晋江市委、市政府坚持以乡愁为载体，找准发挥华侨资源优势与推动经济社会发展的契合点，引导华侨华人投入教育、医疗等事业以及基础设施建设的慈善行动中。同时，晋江市政府采取归还房屋、恢复名誉、冠名立碑等措施，保障了华侨的利益，加强了他们与家乡的联系，也调动了他们返乡探亲、旅游度假的积极性，激发了他们对家乡公益事业捐赠的热情。比如，金井镇福全村设立“福全古城保护建设基金”，旅外华侨、乡贤累计捐资 1200 万元。

（三）走向世界，促进慈善文化交流

进入新发展阶段，基于共建共治共享发展理念，晋江市委、市政府利用优越的开放发展环境，一方面积极创造条件把外资外企“引进来”，另一方面积极助力本地企业“走出去”。通过广泛联系侨领侨商侨亲、晋江籍社团等活动，涵养新华侨华人、华裔新生代资源，利用世界中学生运动会、“东西方慈善文化论坛”等高端活动在晋江举办契机，发挥晋江市侨乡资源和区位优势，加强跨国家、跨地区灾害救援等慈善领域合作，参与“一带一路”慈善交流，着力将晋江市打造成国内一流、国际领先的慈善枢纽；因

---

① 晋江市安海镇归国华侨联合会编：《家山万里共安平：安海华侨及港澳台同胞历史资料》，2021 年编印。

应新时代全球发展的要求，实现从民族慈善向世界公益的创造性超越，真正成为有能力应对全球挑战、改善全球治理体系、构建人类命运共同体的促进力量。

三、感恩回馈，企业担当助推慈善转型

（一）乡贤引领，传承慈善文化

改革开放以来，晋江企业在“晋江经验”指引下，始终以市场为导向，顽强拼搏，创新发展。“十三五”期间，晋江产值超亿元企业达到1159家，上市公司增至50家，高新技术企业突破400家。在龙头企业的强势带动下，2021年晋江规模以上工业产值突破6900亿元。晋江民营经济的核心企业都是当地发展起来的本土企业，领军人物都是土生土长的民营企业家，控股资本都是以当地为主的民间资本，企业文化都融入晋江人爱拼敢赢、敢为人先的精神特质。

晋江市慈善总会会长许连捷，30年来积极投身社会公益事业，带动家族奉献爱心。在许连捷的推动下，恒安集团赞助各类公益事业累计十几亿元。2007年，许连捷以父亲的名义，捐款1亿元设立许书典先生慈善基金。恒安于2010年企业成立25周年之际，捐款1亿元设立恒安慈善基金。自晋江市慈善总会成立，连任慈善总会会长至今，许连捷身先士卒，多次发动慈善总会全体理事会成员积极参与慈善活动，多次荣获“中华慈善奖”捐赠个人奖及提名，被中国光彩事业促进会授予“光彩事业奖章”，被中共福建省委统战部、省光彩事业促进会、省工商联评为“光彩事业先进个人”。

安踏公司荣誉董事长丁和木，是改革开放初期第一批创业者，自安踏创办以来，丁和木就一直不遗余力地在慈善事业上发光发热。2005年，他上榜中国内地慈善家排行榜榜单；2007年，他捐赠1000万元成立“丁和木慈善基金会”。在2012年12月晋江撤县建市20周年纪念大会上，丁和木再次被授予“中国爱心企业家”称号。2017年，丁和木捐资6000万元在安踏创业旧址上兴建晋江陈埭镇岸兜村和木文化中心。2021年12月18日，安踏集团

创始人家族宣布，将投入价值100亿元的现金及股票，成立“和敏基金会”，未来将投身医疗救助、体育事业、乡村振兴及环境保护四大领域的公益项目，为促进社会进步及共同富裕贡献力量。

福建盼盼食品集团董事长蔡金垵，积极投身社会公益慈善事业。在汶川、玉树大地震及闽西北洪灾等重大自然灾害中，蔡金垵带领盼盼食品集团踊跃捐款捐物数百万元，坚决支持灾区人民灾后重建。2020年抗击新冠疫情期间，盼盼集团向湖北武汉100多家定点医院捐赠超2000万元的抗疫物资；2021年向郑州等水灾严重地区运送100多车次食品和饮料等爱心物资。多年来，蔡金垵与盼盼食品集团还致力于捐助春雨关怀行动、抗震救灾、抗洪抢险、助学助教、见义勇为、扶困敬老、新农村建设等社会公益事业，累计捐资超亿元。

为了大力激发和充分调动民营企业家参与慈善的积极性和主动性，晋江市委、市政府以提升企业家社会责任感为己任，以促进社会公平正义为目标，积极搭建感恩国家、回报社会、参与现代化发展的平台，直接促成企业家集体行善的“晋江现象”。2009年7月，中华慈善总会成立15周年暨中华慈善突出贡献奖表彰大会上，恒安集团、柒牌集团荣获中华慈善突出贡献企业奖，晋江市慈善总会荣获中华慈善先进机构奖，丁和木、洪肇明、丁宗寅、周永伟荣获中华慈善突出贡献人物奖（中华慈善奖）。2013年，福建省慈善总会召开福建省慈善工作表彰大会，晋江市慈善总会许连捷、丁和木荣获“八闽慈善家”称号，蔡金垵等24人荣获“八闽慈善之星”称号，洪时文等73人荣获“慈善贡献奖”称号。2017年，在中国慈善联合会公布的第四届“中国城市公益慈善指数”报告中，晋江位列“中国城市公益慈善政府支持指数”榜首。

（二）群芳竞放，集体行善成风

针对企业家个体的零散慈善行为，晋江市通过建立组织、布局网络和彰扬典型等办法，使之形成风气，直接促成企业家集体行善的“晋江现象”。构建涵盖受助方、政府、媒体、企业利益相关方等多方的公益生态网络，注重基金发展的战略性。引导企业建立企业公益部门、企业高管个人基金会、支持公益领域基金会等一揽子的公益事业集群，通过文化传导、业务互通、平台构建等逐步塑造晋江慈善新生态。有了慈善总会这个平台，晋江民营企业家们踊跃捐款。在晋江慈善总会成立之初，筹集的上亿元善款中有一半以上来自当地民营企业家的捐赠。

越来越多的爱心企业家、爱心人士以实际行动践行社会责任，慈善义举蔚然成风。晋江市先后出台《鼓励民间捐赠慈善事业奖励办法》《晋江市人民政府关于命名表彰慈善事业突出贡献人士的决定》等文件。根据奖励办法，截至 2022 年 5 月，晋江市已拥有 38 名捐赠 1000 万元以上的慈善世家、80 名捐赠 500 万元以上的慈善家和 33 名捐赠 300 万元以上的慈善大使。

在充分发挥晋江市家族企业、民营企业慈善基础良好、氛围活跃优势基础上，晋江市政府引导企业将社会责任与国家战略、慈善发展、全球环境有效结合，集中力量开展行业系统冠名基金的推广工作，促进企业慈善专业化、专门化和网络化。充分发挥企业家在慈善价值观念转型和在公益慈善领域的创新引领，从“先富带动后富”的财富观慈善转向关注社会价值的传导和社会问题的可持续解决。

2017 年 12 月 7 日，由晋江各界青年代表及港澳台、海外晋江籍优秀青年组成的世界晋江青年联谊会（简称世晋青）在中共晋江市委统战部的指导下成立。截至 2021 年 1 月，理事成员分布在 35 个国家和地区，致力于广泛联络世界各国各地区的晋江籍青年，以弘扬中华文化为纽带，增进乡谊，扩大交往，为晋江籍青年在社会各个领域的全面发展发挥积极作用。世晋青一直注重回馈社会、反哺家乡。为更好地开展慈善公益活动，2019 年 9 月，联谊会成立心连心慈善基金会，聚焦世界晋江青年发展、关爱弱势群体，开展奖学奖教、帮扶文化体育。成立仪式现场，基金会向市特殊教育学校、晨露儿童潜能开发培训中心分别捐赠 100 万元，助力特殊儿童、孤独症儿童的健康发展。

（三）守正创新，慈善行动持续长效

针对自发的短期慈善行为，晋江市委、市政府借鉴其他地区的做法，重视增强“造血”功能，探索慈善资金保值增值，做大慈善“蛋糕”。支持发

展慈善创新项目，鼓励企业和个人在慈善组织内通过设立慈善冠名基金、冠名项目开展慈善活动，支持社会各界依法运用慈善信托方式参与慈善活动，鼓励慈善组织依法依规开展保值增值投资活动，引导企业家慈善行为走向常态、长效化。市慈善总会创立至今，逐步建立起一套灵活规范、高效务实的慈善募捐制度，包括日常募捐、定向捐赠、冠名基金、留本捐息等募捐项目。市委、市政府大力支持总会探索慈善资金保值增值的途径，在实行阳光操作、确保资金安全的前提下，经营零风险增值项目。投资兴建仙塔山庄公墓区，销售收入扣除成本后全部投入慈善救助工作；永远荣誉会长陈建福独资捐建“金锭慈善大厦”，出租收入全部用作慈善公益资金。英林心公益慈善基金会首创高效的“一办五组”运行机制，深入挖掘慈善文化内涵，不仅有着利他的爱心，更有着创业创新的激情。基金会积极筹集善款，提供服务，创新平台，为慈善公益和志愿服务事业持续性、常态化发展创立了新机制。这条“政府主动倡导—公众人物发起—引入志愿服务—社会响应参与”的运作路径，避免了传统民间公益由于缺乏常态化运作平台而形成的“点对点”的方式，又“不计投入、但求回报”，注重常态化运作平台自身的造血功能，有助于推动慈善事业的可持续发展。

四、建组织，布网络，慈善组织成体系

（一）全国首家县域慈善总会成立

2002 年 8 月，晋江市成立慈善总会筹备工作小组，并派人前往广东顺德取经，结合晋江的实际，出台《晋江市慈善总会筹备工作方案》，提出工作思路，以“全面发动、各方筹集、重点募捐、自愿捐赠”原则推进各项举措。2002 年 8 月，世界晋江同乡总会年度大会在澳门举办，晋江市领导专门在会上向世界各地晋江社团广泛宣传成立慈善总会的重要性和必要性，获得各界人士的积极响应。同年，晋江市委书记在深圳市召开晋江籍在港代表人士座谈会，通报慈善总会筹备进展情况，乡亲们反应热烈，再次掀起海外募捐的热潮。在此带动下，短短 3 个多月，晋江海外乡亲捐款达

2000多万元。

晋江市慈善总会从建立伊始就有清晰的定位——服务社会的民间团体。晋江党政领导对晋江慈善总会的态度也明确为“只有支持，没有干预”。慈善总会组织机构，既凸显了自主运营的鲜明民间特色，也建立了专业的人事组织与基金管理制度。一方面，组织机构社会参与性强，在478个单位和个人理事中，民营企业家占理事会总人数85.8%。永远荣誉会长、荣誉会长、会长、副会长、常务理事、理事全都是民营企业家，各镇、街道的慈善联络组组长也是民营企业家。与此同时，慈善总会强调“捐赠者也是参与者”理念，让捐赠者介入慈善活动；逢年过节组织热心慈善的民营企业家到受助者家里慰问，让他们在捐赠的同时，更加深度地参与慈善的传播和实践中。

慈善总会把发展慈善事业、传播慈善文化、普及慈善意识作为提升市民素质的一个重要内容，广泛宣传慈善之举、慈爱之心、慈善项目。在市宣传部门的支持下，慈善总会在每一年的晋江市“慈善日”都会以慈善为主题举办形式多样的公益活动。同时，慈善总会从自身做起，自成立第二年起便向全体理事会成员发出移风易俗、婚丧喜庆简办节约、礼金捐献给慈善总会作为善款的倡议。“不办酒席办慈善”已成为让晋江人自豪的风俗。

市慈善总会于2004年9月、2005年8月分别成为中华慈善总会、福建省慈善总会会员单位。截至2021年，晋江市慈善总会募集善款总额达40.89亿元，设立各类慈善基金超260个，累计投入救助资金24.92亿元，惠及新老晋江人约18.3万人次。

（二）市、镇、村、企立体式慈善组织网络

晋江市不断加强慈善组织队伍建设，依法开展慈善组织认定登记工作，并积极协调落实税惠政策。目前，慈善帮扶体系逐步完善，全市认定慈善组织30家，登记慈善协会、教育公益组织134家，基本形成以市慈善总会为龙头的市、镇、村、企多元立体的社会慈善组织网络。2021年，晋江市荣获“中国十大慈善城市”称号，城市公益慈善政府支持指数位列全国第一。

2005年，晋江市在全省首创成立村（社区）“爱心慈善援助站”，并通过

3 年时间实现全覆盖。村级爱心慈善援助站是以“扶贫济困、互助互济”为宗旨，以满足特困群众生活需求为目的，以募集资金和发放物品为主要形式的经常性社会捐助组织。爱心慈善援助站也是政府引导、村居主导、社会协作、人人参与的新型扶贫济困形式，有助于解决贫困群众的实际困难。城乡低保、孤寡老人、失业职工、五保户、失学儿童、残疾人、军属、重病灾户、计生困难户、临时特困家庭等每月凭爱心援助卡领取援助物资。截至 2015 年底，全市村（社区）爱心援助站累计募集资金 8000 多万元，发放援助物资价值 4000 多万元，受益困难群众 30 多万人次，成为一支重要的社会互助力量。爱心援助站的建立，为扶贫帮困、社会救助和慈善工作的长期性、持久性开展夯实了基层慈善救助网络的组织基础，在搭建社会互助体系中发挥了重要作用。

除了政府引领下成立的社会组织，民间自发成立的社会组织也不断涌现，在开展教育、医疗、养老、文体活动和慈善活动等各方面发挥自身的作用。传统的社区社会组织以老年协会为主，而东石镇肖下村的青年中心是一个由村里青年人自发组织成立的社区社团组织，中心以团结互助、励志务实发展、服务敬老为宗旨，在农村广泛开展敬老、助学、扶贫及青少年成长成才培训工作，同时组织成员之间开展联谊、互动交流、学习读书、体育锻炼等活动。

（三）慈善、社工与志愿服务协同发展

近年来，晋江市围绕建设共建共治共享的社会治理格局，大力培育和发展公益慈善类城乡社区服务类和与民生扶持密切相关的社会组织，先后出台了《关于进一步加快推进民办社会工作服务机构发展的实施意见》《晋江市支持引导社会力量参与基层民政服务的若干意见》等文件，从登记注册到资金扶持等方面，对社会组织进行多方位的鼓励和支持。晋江全市登记的社会组织有 1214 家，其中社会团体 877 家，民办非企业单位 320 家，非公募基金会 17 家；备案的社区社会组织 1255 家。社会组织在动员民间公益慈善资源、凝聚城乡居民参与社区治理、提供社区公共服务、开展扶贫济困活动等方面发挥了重要的作用。

晋江以深化全国社会工作人才队伍建设试点为契机，通过政府购买社会工作服务，推动社会工作专业岗位开发，吸纳社会工作专业人才，初步确立了较为完善的社会工作专业人才队伍建设运行机制，不断满足人民群众日益增长的社会服务需求。目前，晋江共有民办社会工作机构 20 家，这些社工机构为社会工作人才发挥作用提供了重要的组织平台。

志愿服务蓬勃发展，已成为慈善领域重要力量。目前，全市共有注册志愿者 264978 人，志愿服务组织和团体 1342 支，社会工作服务机构 21 家，持证社会工作专业人才 1193 人，慈善公益组织 449 个，平均每年活动量近 3000 场次，参与志愿者数 60000 多人次，服务时数达 20 万小时。志愿服务已成为慈善领域重要力量。晋江市政府以推进和拓展公益志愿服务为抓手，充分发挥志愿服务在回应困难群众紧迫需求、参与脱贫攻坚、全面建成小康社会中的重要作用，通过政府购买服务、公益创投、政策奖补等方式，支持志愿者参与社区服务。

五、聚沙成塔，全民慈善

晋江坚持传承兼爱怀仁、崇德尚义的慈善传统，团结凝聚华侨、本土、外来务工者等海内外 500 万晋江人，大力宣传慈善文化，弘扬慈善精神，宣传慈善典型。2003 年设立“慈善日”前后，晋江持续多年举行万人踩街、全民募捐等形式多样的慈善公益活动。通过举办现场宣传、主题讲座、文艺演出、慈善义卖等慈善宣传活动，“公益慈善全民共为、和谐社会全民共创、发展成果全民共享”的理念逐步深入人心，民间慈善文化已成为“晋江经验”的重要组成部分，慈心善行融入晋江城市基因，爱心和善心进一步被激发。

（一）共参共享，不同阶层齐献力量

改革开放和社会转型使我国社会形成了不同的阶层结构，公益慈善事业使不同阶层的利益得到一定的均衡，社会的上层成为慈善公益事业的重要出资者，中间阶层成为公益事业的参与者，社会下层成为慈善建设的受益者，

不同阶层之间实现良性互动。

肖下村的青年中心就是由一些中小企业和专业技术人员组成的以辅助弱势群体开展社区公益为宗旨的新青年组织。晋江市义务救援协会会长张泽虎，身边集结着一群越野爱好者，时刻准备冲上应急救援第一线。2015 年，他牵头创办义务救援协会，救援项目逐渐从单一的车辆施救拓展到城市、水上、野外、小型突发事件应急救援和社区安全培训等领域，成为政府应急管理的一支民间辅助力量。白兰花教师志愿者联盟、晋江青年志愿者驰航服务总队负责人吴宝治，既是教师，又是热心社会活动的志愿者，曾获“全国最美教师志愿者”提名奖。2017 年秋季开学后，她发起创立的白兰花教师志愿者联盟在凤垵等 7 所小学举办自主阅读、美术手工、课业辅导等课后服务项目，先后有 200 多名教师志愿者参与，累计为 3000 多名学生提供无偿服务，缓解了许多家长的后顾之忧。

（二）感恩回馈，受助对象志愿服务

在晋江，慈善受助者也会通过志愿服务的方式成为晋江慈善的重要力量。围头村支部书记洪水平 2018 年借参加旅菲围江同乡会、旅港围江同乡会换届之机，通过向海外乡亲求贤问策，共商共议，创新性地制定了“村连侨、侨帮村”的“围江慈善人”计划。该项目由村两委牵头，招募海内外围头乡亲担任“围江慈善人”，成立围江慈善人爱心委员会，以帮扶因病因灾而陷入困难的家庭为基本宗旨。根据约定，每位“围江慈善人”年认捐扶贫款 5000 元、帮困款 3000 元，采取“一带二”方式各帮扶两个困难家庭。更重要的是，海外乡亲与村委会还共同商定，受捐人在得到捐助的同时，应当主动参与围头村“人居环境整治三年义工行动”，即每个受捐家庭与村委会签订协议，受助扶贫款 5000 元的应参加社区营造、环境卫生保洁、敬老爱幼等义工服务累计 50 小时以上，受助帮困款 3000 元的应参加义工服务 30 小时以上，共同以义工服务回报社会关爱。该项目的实施，使困难家庭在缓解困难的同时又通过义工劳动回馈社会，同时还有助于解决村居事务人手不足的难题，有效加强了海内外围头人之间的互动沟通，形成和谐、互爱、祥和的人居环境与社会氛围，可谓一举多得。

（三）小城大爱，新晋江人更有归属感

爱心，不仅仅针对晋江本地人，还让百万新晋江人也感受到。晋江，用自己的行动为爱心涂满了色彩，用“以民为本”的理念诠释着这份“大爱”的内涵。当最低生活保障制度尚未覆盖外来人口之时，慈善救助和其他党政机关、社会组织开展的救助项目已经将外来人口纳入救助对象。晋江市政府每年投入 500 余万元，为晋江市居民（包括外来务工人员）和住房购买自然灾害公共事业及公众责任险和政策性农房保险，进一步增强群众抵御自然灾害风险能力。2022 年 3 月 27 日，晋江市总工会、工商联、慈善总会联合发出“爱心接力，同心抗疫”关爱新晋江人募捐倡议，对切实存在生活困难的新晋江人给予隔离期间的基本民生物资保障。4 月 15 日，晋江经济开发区管委会联合晋江经济开发区商会（外商投资协会）再次发出倡议，发动广大企业积极参与“爱心接力，同心抗疫”关爱新晋江人募捐活动。截至 4 月底累计募集善款超 1.4 亿元。蓬勃的慈善事业使晋江成为充满爱的城市，在经济发展的同时，互相关爱，互相帮助，让民众有了强烈的归属感和自豪感。

第三节　慈善高质量发展，助力社会治理现代化

党的十九大报告提出，打造共建共治共享的社会治理格局，统筹城乡社会救助体系，完善最低生活保障制度。党的十九届四中全会进一步指出，要统筹完善社会救助、社会福利、慈善事业、优抚安置等制度。当前，我国正处在经济社会发展的重要战略机遇期，慈善事业在参与民生保障、调节收入分配、弥合贫富差距等方面具有不可替代的作用。现代慈善事业已经不再局限于传统的施善救济功能，更呈现包容性和多元性。2016 年《中华人民共和国慈善法》的出台，更是我国慈善事业发展的里程碑。《中华人民共和国慈善法》将我国的慈善活动分为六大类：第一类是扶贫和济困；第二类是扶

老、救孤、恤病、助残和优抚；第三类是救助自然灾害、事故灾难和公共卫生事件等突发事件造成的损害；第四类是促进教育、科学、文化、卫生、体育等事业的发展；第五类是防止防治污染和其他公害，保护和改善生态环境；第六类是符合本法规定的其他公益活动。从法定的慈善活动内容看，我国的慈善事业已经突破传统的扶贫济困，其关注领域更加广泛，科、教、文、卫、环保等领域均为慈善事业关注的焦点，也反映了慈善事业的公益性质。

改革开放锻造了县域经济发展的“晋江经验”，也造就了民间慈善事业的“晋江样本”。晋江始终坚持“慈善救助全民共参、和谐社会全民共创、发展成果全民共享”的理念，以创建爱心城市、打造幸福晋江为抓手，努力推进慈善事业社会化发展，使慈善组织成为公共服务的助手，慈善事业成为社会保障的补充，慈善文化成为文明建设的内涵，为打造共建共治共享的社会治理格局发挥了积极的推动作用。

一、党建引领，强化慈善治理新体系

慈善组织治理体系的建设出现了新的态势，党组织在慈善组织中发挥着重要的引领作用，能够有效引导慈善组织贯彻党的路线方针政策、团结群众、坚守法纪。这对其内部管理和健康发展来说非常重要。

晋江市慈善事业的发展，始终坚持党建引领，特别是慈善公益等社会组织党建工作方面。晋江市社会组织综合党委决定在所属社会组织中实施2019年社会组织“红益链工程”党建活动。依托红益链工程、诚信党建等系列专题活动，发动各社会组织深入社区，将当前各类居民民生服务需求策划成“微民生”服务项目，引导社会组织承接政府职能转移，主动嵌入社区公共事务，推动社区公益服务内容扩展，重视创设品牌化的公益服务项目，成为参与社区公益服务的主力军。

2022年3月，东石镇慈善总会、东石镇东埕村委会、东石中心卫生院三方举行党建共建及“慈善助医”签约活动，定期开展党群工作交流、合作调研，共同夯实组织基础，共建核心文化。同时，卫生院将为东埕村老年人建立健康档案、定制综合诊疗方案，为入院就诊老人提供全程志愿服务，并为有需要的老人开辟先看诊后付费“绿色通道”，给村里老人提供便捷的服务。

二、扶危济困，推进慈善工程助民生

闽南地区慈善事业有着悠久的历史和优良的传统。晋江传统的慈善活动以积德行善为宗旨，施行灾情救济、恤孤怜贫、济危扶急、修桥铺路、兴学助学、建庙立祠等善举，有着鲜明的海洋工商文化特色，以及极强的地缘性和血缘性特征，是现代慈善事业的萌芽。

晋江市将传统慈善文化融入现代社会救助事业，将慈善总会与民生保障工作相呼应，起到官方救助政策的补充作用。市慈善总会创立以来，始终瞄准困难群众最急需的解困、助孤、助学、助行、助听、复明等领域，先后投入慈善资金22.02亿元（占筹募总额的58.85%），帮助31284名困难群众解决生活、就医、住房等难题，扶助19677名学生圆了上学梦，为675名特困残疾人配轮椅、装假肢，帮931名失聪老人和儿童装配助听器，使1442名特困白内障患者重见光明。与此同时，紧密配合新型城镇化进程和政府惠民政策的落实，先后为5572名被征迁困难群众兑现慈善补助，帮1431名被征地低保人员缴纳养老保险，扶持低保对象缴纳城镇医疗保险费用91734人次，为3200个特困家庭购置电视机、安装机顶盒，慰问贫困母亲1400人次，帮助两癌特困妇女664人次，并投入19.32亿元支持老年福利、教育及卫生事业。全市各类慈善组织通过爱心捐赠、志愿服务、结对帮扶等形式，广泛开展扶贫济困、赈灾救孤、扶老助残、助学助医等慈善活动，满足困难群众多样化、多层次的需求。慈善已经成为晋江民生工作的重要补充。

自2013年开始，晋江政府财政和慈善总会共同出资开展“春风计划”，落实以帮就业、帮就医、帮就学、帮安居和扶贫困、扶老幼、扶伤残、扶志气为主要内容的特困家庭“四帮四扶”工程，由市政府出资2000万元、市慈善总会出资1000万元组成专项资金，调动市、镇、村、部门、企业、社会组织“六位一体”的力量，全方位、多渠道、立体式帮扶特困群众。2016年以来，晋江市深化“四帮四扶”精准扶贫模式，创新实施“兜底安居”项目，筹集1.17亿余元资金帮扶1301户困难家庭脱贫解困。进一步提高了城乡低保和特困人员救助标准，晋江市低保标准从 580 元/月提高至 775 元/月，特困人员救助供养标准根据护理形式分别提高至 1182 元/月、1440 元/月及 1698 元/月。在全省率先实行“一站式”即时救助和重特大疾病救助，累计发放医疗救助金 2693 万元，救助 3.17 万人次。投入了 1271.87 万元，救助困难对象达 1.55 万人次。

“晋江市圆爱公益协会”于 2013 年 1 月正式成立，由社会各界爱心人士组成，属于自发、自觉、自律的非营利性民间公益组织。协会在洪明焕等爱心人士的带领下，由最初的 10 多名爱心人士发展到现在的 400 多名会员。2013 年 12 月 5 日正式更名为“晋江青年志愿者协会圆爱服务队”，由民间的公益组织发展成为政府支持的公益组织。协会的善款来自社会各界爱心单位和爱心人士捐赠，协会秉承“爱心公益第一”原则，坚持“义务奉献，送爱到家”的准则，在大泉州范围内，为社会中的弱势群体提供力所能及的援助和帮扶，通过积极开展敬老、助孤、助残、助贫、助学等各种形式的爱心公益活动，充分发挥协会的社会职能，不断汇聚正能量，让爱永续传递。

“慈善 110”志愿服务项目起始于 2013 年年底。起因是晋江市东石镇一位重病患者，他本是家里“顶梁柱”，他突然倒下后，亲人无助、绝望的眼神深深地触动了当时在场的每一个志愿者。以蔡佳芳为主的志愿者决定开展一场爱心舞台演出，募集善款，发动更多的爱心人士一起帮助患者。2014 年 5 月初，“慈善 110”正式开展第一次爱心舞台演出。目前已经做了 100 多场演出活动，筹得款项总额 1000 多万元，帮助了 186 个受助人。群众认为志愿者就像警察一样，成了身边的另一个“守护者”，便亲切地将这个模式称为“慈善 110”。

晋江市“爱心城市”文明实践志愿服务团（简称志愿服务团）是在晋江市委、市政府统一部署下，晋江市民政局联合团市委、市残联、市红十字会、市慈善总会等单位及晋江青年志愿者协会、晋江慈善义工协会、全市 20 多家社工机构等社会志愿服务团体、慈善公益群体组建而成。现有 7 支志愿服务队、649 名志愿者，其中专业社工 285 名，建有居家养老服务站、爱心格子铺、青年志愿服务驿站、流动献血车、村（居）社工站等多个志愿服务站点。志愿服务团以弘扬慈善公益精神为宗旨，致力于开展扶贫助困、扶老助幼、扶危助残及其他慈善公益等志愿服务活动。

三、大爱无疆，推进普惠民生新公益

习近平总书记强调，共同富裕是全体人民的富裕，是人民群众物质生活和精神生活都富裕。民生事业优质均衡发展是实现全体人民共同富裕的基础。改革开放，特别是党的十八大以来，晋江慈善事业与经济发展、社会进步同频共振、相得益彰，已经成为民生保障的重要补充。在扶贫济困等传统慈善项目基础上，晋江市进一步发挥慈善资金在基本民生保障工作中的作用，鼓励通过慈善捐赠、设立社区慈善微基金、培育发展社区慈善组织等方式，引导慈善资金投向医疗卫生、教育发展、养老服务等民生事业短板领域。

晋江市积极吸引更多社会力量和慈善组织参与开展普惠养老服务。长期以来，东石镇党委政府始终将发展老年福利事业作为改善民生、构建和谐社会、打造幸福东石的重要抓手，并将养老服务相关项目列入“为民办实事”项目。东石镇慈善总会助力养老事业发展，按照“公建民营”模式，组建专业化服务团队负责东石镇敬老院运营工作。在镇党委政府的有力支持下，东石镇敬老院在摸索中不断成长完善，各项管理和服务制度更加标准化、规范化，老人和家属满意度不断提升。敬老院也成为“以专业化运营为支撑、以本土化融合为特色、以社会慈善相助力”的本土化、区域性、示范性、兜底性养老机构。

2018 年，由晋江市人民政府主办，晋江市民政局、晋江市慈善总会、人保财险晋江分公司共同承办的老年人长期照护保险项目正式启动。开展老年人长期护理保险工作，为 70 周岁以上的老年人购买意外伤害及长期护理保险，提高全社会对老年人的风险防范能力和意识。协助扩大晋江市长期照护保险覆盖面，鼓励支持养老服务设施提升服务水平与能力，申报长护险定点护理机构，充实定点护理机构队伍，持续做好服务质量监督工作。充分发挥社会救助、社会福利、慈善事业、商业保险有益补充作用，保障不同层面照护需求。

2020 年 7 月，晋江市在全省率先启动长期护理保险试点工作，试点工作开展一年多以来，已组织评估长护险失能申请对象 1343 人，并系统出具评估结果，长护险待遇覆盖人群 800 人。其中，447 人符合重度失能待遇享受标准，353 人符合中度失能试体验享受标准，定点辅具机构为 247 个失能家庭累计配送了 4074 件辅助器具。享受待遇的参保人员不仅失能状况有改善，也大大减轻了家属照护负担。在看到首批长护险试点的成效后，安海镇后林村积极联系村里的慈善基金会，希望能为群众办实事，成为第二批第一个申报参加长护险试点的村（社区）。

晋江市第二医院的发展始终凝聚着海内外晋江人的慈善之心、爱乡之举。2007 年，在海内外乡亲贤达、企业家、社会各界人士的支持下，医院成立了全省首个生命救助发展基金。多年来，该基金在拯救急危重症病人、引进高端医疗资源、人才培养等方面持续发挥着重要作用。2021 年，东石中心卫生院分别与厦门市中医院张建新教授、泉州市第一医院张长青教授签约成立工作站，通过借助高水平医院优势资源，发挥名医名科的“传帮带”作用，切实有效提升卫生院骨科和消化内科医疗服务的能力，造福东石区域群众。

四、移风易俗，引领精神文明新风尚

晋江人有“输人不输阵”的面子情结，又有扶贫济困、乐善好施的优良传统。面对一些“炫富”“夸富”“讲排场”的不良风气，晋江市因势利导，采取多种方式转变大操大办、铺张浪费等陋习，将移风易俗与发展慈善公益事业结合起来，推动移风易俗与公益发展同频共振，努力将“互助共赢”的文化传统发扬光大。

2003 年，晋江市慈善总会向全体理事发出移风易俗、简办节约、捐资行善倡议书，提出“不重面子重里子，不讲排场讲慈善”的口号，鼓励把节约下来的资金用于慈善捐赠，得到广泛认同，企业界积极参与“移风易俗、弘扬时代新风”行动。此外，慈善总会还做好公众人物和统战人士工作，以发倡议书、签承诺函等形式，发动人大代表、政协委员和商会、青年商会会员积极参与、示范带动，使不比排场与热心公益同频共振。市慈善总会更是把助力移风易俗作为社会主义核心价值观落细落小落实的一个重要途径。2016 年以来，磁灶镇 28 个村简办婚丧喜庆节约资金用于支持公益事业、新农村建设、助困扶老累计超过3000万元。龙湖镇仑上村老人洪我界生前一直热心公益事业。2017年，洪我界老人去世，按照他的遗嘱，他的儿子简办丧事，捐出20多万元给村里做公益。“不比排场比慈善”的新文化风尚在晋江市已逐渐形成。

2018年，为贯彻党的十九大精神和开展“移风易俗、弘扬时代新风”行动，加强党风政风和社风民风建设，晋江市委、市政府出台《晋江市移风易俗、弘扬时代新风行动方案》，以“保民俗、破陋俗、改旧俗、树新俗”的理念，将构建良风美俗和涵养慈善公益文明新风结合起来。方案提出把移风易俗作为落实全面从严治党主体责任和加强基层意识形态建设的重要实践，以弘扬共筑美好生活梦想的时代新风为目标，党员、公职人员和工商企业界人士等群体为示范，广大群众为基础，建立“党委（党组）主抓、职能部门主推、基层组织主体”的工作格局，形成“党规政纪与村规民约并举、公共管理与群众自治并重”的共治局面。

2021年，中共晋江市委组织部等8个部门联合出台《进一步加强和规范村规民约（居民公约）工作的实施意见》，常态化组织开展节日慰问、奖优促学慈善关怀活动，依法保障妇女、儿童、老年人等群体正当合法权益，聚焦脱贫攻坚、特殊群体、群众关切，及时发动各方爱心力量帮助解决生活困难问题，依法保障特殊困难群体的正当合法权益。如今，全市399个村（社区）都通过公议、公订、公示制定了移风易俗的村规民约，旗帜鲜明地提倡崇尚勤俭、简办婚丧、乐善好施的新风气。移风易俗激活了社区慈善公益事业机制，越来越多的乡贤将简办婚丧节庆节省下的钱财捐赠给社区慈善公益事业，很多人利用父母生日、子女结婚的时机捐助礼金设立慈善基金，支持社会公益事业发展。通过几年努力，晋江基本破除了时间长、规模大、阵头多和路边丧等丧事陋俗，基本遏制了红白喜事讲排场、比阔气和铺张浪费等不良风气，树立了守法、文明、环保、节约的民俗新风气。

五、命运与共，参与应急响应传爱心

2012年“中国爱心城市”公益活动新闻发布会上，晋江与中华社会救助基金会就承办工作的各项事宜进行签约，并通过中华社会救助基金会向“百万孤老关爱行动”捐赠价值 400 万元的款物，用于帮扶国家重点扶贫地区。在由晋江民营企业爱心公益联盟发起、恒安集团等多家爱心成员企业参与的“捐赠云南鲁甸县茨院乡马厂小学”爱心活动中，晋江市慈善总会捐赠 100 万元为马厂小学援建“晋江爱心楼”。恒安集团在湖北、湖南、广西、福建等老少边穷地区通过投资办厂，安置就业人员上万人，为推动光彩事业、繁荣当地经济做出了贡献。早在 1997 年，面对全国大批国企职工下岗的困境，恒安与共青团中央、全国学联，设立 1000 万元的“中国大学生自强助学金”，帮助贫困家庭学生顺利完成学业。1998 年长江、嫩江、松花江流域特大水灾，2003 年非典，2008 年南方雪灾，恒安都快速反应，第一时间捐款捐物。汶川大地震发生后，恒安也快速反应，积极捐款，并带动晋江企业捐款 2 亿多元。

晋江市积极参与国内外重大突发灾难的捐赠活动。历年来，市慈善总会累计向各重大灾害地区捐赠款物 2.74 亿元。据不完全统计，在 2020 年的新冠疫情期间，市慈善总会接受社会捐赠专项资金 925 万元、物资 2081 万元；英林心慈善基金会接受社会捐赠 1047 万元；红十字会接受社会捐赠 630 万元、募集物资近 185.75 万件（价值约 1141 万元），全部用于新冠疫情防控工作。

感动中国抗震救灾志愿者赖金土，是晋江第一支青年志愿服务队——翔鹰的发起人，也是泉州青年志愿者协会会长，人们都叫他“土哥”。三赴震区参与赈灾、两进西部援建小学，他的经历堪称传奇。他带领的翔鹰志愿服务队先后资助 1600 多名贫困学生，他本人也资助了 6 名贫困子弟。在他的牵线下，内坑镇湖内村与泉州理工学院共建学雷锋志愿服务实践基地，常年开展社区服务活动。多年来，他先后获评中国青年志愿者优秀个人、十大感动中国抗震救灾志愿者、中国扶贫基金会爱心大使、中国好人榜（助人为乐）、感动福建十大人物、十佳美丽晋江人等。

六、慈善兴农，促进乡村振兴

县级城市设立生态慈善基金在全省尚属首例，在全国也是少有。晋江市生态文明公益建设慈善基金宗旨在于支持和捐助晋江范围内的生态文明建设事业。具体包括：支持和资助生态环境防治工程，包括大气、水、土壤、噪声污染防治工程，以及晋江境内生态水域综合整治工程；支持和资助生态环境提升工程，包括生态公园建设、滩涂湿地建设、矿山生态修复、生态农业、环境修复等；支持和资助生态文明建设典型示范项目创建；定向捐赠约定使用的公益性生态文明建设项目资助和开展符合本基金宗旨的其他与生态文明建设相关的项目和活动。

晋江市委、市政府提出高标准打造集现代农业、观光旅游、休闲养生、文化传承、教育实训等于一体的“晋江市九十九溪流域国家级田园综合体”。项目建设总投资 5.25 亿元，其中申请中央财政资金 1.5 亿元；地方配套、统筹整合其他部门财政资金、社会资金、农民合作社及龙头企业自筹资金 3.75 亿元。项目对于保留农村传统风貌及田园风光、完善农村基础设施、挖掘乡村传统文化和宋元时期闽南文化资源都有重要意义；为建设美丽乡村提供了制度保障，为实现农村生产生活生态“三生同步”、一二三产业“三产融合”、农业文化旅游“三位一体”，促进农业高质高效、乡村宜居宜业、农民富裕富足提供了重要引擎；为走向共同富裕提供了道路方向。

英林心基金会集“教育、慈善、强村、敬老、生态”五位一体，积极传播慈善理念，广泛汇聚慈善资源，精心实施公益项目，获得社会各界好评。多年来，基金会打造“环境生态年”、“慈善帮扶季”、“敬老感恩月”、“尊师重教周”、“强村发展日”、足球夏令营、英林心大讲堂等公益慈善品牌活动，累计公益支出 1.37 亿元，受益 4800 多人次。2021 年，该专项基金从公益的角度出发，以“母亲的房子”公益图书馆为核心，在晋江东石镇各村（社区）建设了一批乡村特色公益微图书馆，向社会提供更多的公共文化服务项目。

七、助推社会治理，共建和谐共享新生活

党的十九届五中全会对新时代加强和创新社会治理、打造共建共治共享的社会治理格局作了专门部署要求。慈善和社会工作事业具有促进社会和谐的内在功能，是推进基层社会治理的一支不可或缺的力量。发展慈善和社会

工作事业，有利于践行社会治理理念、提升社会治理能力、提高社会治理水平，对于打造共建共治共享的社会治理格局具有重要意义。善于求新求变的晋江大胆探索，走出了一条独具特色的慈善助推社会治理创新之路，进一步丰富了“晋江经验”的新时代内涵。

慈善事业秉持“互助、共享、博爱”理念，社会工作遵循“以人为本、助人自助”的专业价值观，志愿服务弘扬“奉献、友爱、互助、进步”精神，与党的十九大报告凝练的“共建共治共享”社会治理理念一脉相承、相通相融。充分发挥慈善工作者、社会工作者和志愿者的积极作用，既有助于塑造自尊自信、理性平和的社会心态，又可以让社会治理更温暖、更专业。在晋江，社会组织及其服务已覆盖晋江市全部19个镇街200多个城乡社区。[①] 在社区服务方面，各社区老年协会、慈善协会积极开展居家养老、志愿行动、社区融合、慈善关爱等活动，有效带动了社区居民参与社区服务的热情，为文明社区建设作出了积极的贡献。如今已形成梅青社区“家”文化、梅庭社区“12345”、竹园社区“和谐邻里”等一批典型。它们依托专业社工服务起步早、社会慈善资源丰富的优势，积极推进政府购买服务进社区，打通社会慈善资源参与社区服务的路径。晋江市探索“五社联动”服务机制，以满足人民日益增长的美好生活需要为出发点和落脚点，统筹政府公共服务供给、基层群众邻里自治、社会力量参与共治，构建“党建引领、邻里相亲、互帮互助、和谐友善”的小区治理模式。

从2018年起，晋江便在全国率先推出“平安＋法治＋慈善”理念，由晋江市委政法委牵头各政法单位整合当前各政法部门的相关基金项目，探索设立“平安行公益慈善基金会”，创新慈善载体，丰富慈善内涵，弘扬慈善文化，目前筹集善款超1亿元。基金会成为晋江构建大平安慈善体系的平台载体，主要包括司法公益修复专项基金、智慧政法专项基金、政法人才专项基金、“执行＋慈善”专项基金、“未检＋慈善”专项基金、“警务＋慈善”专项基金等六大项目，用于补助司法案件中利益受损且得不到赔偿的困难群众和特殊群体，帮扶病困和工伤干警，修复生态环境，化解社会矛盾，提升

---

① 中共晋江市委宣传部编：《壮阔东方潮　奋进新时代——庆祝改革开放40年“晋江经验”大型主题采访报道汇编》，泉文广新出（2018）内书第18号。

智慧政法深度应用水平和加强公共安全基础设施建设，培养激励政法队伍专业人才与特殊人才。

2020 年，晋江法院举行执行慈善基金设立暨“一十百千万”帮扶工程启动仪式，在晋江市慈善总会冠名设立“法院执行慈善基金”，通过向百家企业推荐就业对象，帮助生活困难群体获得就业机会，让他们获得持续性、稳定性收入。要想成为帮扶企业，必须要有帮扶实力，能够为帮扶对象提供较为稳定的工作岗位。第一阶段聘请 36 家企业成为“司法帮扶共建单位”。基金对执行阶段发现生活困难的当事人给予资金救助或就业帮扶。资金救助对象仅限于申请执行人。就业帮扶对象可以是申请执行人，也可以是被执行人。通过救助帮扶，原来“执行不能”的小标的额案件可直接实际结案，因执行不能引发的执行信访矛盾也相应减少。

晋江检察院在晋江市平安行公益慈善基金会下发起“未检＋慈善”基金，将帮扶对象聚焦在未成年人上，用于救助因案件遭受侵害且家庭经济较为困难的未成年人群体，如急需支付就医、就学、临时安置、长期心理治疗等情况。基金通过社会力量补充司法救助，提升司法救助的覆盖面和服务内容，更好地帮助遭遇变故的孩子重回正常人生。基金借助晋江成熟的慈善事业平台，构建司法救助与社会救助衔接融合的新型救助机制，开启社会慈善力量参与未成年人司法领域社会治理的新模式。

晋江市公安局“警务＋慈善”项目资金也主要源于平安行公益慈善基金会。为进一步做好司法救助工作，加强“警务＋慈善”项目资金的使用管理，晋江市公安局结合公安机关工作实际，出台《晋江市公安局“警务＋慈善”项目资金使用管理办法》，制定《“警务＋慈善”项目资金救助分类标准》，彰显人文关怀、化解社会矛盾、促进社会和谐。

“平安行公益基金”作为推进晋江市“六治融合”县域社会治理现代化的有力补充，有效助力更高水平平安晋江、法治晋江建设，充分发挥了社会协同、公众参与的作用，打造共建共治共享社会治理格局，真正把“矛盾不上交、平安不出事、服务不缺位”的为民理念贯穿到了社会治理各领域，有助于发动社会各界为家乡平安建设助力，构建和践行行稳致远的“亲清政商”关系，营造共建共治共享的社会参与氛围。

第八章

社会工作人才队伍建设与幸福晋江建设

在构建“幸福晋江”的过程中，加强社会建设，用现代社会服务体系回应新形势下的民生保障和改善之需，需要找到更切实有效的抓手。晋江政府方面和社会各界意识敏锐、敢为人先，在国家重视发展社会工作、建设社会工作人才队伍的大政策背景下，勇于探索尝试，采取各种举措，推进职业化、专业化、本土化社会工作的发展，将社会工作作为现代社会服务体系的有力支撑，取得了明显的成就。随着更加明确围绕“幸福晋江”建设加强社会工作发展，社会工作专业还将在晋江新的现代化征程上发挥更多的功能作用。

随着经济社会的转型发展，晋江的人口、家庭、社区发生了诸多变化。人口构成趋于多样化，外来人口和流动人口增多，异质性增大。家庭在小型化的同时重心下行趋势明显，妇女的“家庭—工作”平衡问题凸显；对许多外来人口家庭来说，伴随的是缺乏大家庭帮助照顾未成年成员而产生的压力。城市化进程导致社区居民结构更加复杂，异质性增强，一些农村“空心化”，传统的基于地缘的共同体处于急剧变动中。另一方面，物质经济条件提升也带来了人们对更好生活的要求，提出了更多样化、个性化的需求。

这些变化有的是在当今中国普遍发生的，有的属于晋江特有的或是在晋江表现得尤为突出。它们提出的挑战就是如何在新形势下保障和改善民生、有效满足一些特定群体和广大人民的美好生活需要。晋江市敏锐地意识到这一挑战，抓住国家政策机遇，发挥晋江精神的优势，创造性地推进现代社会服务体系建设，职业化、专业化、本土化地发展社会工作，探索出在新的条件下回应民生保障与改善需求的道路，在经济发展的同时致力于推动社会建设，建设“幸福晋江”。

第一节　晋江社会工作发展的基本历程和成果

社会工作是一门制度化的助人科学，主要源于19世纪末20世纪初的欧美国家，其在应对转型社会问题、促进幸福社会构建中具有独特的功能与作用。正是基于这样的功能，二战之后发展中国家纷纷效仿欧美建立社会工作制度，以应对国内社会问题、改善社会生活。中国在20世纪初便引入了社会工作，其间虽历经起伏，但随着政府职能转型，社会工作正愈发凸显其专业作用。

如同全国许多地方一样，晋江在民生相关领域，过去仅限于由政府民政部门为少数特殊困难人群（民政救助对象）提供以物质救助为主的帮助，辅以一些群团组织和社区提供的关心慰问。尽管21世纪初国家推动“社会福利社会化”，大力加强社区服务，但面向更多人群，更注重人的服务，更加社会化、专业化、精细化的现代社会服务体系建设并未取得大进展。另一方面，社会现实的诸多变化，使原有做法暴露出许多弊端。例如，2020年晋江常住人口206.2万，流动人口达100多万。这些外来人口和流动人口的家庭若得不到应有的支持以助其更好地应对各种压力，可能导致开放型的现代经济发展受到不利影响。从人口年龄构成看，晋江第七次人口普查时0～14岁人口的比重比“六普”时提高了5.67个百分点，60岁以上人口的比重也上升了3.89个百分点，与此相对的是15～59岁人口下降9.56个百分点。[①] 在这种情况下，儿童青少年和老年人由于可能缺乏很好的照顾和服务，进而导致各种问题，会产生现实的和长远的不利影响。此外，晋江在2020年时有城乡低保、特困人员5783户9910人，也不是一个小数目。这些经济困难家庭、残疾人等虽然得到国家的社会救助保障和慈善帮扶，但在基本生存之外还有其他需求，若得不到有效的照顾和满足，将既影响其获得感、满足感、幸福感的实现，也对经济发展和社会生活造成不利影响。整体上看，随着经济条件改善和物质生活水平的提高，更多普通的社区居民，也需要愈加丰富多彩的文化娱乐生活，满足精神需求和社会参与的需求，但原有的体系已很难满足。

2006年，中共十六届六中全会通过的《中共中央关于构建社会主义和谐社会若干重大问题的决定》，提出“建设宏大的社会工作人才队伍”；强调“造就一支结构合理、素质优良的社会工作人才队伍，是构建社会主义和谐社会的迫切需要”；指出社会工作是社会建设的重要组成部分，体现了社会主义核心价值理念。要遵循专业伦理规范，坚持“助人自助”宗旨，在社会服务、社会管理领域综合运用专业知识、技能和方法，帮助有需要的个人、家庭、群体、组织和社区，整合社会资源，协调社会关系，预防和解决社会问题，恢复和发展社会功能，促进社会和谐的职业活动。同年，民政部、人

① 晋江市统计局：《晋江市第七次全国人口普查公报》，2021年5月。

事部发布了《社会工作者职业水平评价暂行规定》和《助理社会工作师、社会工作师职业水平考试实施办法》。这实质上赋予了社会工作在民生保障等社会建设领域的重要角色作用，开启了社会工作专业化、职业化发展的进程。

在中央的决策部署下，民政部作为具体负责部门开展了一系列推进社会工作发展的工作。2009 年，为进一步探索适合我国国情的社会工作人才队伍建设模式，深入推动各相关领域重视，扎实开展试点工作，民政部发布《关于开展第二批社会工作人才队伍建设试点工作的通知》。晋江市被民政部确定为全国第二批社会工作人才队伍建设试点地区，开启了专业社会工作发展的新篇章。多年来，晋江市将专业社会工作融入改善民生大局，立足实际，积极探索，扎实推进，不断回应社会需求，完善服务模式，全市社会工作取得了一定成效，在助力乡村振兴、参与新冠疫情防控、协同社会治理等方面发挥了积极作用，形成了社会工作发展上独具特色的“晋江经验”。整体而言，晋江市社会工作发展经历了试点探索、全面推进、规范提升 3 个阶段。

一、试点探索期（2008—2010 年）

2008 年，“社会工作师”正式纳入国家职业资格考试，晋江首次报考全国社会工作者职业水平考试 159 人［村务（社区）专职工作者 117 名］，合格 94 人［村务（社区）专职工作者 84 名］，合格率 59.12%，居全省第一，名列全国前茅。2009 年 9 月，晋江市被民政部确定为全国第二批社会工作人才队伍建设 88 个试点地区之一。随后，晋江市民政局组织领导及相关科室人员赴台湾考察社会工作服务开展情况，回来后即邀请厦门大学和集美大学社会工作专业团队入驻晋江开展社会工作试点服务。在省民政厅社工处指导下，厦门大学社工教授带领近 30 名社会工作专业硕士研究生到晋江市的 4 个城市社区、2 个农村社区、1 个民营企业和晋江市疗养院开展了社会工作专业试点工作，内容覆盖特殊人群专项服务、社区建设公共服务、企业文化和企业员工关怀服务等，正式开启了晋江市社会工作专业服务之旅。次年 3 月，晋江出台《社会工作人才队伍建设试点实施方案》，确定集中两年左右的时间，在社区建设、社会福利、社会救助、养老服务、残障康复、司法矫治、就业援助、计生服务、流动人口服务、婚姻家庭服务等领域开展试点工作，普及社会工作知识，推行社会工作方法，探索政府购买公益性岗位的措施和办法，建立社会工作者培训、评价、使用、激励机制，并与高校合作，聘请高校教授为顾问，在9个社区和单位设立社工试点站和社工岗位，开始晋江市社会工作专业化、职业化、本地化的试点探索。

二、全面推进期（2011—2015年）

2011年，在泉州市民政局、晋江市民政局的支持下，晋江市首家民办社会工作服务机构——晋江市致和社工事务所成立，标志着晋江市社会工作发展进入了新局面。2013年，晋江市成为福建省唯一一个被民政部确定为首批企业社会工作试点的地区；同年，全省首家以青少年为服务对象的社工服务机构在晋江市挂牌、首家立足社区面向社会服务的社工机构在梅庭社区成立、首家通过社会工作服务机构孵化基地孵化培育的社工机构成立、首个以心理服务为主的专业社工机构登记。2011年至今，先后有21家民办社会工作服务机构在晋江成立，它们成为晋江社会工作发展的生力军。2014年，晋江市出台了《关于进一步加强社会工作专业人才队伍建设的实施意见》《晋江市社会服务机构社会工作专业人才职位设置及薪酬待遇指导意见（试行）》《晋江市社会工作督导人才选拔培养办法（试行）》《晋江市社会工作督导助理和初级督导选拔实施细则（试行）》《晋江市社会工作督导工作职责手册（试行）》，社会工作发展从“摸着石头过河”走向顶层设计引领下的“建桥铺路”、全面推进阶段。除民政的“社区居家养老服务”“四帮四扶”外，团市委的“青少年服务中心基层工作站”、妇联的“儿童之家四点钟学校”“白兰花家庭驿站”、残联的“残疾人婚恋辅导”等一大批社会工作服务项目应运而生，晋江市逐步建立起市场化的政府购买社会工作服务体系，政府购买社会工作服务由原先的民政局单一购买主体，逐步拓展到组织、政法、教育、团委、妇联、残联等市直单位及各镇（街道）、企业等多元购买主体。2014年，晋江市荣获“全省社会工作服务示范地区”称号。

三、规范提升期（2016 年至今）

2016 年以来，晋江市对 2008 年以来社会工作发展进行全面总结，对规范发展社会工作作出部署，加大对社会工作发展的支持力度，社会工作发展进入规范提升阶段。建成全省首个县级社会组织孵化园、首个县级市级社会工作人才之家等，为社会工作服务机构发展、社会工作从业人员教育培训和实务能力提升提供强有力的阵地保障。这几年出台了《晋江市支持引导社会力量参与基层民政服务的若干意见》《晋江市社会工作专业人才培育扶持若干意见》《关于进一步加快推进民办社会工作服务机构发展的实施意见》《关于推进政府购买社会组织服务的实施意见》《晋江市基层服务社会化项目绩效评估方案（试行）》《晋江市政府购买社会工作服务操作指引》，规范政府购买服务，对购买流程、项目评估、监督机制等关键环节进行全面规范和完善。这些文件统一了项目购买流程，实行统一的项目招标标准，引入第三方评估，形成内部监督、评估监督、财政监督、审计监督以及社会监督相结合的监督体系。同时，推进专业服务素质提升，加大人才培养力度，开展社会工作督导等多个培训培养项目。推动“三社联动”，以社区为平台、居委会为枢纽、社会组织为载体、专业社工人才为骨干，实现社会工作与社区、社会组织一体化联动发展，将社会工作的开展融入社会治理的总体设计中。

经过十几年发展，截至 2020 年，晋江市现持有社会工作职业水平证书者 1360 人，持证人数占泉州地区的 45.5%，每万人拥有专业社工 10.1 个，高于全省 4.4 个；开展社会工作督导人才选拔培养工作，先后选拔了 14 名助理督导、12 名初级督导；有民办社会工作服务机构 21 家，有“福建省优秀社会工作专业人才”3 人、“泉州市优秀社会工作专业人才”13 人、年度“中国优秀社工人物”1 人、“中国十大青年社工领袖人物”1 人、年度“中国百名社工人物”7 人、“中国最美社工”2 人、年度“百强社会工作服务机构”1 家。

可以说，最近 10 年晋江社会工作的发展无论从数量规模还是专业质量来说都十分突出，跟同类地区相比，成就格外醒目。从社工服务机构数来看，一个县级市中拥有20多家机构在全国并不多见；从通过社会工作者职业水平考试取得相关证书的总人数和每万人占比来说，也是非常高的；更涌现出在全国有相当影响的社工个人和服务机构，这是十分了不起的成就。

同时，围绕社会工作的发展，晋江市已朝着构建现代社会服务体系的方向迈出了很大步伐，初步具备了这一新型体系的规模。这一体系从政策规划、行政管理到服务提供基本实现了社会化、专业化和精细化，并且是符合现代社会治理要求的“政社合作”模式，从而能够更有效率地运行，满足新的历史条件下的民生保障和改善需求。

第二节　晋江社会工作体系的构建

建设中国特色社会工作体系是推进中国特色社会主义事业的需要，是新时代推进民生保障、夯实党的执政基础的需要，是创新社会治理、推进共同富裕的需要。2019年，在由中国社会工作学会和中国社会工作教育协会共同举办的“加快中国特色社会工作体系建设”座谈会上，各专家学者总结出：中国特色社会工作体系主要由政策体系、学科体系、话语体系、人才培养体系、实务体系和学术体系等构成。基于我国实践探索中已经逐渐形成的“中国特色社会工作体系”，晋江在近13年的社会工作发展历程中，也逐渐在探索中形成了一套具有晋江本土特色的社会工作体系，主要包含了政策体系、人才体系、服务体系、理论体系、行业支持体系等5个部分，并成为推进晋江本土社会工作发展的“奠基石”。

一、政策体系

中国特色社会工作体系的构建应坚持中国共产党的领导。十几年来，晋江注重顶层设计，为社会工作体系的构建提供了有力的支撑。从2009年纳入全国社会工作人才队伍建设试点地区开始，晋江市党委政府注重从制度层面搭建社会工作人才队伍建设的政策框架，先后出台《关于进一步加强社会工作专业人才队伍建设的实施意见》等“1＋N”个配套制度和行业规范性文件（见表8-1），逐步完善社会工作人才发展政策体系，用政策创制引领带动全市社会工作发展，确保有“章”可循、有“法”可依。

表8-1　2009—2020年晋江市社会工作政策制度文件一览表

序号	文件名称	发布单位	时间
1	晋江市社会工作人才队伍建设试点实施方案	中共晋江市委、晋江市人民政府	2010
2	关于进一步加强社会工作专业人才队伍建设的实施意见	中共晋江市委办公室、晋江市人民政府办公室	2014
3	关于进一步加快推进民办社会工作服务机构发展的实施意见	晋江市人民政府办公室	2016
4	晋江市基层服务社会化项目绩效评估方案（试行）	晋江市人民政府办公室	2016
5	关于推进政府购买社会组织服务的实施意见	晋江市人民政府办公室	2016
6	关于加强非营利组织免税资格认定管理工作的通知	晋江市人民政府办公室	2016
7	晋江市支持引导社会力量参与基层民政服务的若干意见	中共晋江市委、晋江市人民政府	2017
8	晋江市社会工作专业人才培育扶持若干意见	晋江市人民政府办公室	2018
9	晋江市社会工作专业人才星级评定实施方案	晋江市民政局	2018
10	进一步加强政府购买服务监管工作指导意见	晋江市财政局	2019
11	晋江市政府购买社会工作服务操作指引	晋江市民政局	2020

从表8-1可见，晋江市社会工作政策文件主要涉及社会工作服务项目的确定和执行，扶持发展社会工作服务机构和培育社会工作专业人才队伍等。前者是核心，后者是支撑。

二、人才体系

社会工作专业人才是具有一定社会工作专业知识和技能，在社会福利、社会救助、慈善事业、社区建设、婚姻家庭、精神卫生、残障康复、犯罪预防等领域直接提供社会服务的专门人员。为鼓励社会工作者扎根晋江，增强社会工作者成就感和归属感，同时吸引更多优秀社会工作专业人才投身社会工作事业发展，晋江在人才体系构建中进行了开创性的尝试与探索。如2018年晋江市民政局制定的《晋江市社会工作专业人才星级评定实施方案》，正式启动社会工作专业人才星级评定工作。社会工作专业人才星级评定工作，每年度为一个周期，经考评按一星级、二星级和三星级进行认定，经认定的星级社工和星级督导可享受相应的人才补贴，一星级社工、督导分别发放3600元、8500元岗位津贴，二星级社工、督导分别发放6000元、10000元岗位津贴，三星级社工、督导分别发放8500元、12000元岗位津贴。截至2021年，已评定13名星级督导、82名星级社工，发放人才补贴112.28万元。

三、服务体系

适应现代社会运行和幸福生活需要的社会服务体系，应是具有适度普惠性质，并能提供日益专业化、精细化服务的体系。为实现“幸福晋江”目标，晋江市朝着构建这种现代社会服务体系的方向努力迈进，政策体系和人才体系都是为了支撑保障服务的扩展和提升。晋江近十年围绕社会工作的发展历程，对社会服务进行“分层、分类”规划，从“兜底民生保障服务”到“困难群体专项服务”，再到“普惠性社会服务”，不断扩展服务范围以适应人民日益增长的美好生活需要。

（一）兜底民生保障精准化

晋江从2013年起开始注重转变特困群众帮扶方式，变“输血式”帮扶为“造血式”帮扶，启动了以帮就业、帮就学、帮就医、帮安居和扶贫困、扶老幼、扶伤残、扶志气为主要内容的“四帮四扶”工程，调动市、镇、村、部门、企业、社工机构“六位一体”的力量，全方位、多渠道、立体式帮扶特困群众。

据统计，自2013年晋江实施特困家庭“四帮四扶”工程以来，共筹集晋江市财政和社会爱心捐助资金2.48亿余元，共帮扶2192户重点帮扶家庭，其中150个帮扶对象实现就业或自主创业、3909人次得到就学帮助、1097户家庭得到就医帮助、1286户家庭的安居房已建成并搬迁入住。“四帮四扶”工程有效地推进了基本生活救助、专项社会救助与急难社会救助的落实，助力民生保障兜住底、兜准底、兜好底。

（二）困难群体服务专项化

以往民生保障主要是针对贫困人口的基本生活保障，但随着我国经济文化发展水平的不断提高，民生保障的服务对象也将由“生存型贫困”人口转向“生活型贫困”人口。晋江加大政府购买社会工作服务力度，购买了残障康复、妇女家庭、儿童福利、养老服务、青少年成长、司法保护、社区治理、救助帮扶等领域专项社工服务项目，不断完善对社会各类困难群众和弱势群体的保障服务。

晋江市残疾人婚恋辅导服务项目启动于2012年7月，旨在围绕残疾人婚恋观念及需求，为残疾人搭建一个平等互助、注重个人成长的婚恋服务平台，逐步达到提升残疾人自信心、人际交往等素质和能力，以及搭建家庭、朋辈、社区支持网络，实现残疾人与社会的交汇融合。截至2022年3月，该项目已服务残疾人超过3万人次，成功促成46对残疾人喜结连理。基于该项目形成的案例《政府购买残疾人婚恋辅导项目》入编中国残疾人联合会的《政府购买残疾人服务典型案例集》，同时被评为“全国最具影响力社工服务项目”。

晋江市残疾人婚恋辅导服务项目是社会工作介入特定群体民生服务取得明显成效的缩影。它表明晋江的社会服务工作已由过去简单的“物质帮扶”转变为增加了关注人的需求和发展的“精神帮扶”，针对不同类型的困难群众“量身定制”专项社会工作服务，通过社会工作专业的“软服务”为困难群众提供坚实的“硬保障”。

（三）普惠性社会服务品质化

随着经济与社会发展，以及民众生活和社会发展水平的提高，广大群众对社会服务的需求越来越多样化和复杂化。从服务需求方看，既有刚性的需求，如各种满足个人及家庭基本需要的服务需求；也有弹性的需求，如不断提高生活质量和发展能力的服务需求。传统的社会服务方式和手段已无法有效满足这些新的社会服务需求，需要支持引导社会工作力量的参与，完善社会服务体系。因此，晋江通过推进政府购买社会工作服务，发展适度普惠性服务，让民生服务日趋常态化，与居民的日常生活紧密结合，并主要呈现辐射对象广泛化、服务内容多元化的特点。

在建立社会工作服务体系过程中，晋江主要采取岗位购买与项目购买并重的策略，以嵌入方式将社会工作者派驻镇（街道）、村（社区）、民政福利机构等。目前全市购买的社会工作岗位已近百个，项目购买则主要先后在10个社区社会工作服务站、4个白兰花家庭驿站、30个“四点钟学校”、10个青少年综合服务平台、12个基层服务社会化试点社区等引入专业社会工作服务。现如今，晋江政府购买社会工作服务已由原先的民政局单一购买主体，逐步拓展到组织、政法、教育、妇联、残联、团委等市直单位及各镇（街道）、企业等多元购买主体。除推进政府购买服务外，晋江还探索福彩公益金支持社会工作服务项目，先后实施3批次福彩金支持社会组织参与社会服务项目29个，资助金额1866175元。

四、理论体系

社会工作体系的构建除了具体实践，还须不断形成明确的理论，以指引实践更自觉更好地进行。经过十几年的发展，晋江社会工作服务体系已经相对完善和成熟，已覆盖城乡社区建设、青少年成长关怀、婚姻家庭辅导、企业文化建设、特殊困难群众、司法矫正等社会治理服务领域，年均服务可达

10 万人次。在已经有相对成熟的服务体系下，晋江主要通过以下几方面逐步构建社会工作理论体系。

第一，加强高校合作，开展行动研究。如 2019 年，由晋江市妇女联合会、晋江市致和社工事务所、北京社会管理职业学院共同资助项目《新时代　新儿童　新未来——晋江“四点钟学校”社会工作专业化探索》一书正式出版。该书以“晋江市儿童之家四点钟学校”项目为核心和基础，总结提炼了社会工作专业介入“四点钟学校”的有益探索和本土化经验，记录和反映了我国社会工作专业化、职业化、本土化的阶段化发展特点，为新时代我国社会工作的发展奠定了基础和提供了支持。

第二，举办案例比赛，提升理论水平。如 2018 年，为全面展示晋江社会工作服务取得的成果，晋江市民政局开展“社工服务优秀案例”评选活动，面向全市社会工作者征集自 2011 年以来社会工作者介入开展并结案的个案、小组、社区工作、社工项目类典型案例。2020 年，为展示青少年社会工作领域服务成果，共青团晋江市委员会举办晋江首届青少年社会工作实务优秀案例比赛，从合法权益维护、婚恋交友支持、违法犯罪预防、社会融入参与与支持等方面，充分展示了社会工作者的工作成效，同时也帮助社会工作者进一步梳理和总结在服务青少年中的经验做法。

第三，举办会议研讨，升华理论成果。2021 年 12 月，借助晋江市社会工作协会成立契机，晋江市社会工作协会与厦门市湖里区社会工作促进会签订战略合作协议，并成功举办首届“晋江—湖里”社会工作发展论坛，来自全国各地的社会工作领域专家学者分别进行了主旨演讲，为晋江与湖里的社会工作发展提供了新思路。根据战略合作协议，“晋江—湖里”社会工作发展论坛每年轮流举办，旨在共同总结两地社会工作发展经验，互相借鉴优秀社会工作发展成果，共同推动社会工作发展。

五、行业支持体系

社会工作是具有专业性的领域，这意味着不是仅靠政府以行政的方法去推动就能取得良好效果。经过一段时间发展之后的晋江社会工作要迈向一个新的阶段，须更加注重专业化和规范化发展。基于此，晋江十分重视行业组织等社会平台在晋江社会工作体系中的协同作用，注重发展相关组织、建立相应平台，并支持其充分自主运作。

2016年12月，晋江市民政局打造福建省首个县级社会组织孵化园，总面积达3800平方米。园内设置社会组织孵化区、社会组织成果展厅、入驻组织办公区、咨询服务区等，是一个集孵化培育、能力提升、合作交流、创新发展、风采展示于一体的社会组织服务平台。自开园以来，园区吸纳晋江市70％的社会工作服务机构入驻，提供孵化与培育相结合、线上与线下相结合、创新与创业相结合的全方位服务，打造了孵化与培育相结合的本土化社会工作实务和发展模式。

2020年12月，晋江市社会工作协会正式成立。它是由致力于推动晋江市社会工作事业发展的社会工作服务机构共同发起，从事及关注晋江市社会工作行业发展的相关单位和个人自愿组成的公益性社会团体，也是直接为社会工作制度配套的行业管理服务专门机构。晋江市社会工作协会的成立，标志着晋江市社会工作发展迈向一个新阶段，对晋江市推动社会工作行业规范化、专业化、职业化发展具有重要的意义。晋江市社会工作协会成立时，即发展首批会员单位21家、个人会员275名。成立后，协会发布《社工机构建设约章》《社工操守约章》，出台《晋江市社会工作者职业守则（试行）》，有效建立起晋江社会工作行业诚信自律机制。

同时，晋江还建成全省首个县级市一级的社会工作人才之家，围绕“凝聚人才、培育人才、服务人才、创业创新”的宗旨，邀请高校专家学者、行业资深督导前来讲学，发挥社会工作服务机构高层次人才的引领示范作用，举行人才沙龙、学术研讨、朋辈经验分享等专业能力提升活动，为晋江社会工作人才打造一个开放、交流、共享的服务平台。2020年，晋江社会工作人才之家被福建省民政厅确定为首批5个省级社会工作专业人才基地之一。

第三节　社会工作的职业化、专业化、本土化发展

晋江构建社会工作服务体系的努力，是在自觉认识社会工作作为现代社会服务体系重要支撑的基础上进行的。从全世界范围看，社会工作的角色被归纳为以服务提供为核心，同时也涉及政策规划和行政管理的参与。在中国，国家层面也高度肯定社会工作的这些作用，并以职业化、专业化和本土化作为社会工作的发展目标。

晋江的社会工作发展也是抓住了职业化、专业化和本土化这几个重要方向，并以人才队伍建设为关键，采取切实有力的措施推进。这些措施体现了晋江人“爱拼会赢”的创新进取精神，还有“务实”的态度。同时，具体的社工队伍发展中，也充分反映了晋江人重视整合资源为我所用、不断追求达成目标的风格。

一、社会工作的职业化发展

社会工作的职业化在我国目前的体制下，主要采取两种方式。一是在既有的服务体系中嵌入式开发设置岗位，使社工获得相应的职业地位；二是通过发展民办社会工作服务机构，由机构聘用社工，并提供职业位置。在晋江，我们看到两种方式的结合使用，而又以后者为主。这是符合晋江整体上注重民间社会作用、鼓励创新创业的氛围和土壤的。

政府主要是通过购买服务的机制为民办社会工作服务机构的发展提供支持，同时使其融入党政部门和相关组织的工作格局中。2011 年，晋江市民政局率先采用政府购买服务的方式向晋江市首家民办社会工作服务机构购买“晋江市城乡社区居家养老服务社工项目”，将民政局对城乡社区居家养老服务的部分指导和服务职能委托给民办社会工作服务机构承接落实。为了执行好这第一个社工服务购买项目，承接机构组建了一支由“持证社工＋社工专

业实习生”组成的5人服务队伍。这标志着晋江市社会工作职业化之路正式开始。2016年，晋江市政府办公室发布了《关于进一步加快推进民办社会工作服务机构发展的实施意见》，同年出台了《关于推进政府购买社会组织服务的实施意见》。2020年，晋江市民政局又发布了《晋江市政府购买社会工作服务操作指引》。此外，政府办在2016年还发布了《关于加强非营利组织免税资格认定管理工作的通知》，2017年则由晋江市委、市政府出台了《晋江市支持引导社会力量参与基层民政服务的若干意见》，规范畅通了社工服务机构等参与民政工作的渠道。

除了购买服务项目的方式，晋江还采取购买岗位的方式，为社工提供职业岗位。目前，岗位购买主要由民政、团委、妇联等部门通过购买社会工作岗位，以嵌入方式将社会工作者派驻镇（街道）、村（社区）、民政福利机构等。2012年，晋江团市委采用岗位购买的方式向民办社会工作服务机构购买了20个社工岗位，派驻到晋江市19个乡镇街道和经济开发区，在全省范围内率先实现了全市乡镇街道社工全覆盖。目前全市购买的社会工作岗位已近百个。自2012年至今，晋江政府各部门累计投入购买社会工作服务的金额达1.06亿元，若加上通过福利彩票公益金资助服务项目的180多万元，总计投入达约1.1亿元。持证社工已发展到1300多人，民办社会工作服务机构的职业社工已从最开始的5人发展到了340人左右。对于一个县级市来讲，这是笔非常大的投入。

此外，政府还建立了社会服务组织发展的扶持机制。2018年，晋江在全省首个出台《晋江市社会工作专业人才培育扶持若干意见》，进一步加大社会工作服务机构和相关组织的培育扶持力度。对新成立并正常运作一年的民办社会工作服务机构，给予一次性4万元开办补助经费，支持社会工作服务机构初期建设；对民办社会工作服务机构、志愿服务组织等级评估达AAAA、AAAAA级的，分别给予3万元、5万元的奖励。与此配套的是，打造各类服务平台，为社工机构发挥职业作用提供空间。除建立社会组织孵化基地之外，重点打造社区社会工作服务平台。巩固发展基层服务社会化试点和社区社会工作服务站试点工作，先后在300多个村居居家养老服务站、10个社区社会工作服务站、4个白兰花家庭驿站、30个“四点钟学校”、12

个基层服务社会化试点社区引入专业社工服务，通过推进政府购买服务进社区，为社工服务的开展提供基础平台。这些工作，为晋江在短短10年间发展出20多家社工服务机构、成百上千名职业社工提供了有力的支持。

另外，晋江还发挥政社协同作用，积极营造社会工作发展行业氛围，也较有力地促进了社会工作的职业化发展。一是紧紧围绕中心、服务大局，加强对领导干部的社会工作知识普及。连续三年组织市直、镇街、村（社区）有关领导干部赴广东、江苏、浙江等地参观，学习社会工作经验。同时，把社会工作纳入社区主干培训班、新型社区治理研讨班等专题培训课程，大力宣传社会工作在新型城镇化建设、创新社会治理等方面的作用，使社会工作进入党政领导决策视野，提高领导干部对社会工作的认识。二是坚持立足大众、惠及民生，加大社会工作普及宣传。每年以“国际社工日”为契机，开展社会工作主题宣传月活动，综合运用报刊、电视、微信公众平台等各种媒介，开展“优秀社会工作服务案例”征集评选、“环城公益加油跑”活动、星级社工人才表彰、社会工作主题沙龙、巡回宣展等形式各异的宣传展示工作，宣传推进社会工作发展的政策措施，展示社工服务风采、社会工作服务项目等，广泛宣传社会工作价值理念、技术方法、服务项目和服务成效，逐步获得社会认同，提高公众对社会工作的知晓度和认同度，营造良好的社会工作发展氛围和社会环境。

二、社工人才的专业化提升

晋江抓住社工人才的素质提升和能力建设这一重要环节，努力推进社会工作的专业化发展。

2014年，晋江市委办公室、晋江市人民政府办公室印发了《关于进一步加强社会工作专业人才队伍建设的实施意见》，对于社会工作人才队伍的专业化发展作出了相关部署。2018年，晋江市政府在全省率先出台《晋江市社会工作专业人才培育扶持若干意见》，进一步加大社会工作专业人才培育扶持力度。同时，晋江市民政局出台《晋江市社会工作专业人才星级评定实施方案》。这些政策文件充分显示了晋江推动社会工作专业化发展的决心和力度，也体现了晋江人“务实”的特点。

在市委组织部、市人才办等部门支持下，社工专业人才星级评定实施方案完善了星级社会工作专业人才评定细则，确定开展年度星级社工、星级督导培育评选工作，并为星级社工和星级督导发放人才补贴。这一举措很好地起到了鼓励社工扎根晋江、留住优秀人才、助推社工人才成长和社会工作专业化发展的作用。

除此之外，晋江政府有关方面与行业组织和社工服务机构等密切协同，开展了一系列探索，推进社会工作人才提升专业化水平，实现社会工作专业化发展。

一是借智引进。强化“校社”合作，组织赴高校宣讲招聘，与福建医科大学、华侨大学等省内外多所高校共建专业实习基地，丰富“校社”合作模式，引进高校社会工作专业毕业生，先后从深圳、东莞等地引进多名实务经验丰富的优秀社工和专业督导人才，同时选派优秀社工参与省内外开设社会工作的专业院校担任校外合作导师，参与学生的培养和课题研究合作。二是本土转化。通过强化考前辅导培训、加大考证奖励与持证补贴力度等措施，积极动员和鼓励社工机构从业人员、市直部门工作人员、村（社区）“两委”成员和专职工作者参加全国社会工作者职业水平考试，增强社会工作理念，逐步向准社工过渡。三是专业提升。实施社工英才计划，依托市社会组织孵化园、市社会工作人才之家，实施社会工作人才素质提升工程，坚持每月举办社工实务工作坊，每年举办新入职社工基础班、入职一年以上社工实务班、社工机构管理人员及社会工作督导人才培育班，邀请省内外社会工作专家作专题培训，着力提升社工专业素养和实务技能。

三、社会工作本土化发展特色

晋江社会工作的发展也体现出一定的本土化特色。这包括社工发展路径的本地化探索、社工机构运作的可持续化探索，以及社工服务与当地主流工作的密切结合 3 个方面。

（一）社工发展路径的本土化探索

晋江社会工作的发展是从 2009 年纳入全国社会工作人才队伍建设试点地区开始的。在此之前，第一次全国社会工作者职业水平评价考试于 2008 年开始，晋江即取得了省内考取第一批中级证书（社会工作师证）的不俗成绩。在 2010 年左右政府开始支持社工服务机构发展时，这些本土持证人员构成了当地社工机构的重要人力基础。2011 年成立的晋江市第一家社工服务机构——晋江市致和社工事务所的创始人是在外大学毕业回到家乡的本地人。虽然早期晋江开展社工人才队伍建设、举办有关培训等也较多依托厦门等社会工作先发地区乃至全国范围的专业人员支持，但随后政府大力支持本地社工机构的发展，当地持证社工及相关人员也拼搏进取，使得目前晋江的 20 多家社工机构主要负责人都是本地人员，机构社工近 90% 是本地人。2013 年，晋江市致和社工事务所与泉州职业技术大学（原泉州理工学院）联合开办致和社工爱好者协会、致和社工订单培养班、志愿服务基地等，一方面，社工定期走进学校开展社工相关课程的培训和沙龙。另一方面，订单培养班的学生要到致和社工开展为期半年的专业实习。截至目前，已共同培养了近百名订单班的学生。再一方面，通过建立志愿服务基地的方式，定期安排学生到晋江各个社工服务项目开展志愿服务，截至目前已有近千名学生参与社工项目服务。这与全国很多同类地区主要依赖外部机构的情形有明显区别。

（二）社工机构运作的可持续化探索

十几年来，晋江的社工服务机构与政府、企业和其他社会力量保持着良好的互动合作关系，积极探索可持续性的发展路径，这除了有长期以来晋江形成的各方密切关系的因素外，也受到晋江人重视开放交流、善于链接整合资源的传统影响。

一是购买服务主体的多元化。社工机构很注重与政府和社会各方包括企业界的联系与合作，各方一直保持着十分密切的关系，其中有多个部门购买社工服务超过了 10 年，如市民政局购买社工服务项目已 11 年、市残联购买社工服务10年、团市委购买社工服务10年、市妇联购买社工服务10年、市救助管理站购买社工服务11年……这都表明，晋江市政府部门购买社工服务已成为部门和单位内的常态化内容了。除了政府的购买之外，晋江社工机构还积极探索多元的购买途径，如争取上级财政支持、开拓企业和村居自行购买、与慈善组织合作联合提供服务等，形成了一个多元化购买主体的局面。例如，2014年晋江有3家机构获得民政部福利彩票公益金支持社会组织参与社会服务项目，分别是：启航社工服务中心申报的“‘村改居’社区特殊困难老年人居家养老服务支持网络建构项目”、益心社工服务中心申报的“夕阳‘心’家园——晋江市青阳街道孤寡老人社会工作帮扶计划”和致和社工事务所申报的“晋江造乐土·银发享晚年——‘村改居’低保老年人社会工作服务项目”。截至2020年，社工机构每年都争取到多个上级资金支持的项目。2015年开始，晋江多家机构获得福建省兴业慈善基金会的支持。2020年，晋江市民政局发起“百社解千难”社会组织助力精准扶贫行动计划，包括社工机构、慈善组织、社会团体等111个社会组织与44个村（社区）实现结对共建帮扶。2011年，晋江市湖内村委会向晋江市社工机构购买了“湖内村青少年儿童服务项目”，这是福建省首个由企业集资、通过村委会向社工机构购买的项目，也是晋江社工机构首次推动企业和村居自行购买社工服务，对晋江社会工作的发展具有重要意义。

二是业务开拓方式的创新化。为了推动机构的稳步发展，晋江的社工服务机构在业务开拓方式上也不断创新，并且取得了不错的成绩，逐步实现“自我造血”。2014年，晋江市致和社工事务所首次实现“社社合作”，由福建省南平市知行社工服务社向晋江市致和社工事务所购买的督导服务项目正式启动，由致和社工派出资深社工为知行社工提供技术输出的督导服务，将晋江社工的发展经验进行推广。2018年底，为响应民政部《关于做好第二批社会工作服务机构“牵手计划”实施工作的通知》，晋江市致和社工事务所与宁夏六盘善行社会工作服中心成功“牵手”，开启“牵手计划”项目服务。致和社工先后选派6名擅长政策倡导、实务服务、财务管理、机构管理等不同类型的专业社工前往银川市开展“牵手计划”项目工作，从党建引领、人才培养、组织建设、项目服务、成果提炼等方面为六盘善行社工提供支持，助力宁夏的脱贫攻坚工作。实际上，晋江很多社工机构负责人也有企业的“创业”和“经营”思维，在机构运营上既讲求规范，也注重多元灵活。表现在机构的业务上，常常有多元化的路线，包括尝试商业化项目。2019年开始，晋江市部分社工机构主要负责人开始尝试开展社会工作培训业务，通过向单位或个人“低偿收费”的方式保障运作成本。

三是机构运作思路的现代化。虽然晋江社会工作的发展在全省名列前茅，但是相对于其他行业，社会工作的行业年龄、从业人员规模、认可度和影响力都还很有限。为了改变这种现状，晋江多家社工机构采用“抱团取暖”的方式实现“1＋1＞2”的效果。晋江市致和三社共享园就是在这样的背景下诞生的。2020年4月，“社会工作、社会企业、社会创新”致和三社共享园正式投入使用。它是在泉州市民政局、晋江市民政局等单位的支持指导下，由福建省致和社会组织孵化与创新中心、泉州市海西社工事业发展中心、泉州市防灾减灾救灾志愿者协会、泉州市致和人力资源有限公司、晋江市致和社工事务所等单位联合发起创建的共享空间，内设园艺养吧、人才书苑、心语小筑、“天使之爱”导航站、客友空间、创新创业驿站、梦想天台等功能室，致力于为社会组织、社会服务机构、企业及个人提供社会创业辅导、社会企业孵化、社会创新探索等服务，以期在新时代背景下凝聚更多社会力量为政府分忧、为行业服务、为民众解困，助力和谐社会建设。目前的入驻机构包括福建省致和社会组织孵化与创新中心、泉州市海西社工事业发展中心、泉州市防灾减灾救灾志愿者协会、晋江市致和社工事务所、晋江市向阳青少年社工事务所、晋江市益心社工服务中心、晋江市益善社工服务中心等多家社工机构与社会组织。

整体上，晋江的社工服务机构在可持续运作上有更为自觉的探索，一些机构也取得了不错的效果，让社工机构运作的可持续化发展之路越走越稳。

（三）社工服务与当地主流工作密切结合

晋江政府和社工机构在政府购买服务上反应迅速，形成了双方的同频共振。这突出表现在双方都抓住了政府职能转变这一政策走向：政府积极转变职能，购买社会力量服务；社工服务机构积极响应，承接有关职能。

2013年，《国务院办公厅关于政府向社会力量购买服务的指导意见》印发。文件指出，承接政府购买服务的主体包括依法在民政部门登记成立或经国务院批准免予登记的社会组织，以及依法在工商管理或行业主管部门登记成立的企业、机构等社会力量。政府向社会力量购买服务的内容为适合采取市场化方式提供、社会力量能够承担的公共服务，突出公共性和公益性，教育、就业、社保、医疗卫生、住房保障、文化体育及残疾人服务等基本公共服务领域，要逐步加大政府向社会力量购买服务的力度。

晋江市政府积极响应国家政策，逐步确立了市场化的政府购买社会工作服务体系，并使购买主体逐渐从民政部门向外扩展。社会工作服务机构作为社会组织的一个重要类别，在提供基础公共服务方面具有独特的优势和能力，它们积极对接，克服各种困难承担相关项目。政府职能转授、政府购买公共服务等观点的提出和政策的出台，为社会工作服务机构带来了前所未有的发展机遇。重要的更在于，晋江市政府方面和晋江的社会工作服务机构都抓住了这个机遇，也就是社会工作服务契合了晋江主流工作的需要，借此契机逐步兴起和发展，进而达到了后来的成效。

特困家庭“四帮四扶”工程是晋江市委、市政府的重点民生工程。2013年以来，晋江市民政局采取市领导、市直、镇、村、企业、社工等“六位一体”的挂钩帮扶方式，为困难家庭提供帮就业、帮就医、帮就学、帮安居、扶贫困、扶老幼、扶伤残、扶志气等“四帮四扶”服务。2014年至今，社工根据“四帮四扶”工程相关政策，在社会工作“助人自助”理念的指导下，运用社会工作专业方法及技巧，为帮扶家庭提供政策解读、资源链接、子女成长教育、心理疏导、能力提升等预防性、发展性、治疗性专业服务，充分发挥帮扶家庭个体潜能，协助其建立社会支持网络，从而提升帮扶家庭自决自助能力，以实现扶贫困、扶老幼、扶伤残、扶志气的目的。2014—2021年，共建档1995户，开展个案工作361个，在社工的服务介入下，特困家庭的经济压力和心理压力得到缓解，情绪状态得到改善，能力得到提升，100%的家庭在不同程度上得到资金帮扶及社会资源支持。

2013年4月，晋江市委、市政府主动作为，以儿童福利为服务理念，以儿童社会服务为探索，正式启动“晋江市儿童之家四点钟学校”民生项目

（以下简称“儿童之家项目”），晋江市妇女联合会以政府购买公共服务的方式，委托晋江市致和社工事务所具体运作，以外来务工人员及双职工子女为主要服务对象，依托村居、企业、学校开展课业辅导、安全教育、兴趣培养、成长陪伴、亲子关系调适等免费公共服务，逐步促进教育均衡发展、流动人口社会融合，同时也为外来务工人员的稳定性起到积极作用。此项目是福建省首个政府购买专业社工服务来支持的“儿童之家项目”。2014 年，“儿童之家项目”在原有 10 个试点的基础上，增至 15 个试点单位。2017 年，“儿童之家项目”纳入晋江市为民办实事项目。2017 年起连续 4 年每年新增 5 个试点，将项目延伸到新领域，如安踏（中国）有限公司、市直机关、军营等。2021 年，项目进行转型升级，更名为“晋江市妇联儿童之家”，在延续开展周末工作坊和寒暑假令营服务形式的基础上，新增“儿童乐园”“亲子阅读”“家庭教育”等服务板块，实现“以点到面，服务更多儿童”“进阶成长，发展更多儿童”“精准介入，成就更多儿童”的创新亮点，协助政府有关部门改善晋江市儿童发展状况，为晋江市儿童构建拥有全方位保障的幸福生活。

为进一步做好晋江市涉罪未成年人帮教工作，完善晋江市涉罪未成年人帮教服务体系，探索晋江市涉罪未成年人社会治理创新工作模式，2015 年 10 月，晋江市人民检察院采用政府购买服务的方式，委托晋江市向阳青少年社工事务所（向阳社工）执行“用爱护航”晋江市涉罪未成年人社会工作服务项目。该项目是泉州市检察院系统购买的首个司法社工服务项目。它的启动对于泉州市司法社工发展起到了积极的推动作用和示范作用。项目采用一对一个案辅导为主、团体辅导为辅的帮教方式，主要为晋江市人民检察院转介的涉罪未成年人提供“爱相伴”家庭教育提升服务、“心相约”偏差行为矫正服务、“乐相随”价值观重塑服务、“法同行”法律意识提升服务、“情相助”资源链接服务、“情相融”服务对象所思所想等 6 个模块的服务，从涉罪未成年人的身心健康等提供全面性的服务，从而帮助其顺利回归家庭、融入社会。同时，项目将构建“政府＋企业＋机构”“政府＋家庭＋机构”等多种帮教模式，探索符合晋江本土实际情况的帮教模式。

自 2011 年政府购买第一个社工服务到现在，晋江已经实现了成百上千个项目的购买，总购买额达到1.1亿元，服务已覆盖城乡社区建设、青少年成长关怀、婚姻家庭辅导、企业文化建设等社会治理服务领域，年均服务10万多人次，发挥了社工在加强社会治理创新方面的积极作用，也进一步满足了公众对更高质量公共服务的追求。

第四节　社会工作在幸福晋江建设中多元功能的发挥

晋江的社会工作是在当地政府与社会组织协同构建现代社会服务体系以回应新社会条件对民生保障和改善的需求这一主题下发展的。近十年，晋江社会工作的发展与全国同类地区相比，取得了非常突出的成就，也有力地支撑了其现代社会服务体系的建设。这一发展成就可以说是晋江长时间的历史传统和经济社会发展的必然产物。

目前，晋江的社会工作发展已经“溢出”了社会服务领域，不仅仅是作为支撑现代社会服务体系的一个职业和专业，而且开始展现出更多元的功能作用，成为晋江社会中一个具有多方面重要性的存在，更多助力幸福晋江的建设。

社工服务的购买主体已经由前期在民政系统先行先试，逐渐扩展到党委组织部门、政法、公安、司法、教育、卫健、退役军人事务部门、妇联、残联、团委等市直单位及各镇（街道）。这些部门组织对社会工作的投入愈益稳定，包括直接购买岗位的方式嵌入其工作体系。当前，随着社工站及基层社会工作服务体系建设工作的推进，社会工作更获得来自政府的稳定平台、资金等投入作为支撑保障。实际上，这将使社会工作的作用远远不局限于传统的民政服务对象，也不限于群团组织的服务对象，而是将通过在社会服务和社会建设方面的基础作用，更多地贡献于其他国家战略和党政工作。尤为突出的，它开始展现出对社会治理的整体作用，以及在乡村振兴中的作用，进而对经济发展产生积极的影响。

一、对基层社会治理的作用

（一）推动管理体制创新

改革开放以来，社会问题的产生与经济发展和信息进步紧密相关。为适应新时期社会结构、人民生活方式及社会基本矛盾的转变，原本由国家自上而下的管理方式正在转变，社会建设理念也从公共行政走向社会管理进而迈向社会治理的升华。晋江市积极开展基层服务社会化试点、村（社区）基层协商民主建设工作试点和各社区社会工作服务站试点项目，着力推动创新社区治理模式、加大政府购买社会工作服务力度、促进政府职能转变。首先，在于推动社会工作与基层组织的有效联合，通过项目购买与岗位购买的方式，让社会工作者嵌入基层体制中，将治理主体由“一元”向“一核多元”转变，即在以党和政府为核心的统筹引导下，使社区治理由政府唱“独角戏”转变为政府、社区、社会组织、社工和社区居民的“大合唱”，推动城乡社区从“管理”到“治理”观念的根本转变。其次，由“事后整治”向“事前预防”转变，即治标治本，着重治本。社会工作以社会个体需求为导向，坚持助人自助的价值理念，充分考虑服务对象的基本需求和主体地位，综合多学科知识，以科学的技术和方法帮助受助者满足需求、摆脱困境。在引入社会工作力量后，社会工作者通过开展专业调研，全面掌握居民需求，以个案、小组、社区活动等专业方式，将政府服务送到居民手中，增强与居民链接，及时回应居民所需所求，提供更为贴心的服务；同时针对居民出现的情绪困扰、生活纠纷进行个案介入，着重从源头及时处理居民的“小问题”，实现“事前预防”的转变。最后，关爱特殊人群，增强人文关怀，让服务更有温度。在晋江市政府推动下，各部门积极采购社会工作项目，在精神卫生、禁毒戒毒、残障康复、司法矫治、少儿关爱等领域积极开展社会工作专业服务，在特殊人群，如残疾、低保五保、涉罪未成年人等群体方面，开展了“四帮四扶”“残疾人婚恋辅导”“青少年服务中心基层工作站”等社会工作项目，充分践行中央提出的“让全体中国人民共享改革成果”的伟大举措，也让晋江市政府服务充满人文关怀。

（二）实现资源整合利用

我国行政体制改革，对于基层治理能力要求大幅提升，而能否有效整合资源，关乎基层治理水平高低。社会工作能够有效地整合社会资源，深入贯彻推动社会有效机制协同，提升社会的自我治理和自我管理水平。晋江市社会工作者作为资源链接与整合者，在多年实践中充分发挥自身专业优势，不断动员并整合服务辖区中蕴藏的各类资源，形成资源互助网络，实现资源与居民需求相匹配，从而使得资源效益得到最大化利用。主要在于最大限度发掘与利用社区内外的人力与物质资源。进入社区（村）后，社会工作者通过需求调研问卷、入户走访，梳理辖区资源清单，运用需求排序方式，为弱势群体送去最有用的资源，从而有效推动专业资源的合理分配。再者，推动多方参与，盘活社区资源。社会工作者进驻社区后，积极挖掘社区现有和潜在资源，推动成立诸如志愿者协会、慈善协会、文体协会、老年协会和侨联会等社区社会组织，同时结合居民兴趣爱好，组建篮球队、合唱团、广场舞队、太极拳队等各种团体，开展各种文体活动，以此充分调动居民参与积极性，增加居民对社区事务的参与度，也让社区、社工和社会组织都“动”起来。

二、对文化建设的作用

社会工作在提供人群服务的同时，也传递了新的价值观念和行为方式，从而在文化建设方面起到积极作用。

（一）培育社区共同体文化

随着晋江市经济社会的发展和城镇化建设的推进，传统的共同体价值共识逐步淡化，构建社区新型共同体、重塑新的价值共识，成为以满足人民对美好生活的向往为治理目标的新时代的价值诉求。社会工作与社会治理共同体有着“天然的”亲和性，特别是在基层社区中，社会工作者通过组织社区活动，促进居民参与，可以推动构建新型社区文化和邻里精神共同体。

晋江市社会工作者在深入基层社区开展社会工作服务的过程中，发挥社会工作专业优势，以社区需求为导向，以社区文化为纽带，探索社会工作在新型社区共同体构建中的价值和作用。如在青华社区、桥南社区开展“我们的社区记忆”社区印象馆建设与发展服务项目，以挖掘、保护及弘扬拆迁社区本地文化为服务载体，促进拆迁社区本地传统文化与外来新晋文化相互融合，从而促进返迁居民、外来居民对当地传统文化及新社区文化的深入了解与文化重塑。在兰峰社区，开展“为爱随迁·心有所依”来晋老年人社区融入项目，以“社区培力”理论为指导，协助社区发展随迁老人趣缘共同体，在持续地为随迁老人个人及组织进行能力培养和赋权的过程中，改善随迁老人的处境，帮助他们建立新的邻里关系，进而逐步发展出对社区的主体意识和具体的参与行动，从而巩固了随迁老人的归属感。在整体服务过程中，社会工作者不仅创造了随迁老人个体增能与改变的平台，同时通过凝聚和发展社区文化力量，致力于社区治理能力提升和长远发展。

目前，通过积极推进政府购买服务进社区，晋江市已形成梅青社区“家”文化、梅庭社区“12345”、竹园社区“和谐邻里”等一批典型。社工服务在丰富了社区居民文化娱乐生活的同时，倡导积极健康的生活态度，从而提升社区居民的生活品质，有利于打造幸福社区。同时，社工注重挖掘社区本土文化资源，通过社区教育和文化活动提升居民素质，形塑社区“共同体”文化，增强居民的社区意识和参与社区事务的动力，有利于营造具有公共精神价值及行为方式的生活共同体。

（二）倡导社会公益慈善文化

社会工作作为帮助困弱人群的专业服务，不仅直接向服务对象提供服务，还具有社会倡导和链接资源的功能。社会的急剧转型，带来了社会分化、发展不平衡等问题，一些弱者还处于生活困境之中，这不符合共同富裕的要求。社会工作竭诚为困难群体服务的精神和行动可以帮助困难群体解决问题，同时也是向社会宣传和倡导一种互助和助人精神，弘扬人道主义，营造公益慈善文化的良好氛围和环境。社会工作组织通过开展社会工作服务实践，充分整合晋江市社会慈善资源和力量，激发公民、企业和各种社会组织的慈善精神，形成向上向善的良好风气，促进社会和谐，并促进各群体在精神生活上的共同富裕。同时，强化对辖区内公益慈善资源的对接和管理，不断促成资源供需双方高效对接，打造区域内公益服务资源的“物流园”。

三、对经济建设的作用

（一）促进乡村振兴

乡村振兴是我国现代化进程中的重大历史任务，对促进农村社会和谐与发展具有重要的现实意义。社会工作作为一个重要的专业性实践，与乡村振兴战略总体目标具有内在契合性。晋江市通过政府购买社会工作服务项目的方式，在乡镇地区引入社会工作服务，为社会工作参与乡村振兴提供了重要契机。如在紫帽镇紫星村开展基层服务社会化试点项目，借助专业社工机构的力量，扎根农村，挖掘农村自身力量，培育、激发村民志愿者积极参与基层公共服务管理的意愿；在金井镇围头村开展“围头村社会工作服务站”“四点钟学校”项目，针对“三留守”群体，通过个案、小组、社区等工作方法解决其面临的困境，促进和谐社会建设。

此外，乡镇（街道）社工站作为新时期基层社会工作服务的载体和平台，是真正凸显社会工作作用和意义的阵地。晋江市乡镇（街道）社工站建设的全面铺开，将有力地推动基层民政工作和社会服务提质提效，打通民政政策落地“最后一米”，培育乡村社会工作人才和社会服务机构，扎实推进乡镇地区社会救助、养老服务、儿童关爱、社区治理等领域发展，大力促进乡镇地区基层社会治理水平和治理能力提升，营造共建共治共享的乡村治理格局。

（二）提高企业软实力

作为连续多年位居全国综合实力百强县市前十、福建民营经济最发达的县级市，晋江市吸引了大批来晋建设者在此就业、安家。然而，在参与晋江城市建设的同时，他们因为工作原因在子女陪伴、教育引导方面面临现实的压力和困难。比如，子女无人看管、经济能力不足、教育不均衡等导致来晋务工人员子女安全事故、违法犯罪事件频发。2013 年 4 月，晋江市委、市政府主动作为，由市妇联作为项目指导方，以儿童福利为服务理念，以儿童社会服务为探索，正式启动晋江市“儿童之家四点钟学校”民生项目，项目创建至 2022 年 2 月底，共建档 11824 人，总服务人次达 108.9 万。项目创建后，始终以安全为前提，围绕自我认知、安全教育、行为矫正等方面深入服务，为保障社会稳定作出贡献。多年来，项目不仅为外来家庭节省了 9 亿多元的经济支出，还有助于晋江引才、留才，逐步促进教育均衡发展、流动人口社会融合，全力推动流动人口本地化，从而为晋江的发展创造更多的经济效益和社会效益。

（三）缩小贫富差距

社会工作者一方面能够在优化社会资源配置，增进人民社会福祉，推动社会公平与正义，提高人民群众幸福感、获得感等方面发挥作用；另一方面，社会工作者在深入基层了解人民群众需求的基础上，还可以通过社会倡导，推动社会政策完善和社会福利制度的构建，使制度更加公平、普惠和可持续，打造共建共治共享的社会治理格局。社会工作服务可以有效地向困弱群体提供较高质量的服务，不但减少了他们的必要生活性支出，而且还能获得个别化、人性化、高质量服务。例如在晋江市“四帮四扶”特困家庭社工帮扶项目中，各个部门及多方力量共同参与，有 2580 余名特殊困难家庭子女得到就学帮助，400 余名考上大学本科及以上。通过就业培训、介绍就业等方式，140 余名贫困青少年实现就业、创业，走进职场。“社工＋志愿者”双工联动模式的构建，为 700 余名贫困儿童及其家庭链接专业医疗志愿服务，缓解贫困儿童及其家庭因就医产生的压力和负担，提升其面对未来生活的信心和勇气与脱贫志气，有 700 余户贫困儿童及其家庭成功脱贫解困，并退出城乡低保，有效地融入社会。

伴随晋江经济社会的进一步发展，以“五个建设”为统领，在党政与社工专业等社会力量的协同努力下，晋江的现代社会服务体系、现代社会治理体系和更高质量的经济社会发展体系中，社会工作和社会服务将继续发挥更大功能，起到重要的专业支撑作用。

第九章

晋江精神与社会创新

晋江精神为晋江社会发展和创新提供了力量源泉，引领晋江不断突破其发展过程中遇到的各个瓶颈，化危机为转机，从一个历史穷县跻身全国百强县行列。那么，晋江精神是什么？是如何产生的？对社会创新产生了什么样的影响？晋江的社会创新有什么特点和问题？

第一节　历史发展所造就的现代晋江精神

1990 年 11 月，晋江县委在晋江县第七次党代会上，提出“诚信、谦恭、团结、拼搏”的晋江精神，并在晋江县第十一届人民代表大会上讨论通过。“晋江精神”是晋江人民历经艰辛磨炼而体现出来的精神。其中，诚信是晋江人立身、处世的精神；谦恭是不自满、永无止境、虚心向他人学习；团结就是力量，不仅政府、企业、组织要团结，家庭、家族也要团结；拼搏则被认为最能体现晋江的精神，既敢于拼搏，又善于拼搏。

我们在对晋江精神重新解读的基础之上，新增了“自强、坚韧、开放、包容”这 4 个方面的精神。晋江人民在历史上就敢拼、爱拼、善拼，敢为天下先。在拼搏之外，晋江人还体现出了鲜明的自强精神。晋江有“人人想当老板”一说，晋江人不甘于人后，也不甘于只是模仿或追随他人，而是追求自强自立、自我造血，有不被挫折所打倒的刚性，也有经历低谷后可以重整旗鼓的韧性。此外，晋江人的团结不是抱团取暖式的团结，而是有人类命运共同体意识的团结，是兼容并蓄、开放包容式的团结。但是，开放与包容并不相同，开放的不一定包容，包容的不一定开放。晋江正好同时具备这两点，不仅能吸收各类文化和经验，也能将它们融合在一起并发展出自己独特的文化底蕴，走出自己独特的经验道路。

因此，本文在原 4 种晋江精神的基础上新增了以上 4 种，并结合晋江的发展历史，阐释了造就这 8 种现代晋江精神的历史和文化背景。但是，这些晋江精神的排列组合仅仅是依成文考虑，由历史发展的脉络而来，既不是按它们的重要程度，也不能将它们割裂开来看待。我们认为这些晋江精神无重要程度之分，它们共同造就了独特的晋江人，也造就了独特的“晋江经验”。

一、"人稠山谷瘠"所造就的自强和拼搏精神

(一)历史穷县的华丽转身

晋江历来以农业生产为主，人口密度高，人均耕地少，农业气象灾害较为频繁，粮食长期不能自给，资源匮乏，基础薄弱，"人稠山谷瘠"。晋江又地处海防前线，国家经济建设投资极少，工农业生产发展缓慢。改革开放初期，晋江是远近闻名的农业穷县，人均地区生产总值、人均收入均低于全国平均水平，相当一部分人连温饱都不可得。

然而，改革开放后，晋江从一个农业穷县一跃成为全国闻名、在海外具有一定知名度的工贸港口城市。1991 年，晋江位列全国百强县（市）第 55 名。2002 年，晋江市分别位列全国地区生产总值、最发达的 100 个县（市、区）的第 7 位、第 14 位。2003—2021 连续 18 年，县域经济基本竞争力居全国百强县市的 4～7 位，经济实力连续 28 年保持"福建省十强县（市）"首位。晋江市拥有 1 个超 2000 亿元、1 个超 1000 亿元、2 个超 500 亿元、2 个超 300 百亿元产业集群，上市公司 50 家。晋江能有如此迅速的发展，离不开晋江人自强拼搏的精神，他们以"敢为天下先"的气概，大胆探索，勇于开拓，闯出一条独具侨乡特色的经济发展道路，创造和发展创新了引人瞩目的"晋江模式"，形成了"晋江经验"。

(二)"下南洋"

资源短缺是晋江历史上贫穷的原因，但也是晋江后来率先发展的动力。在谈及晋江经济社会发展成就时，晋江人经常有"穷怕了"这样的表述，因为"穷怕了"所以必须得逼自己去闯，因为"穷怕了"所以必须得靠自己去奋斗，因为"穷怕了"所以必须得拼出一条路。晋江市产投集团负责人曾说："晋江是被逼出来的。"一个地方的经济要发展，没有资源是不行的，可是晋江人没有资源，只能外出赚钱。如同山东人"闯关东"、山西人"走西口"一样，很多晋江人"下南洋"，侨汇成为当时晋江许多人的主要生活

来源。

经过这些开创者历代的打拼，才有晋江海外华侨华人兴盛的状况。据统计，在菲律宾的晋江籍人超过110万，在马来西亚和印度尼西亚的均超过20万，在新加坡的超过10万，还有部分华侨分布在泰国、缅甸、越南、美国、加拿大等地。

（三）改革开放的春风

正如闽南当地俗语所言："贫瘠的土地可能长不好庄稼，但却能长出金子。"改革开放的政策实施后，借着这股春风，晋江人"敢为天下先、爱拼才会赢"的内生动力被全面激发。晋江抢占改革开放先机，充分利用对外开放桥头堡的优势，创造出了以"市场经济为主、外向型经济为主、股份合作制为主、多种经济成分共同发展"为主要特征的经济发展模式，成为"晋江经验"的基础。

几十年间，晋江发生了翻天覆地的变化，但这个过程并不是一帆风顺的，可是晋江人凭借着他们敢打敢拼的劲头，愣是闯出了一片天地。例如当晋江其他乡镇开始慢慢有了城市的样子时，英林镇还比较落后，甚至慢慢落后于其他后发的乡镇。上一任镇长和党委书记毅然向社会各界人士请教取经，强力推进乡村振兴，建立了四通八达的交通网络，使英林镇的发展开始提速。

《光明日报》记者王国平记录了一段晋工机械有限公司董事长柯子江与客商的对话：[①]

问：你的厂子呢？

答：没有厂子。

问：你有资金吗？

答：没有资金。

问：你懂技术吗？

答：不懂技术。

---

① 王国平：《本固枝荣　晋江之魂》，《光明日报》2018年7月17日第7版。

问：那怎么办？

答：我是没有厂子，可人家有厂子。我是没有资金，可别人有资金。我是没有技术，可别人有技术。

没有厂房，可以“借鸡下蛋”，可以拆并自家房屋；没有资金，可以集资合股，可以借贷；没有技术，可以外请，可以借鉴，可以培养，可以自己摸索着干。“要看银山拍天浪，开窗放入大江来。”这是晋江先贤、北宋政治家曾公亮写就的名句，体现着晋江人的气魄。

（四）敢拼敢闯背后家族给予的精神支持

洪忠信曾说到孩童时家乡人外出打工时的对话场景：“你要去打工，你要去外面，不要害怕！失败了你再回来！我们家还有几分地，种地瓜，种花生，可以养活你。”所以闽商，特别是晋江为核心的闽商，有这种“闯”的文化和“根”的情怀，是因为背后有强大的家族作为其精神支持。

晋江人家族观念浓厚，早期晋江人多是家族式地外出创业，例如浔兴集团是四兄弟，浔兴集团的英文 SBS 指的就是 Shi’s Brothers and Sisters（施氏兄弟姐妹）；七匹狼是周氏三兄弟。在资源短缺的年代，这种合作模式更有利于获得和补充资源。

心理学上有个名词叫安全型依恋。安恩沃斯（Mary Ainsworth）的“陌生情境实验”中，安全型依恋的儿童在陌生情境中，把母亲作为“安全基地”，去探究周围环境。因此，只有在母亲那里获得了足够多的安全感的儿童，才有力量去面对外部世界，去探索，去拼搏。这里的母亲是一个抽象的概念，放在晋江人身上，也可以是家族、朋友、邻里和家乡。无论如何，因为知道有人有地方可以接纳失败的自己，才能有拼搏的勇气和力量。这是晋江人“敢”背后的心理动力，而家族和“根”的观念给予了这种心理动力以基石。

（五）自强拼搏精神的传承

晋江青年商会曾拍过一个短片《接手》。短片中的父亲第一次外出去创业，爷爷拿着用一块布包着的金戒指给他做本钱；而当青年人自己也离家闯荡时，父亲又将这个金戒指送给他做本钱。晋江青年商会想借此片表述“接过你的手，走出我的路”的故事，也表达了年轻一代的晋江人对自强拼搏精神的传承。

英林心基金会负责人曾说，在教育、慈善、强村、敬老和生态 5 个小组中，仅教育组一年的预算是可以直接在理事长办公会上确定的，其他 4 个小组的预算均限量，需要自筹，以一种创业的态度去做慈善，目的是锻炼基金会的自我造血功能。基金会理事会成员每人捐赠了 10%在基金会中，用于留底。基金会的本钱到现在将近 1 亿元，主要用于未来对英林镇民生事业发展的投入，如建养老院等。但是其他一些项目，如 2021 年组织的排球、篮球和足球三大球夏令营，总共预算 19 万元，参与者 200 多人，就是通过众筹的方式组织。洪忠信说：“如果爷爷有钱，爸爸有钱，你伸手要钱就完蛋了……本钱是用于垫背的，它给你们信心和能量，最好不要动。任何项目费用都需要你自己去筹。”正是这种自我造血的意识，让晋江自强拼搏的精神可以代代传承。

哪怕在扶贫济困方面，晋江人同样注重自强自立。例如围头村的受助者需要通过志愿活动来作为回馈，包括参与慈善、文体活动和打扫卫生等等。如果受助 5000 元，则要完成 50 个小时的志愿活动。若受助者因为年龄或身体等原因做不了志愿活动，则可由家人代为完成。以往慈善虽然是一件好事，但有时也会带来不利影响，例如受助者因被资助而感到自卑，或受助者习惯了被资助而变得依赖心重等等。围头村通过这种志愿回馈的方式，可以有效减少这些情况的发生，为受助者铺了一条自立自强的路，同时还建立了慈善的氛围。到目前为止，围头村已经建立了十多支志愿者队伍。

二、海防前线所造就的团结和坚韧精神

（一）海洋中的风险

晋江是福建东南沿海一座美丽的滨海城市，陆域面积 649 平方千米，海岸线长度 121 千米。东濒台湾海峡，南与金门隔海相望，是大陆与金门距离

最近的地方。历史上，晋江是海上丝绸之路的重要起点城市，自古以来便是与东南亚交流的前沿。在这种地理位置影响下，晋江体现出典型的海洋文化特点。农耕文化求稳，而海洋文化更具冒险和拼搏精神，同时也更具团结和坚韧精神。

海洋文化是机遇与挑战并存的。同在一条船上，必须得一条心。如果各自为政，不团结，就可能无法安全返航。晋江义务救援协会会长张泽虎提到，他 13 岁开始跟着父辈出海捕鱼，当时的船都很老很旧，破破烂烂，机器的动力也没有保障，遇到过很多次危险，每一次都是用生命在拼。以前也没有先进的通信设备，船开出去如果出现故障，就随便拿一个竹竿之类的东西竖起来，绑上布。如果有其他船只看到，就会过来询问是否需要帮助。这已经成为一个不成文的约定。如果看见这种船，却没有去询问，水手都会看不起船长，认为船长没有尽到责任。没有一条船可以保证自己永远不会出现故障或遇到风险，不需要其他船只帮助，因此帮助其他船只，也是在帮助未来的自己。在这种氛围下，不仅是同一条船上的人要同一条心，不同船上的人也要同一条心。因此依海而生的人们需要同心协力地去面对海洋的风险，也正是这种风险造就了晋江人的团结精神。

另一方面，在海洋中求生存，必须具有坚韧精神。海上生存，有太多的风险，一旦遇到风险，坚韧之人更有生存的可能。海明威的《老人与海》中描述了老人杀死 1500 磅的大马林鱼，又与鲨鱼搏斗的故事。其中的名言“一个人并不是生来要被打败的，人尽可以被毁灭，但却不能被打败”，同样适合于晋江人。习近平总书记曾说：“在改革开放的大潮中，晋江的广大干部群众和企业家们，一直是在市场竞争最为激烈、附加值又很小的传统产业领域中摸爬滚打、逆势而上，在逆境中求生存、求发展。”我们在调研中，也有访谈对象这样说：

> 我们晋江面向大海，而且当时出洋或者要在海上讨生活很艰难，所以就形成了一种很坚韧的性格，一种坚韧不拔的、不服输的、想要出人头地的性格。这是刻在骨子里面的，差不多每个家庭、每个人都有的一种血液、一种基因。碰到恰好的时机，或者是说一种机遇，一激发，他的潜能就爆发出来了。

（二）动荡岁月

作为大陆与金门最近的地方，中华人民共和国成立后晋江还经历了一段动荡岁月，尤其是晋江离金门最近的围头村，常年战火不断。直到1979年，全国人大常委会发表了《告台湾同胞书》之后，海峡两岸的关系逐渐走向缓和，交往日益频繁，晋江人民的生活才日趋平静。

但是，也正是这种动荡，让晋江人更为团结和坚韧。短短数年，围头村的茅草房消失了，破牛车消失了，取而代之的是耸立的楼群、灯光闪烁的歌舞厅、疾驰如飞的摩托车……20世纪90年代，围头又被辟为对台民间贸易小区，每天停靠码头的台轮有10艘以上，平均每年的对台贸易额达1亿～2亿元。2021年，全村生产总值达3.55亿元，村集体收入200多万元，人均收入3.75万元。围头能有如此迅速的发展，离不开当地居民的自助，以及海外华侨华人的帮助。例如，曾任围头学校董事长的洪荣启回忆，从1920年创校开始，围头学校一直是借祠堂或民居来上课。直到1978年，旅菲乡侨吴道盛独资捐建了校舍。到20世纪80年代时，由于担心以前建的教学楼遭遇地震时会倒塌，洪荣启决定和村里人去香港动员同乡会的人捐助。当时一间教室是12万元，一人认捐一间，就这样围头的华侨华人和乡贤们捐出了教学楼、办公楼和科技楼。[①]

围头也将团结精神发扬到了海峡两岸的关系中。围头村支部书记洪水平回忆，虽然1979年后没有再打仗，但是两岸同胞经常打架。于是村委会决定通过寻找共同记忆和文化，拉近两岸同胞的关系。至今，围头村还保留着当时的历史残垣、炮台和防空洞，建立了战地公园、回江民俗传承中心，成立了两岸交流夏令营和冬令营……这些提醒着人们不要忘记那段历史，也提醒着人们两岸有着共同的血缘和文化。以前是炮与炮的对话，现在是心与心的交流。围头村从以前的海峡炮战第一村，变成如今的两岸通婚第一村，陆陆续续，围头村人和台湾人共结成了148对连理。

---

① 政协晋江市委员会编：《围头记忆》，2021年编印。

三、侨乡文化所造就的开放和包容精神

晋江人的开放包容精神体现在以下几点。一是晋江人尊重不同文化。在晋江，可以看到多种文化集中在一个地方的奇观。晋江上接中原文化、吴越文化，又吸收境外、海外文化的精华，有丰富的侨乡文化、广博的海洋文化、悠久的宗教文化，也有独特的军事文化、精湛的戏曲文化，还有清新的民俗文化。[①] 走在晋江五店市传统街区，人们可以感受到这种文化的交融。唐代，晋江独立为县，人员往来骤频，蔡姓七世孙五人，为方便路人往来，在青阳山下开设五间饮食店，山下店铺酒旗招风，饭菜飘香，声名远扬，人称“青阳蔡，五店市”。自此，“五店市”遂为青阳之别称，也成了晋江城区的生发起源地。这是一个“让老年人觉得很怀旧，让年轻人觉得很时尚，让华侨觉得很乡土，让外地人觉得很闽南”的街区。在这条街区上，不仅可以看到当年的蔡氏家庙，也有闽南传统宗祠庄氏家庙；有庄严典雅的布政衙，还有涴然别墅、蔡德练宅等中西合璧的“番仔楼”；有民国时期典型的闽南大厝柳清新宅，也有开在传统民居里的星巴克；可以听到中国现存最悠久的汉族古乐南音，也可以欣赏到木偶戏、高甲戏、梨园戏、打城戏等传统戏剧；既有街边佛龛，也有庄严的道观，在一些店铺里甚至可以看到店家供养着儒释道的神像。对于这种现象，外国人不理解，其实这是宽厚包容、和衷共济，实质就是和谐，也是团结。

二是晋江人乐于学习和吸收众家所长。晋江人经常会说他们是“摸着石头过河”，虽然一开始不知道要如何去做，但是去研究、去创造，边做边学边看。因此，晋江人不仅是敢拼，且会拼，在拼搏的过程中不断学习、升级和突破。盼盼集团人资经理林丽芳曾说，晋江企业家的一个真实写照是持续学习。2003 年时，晋江市领导带领企业家参加 EMBA 学习。2004 年时，盼盼集团还是以本地人员为主，但是学习给他们带来了思想上的开放，学习怎样去打造品牌，怎样去重用人才、吸收人才，怎样让团队更好地发展。盼盼

---

① 李云生：《晋江多元文化的实质和特色》，载《朱熹理学与晋江文化学术研讨会论文集》，2007 年。

集团在学习过程中有了很多调整，如创业股东的家属退出管理层，这给外来人员腾出了很大空间，吸引了外来人才。2004—2009 年，盼盼集团引入了很多职业经理人。2009 年，集团又做了转型升级，包括数字化转型、设备的升级等等。这种学习的过程不仅需要学习者保持开放的心态去吸收，也需要讲授者保持开放的姿态去给予。产投集团负责人曾说晋江要感谢环球鞋业的晋江华侨，因为他们教其他人怎么做鞋、怎么做品牌。正是在一代代“鞋王”的传承下，晋江才成为当代中国鞋都。也因此，晋江人特别尊师重教，例如英林心基金会每年教师节都给优秀教师以奖励。

三是晋江人不管走多远，总会记得家乡。因为晋江靠海，出海捕鱼时一去往往就很久，人们最期待的就是能平安回来。因此，晋江人不管走多远，也希望回来，这就是“根”对于晋江人的意义。晋江义务救援协会会长张泽虎提到，以前出海时如果在海上遇到落水尸体，都会将他们带回并好好安葬，象征着将他们带回了家乡，也是希望如果万一哪天自己遭遇不测，有人可以将自己带回故土。晋江人对“归根”的期待中也透露出对生命的敬畏，以及对他人的善意之心。晋江的海外华侨们在拼搏中，学到了本领，开阔了眼界，仍愿意回来反哺家乡发展。

四、正确面对错误所造就的诚信和谦恭精神

1985 年，晋江因为“假药案”而背负重担。晋江将走向哪里？是就事论事，还是全盘否定？是全面停顿，还是打扫干净从头再来？在严峻考验面前，当时的晋江县委、县政府领导比较冷静，正确对待错误，实事求是，并“举一反三”，从中汲取教训。主要负责人公开表态，要求以积极的态度，正确地吸取“假药案”的深刻教训，“否则，消极地吸取教训，就会变得谨小慎微起来，就会不敢开放，不敢改革，就会贻误我们的事业”。“揭露和解决工作中的弊端，是为了更好地坚持开放和进行改革，决不能对开放、改革的方针产生动摇。由于揭露和解决问题，可能有些人就认为政策要变了，要收了，这是不对的”。自此之后，诚信成为晋江人安身立命的法宝，也逐渐发展成晋江精神的一部分。

当时，县委、县政府提出“质量立厂”“以质量求生存，用创新求发展”的口号，许多企业也都意识到只有提高质量才能立于不败之地。县里采取了一系列措施，包括在县、镇一级建立产品质量检验机构，下设橡塑、食品、建材、机械4个质量检验站，逐步使产品系列化、规格化、标准化，使产品向高档次、高质量方向转变，迅速提高产品质量。1985年，晋江县的乡镇企业不仅没有萎缩，反而比1984年有较大的增长。至1988年，全县已有多种产品分别获部、省、市有关部门授予的各种奖励，有几十种产品打入国外市场，销往30多个国家和地区。

除了“假药案”以外，当时晋江还出过“星期鞋”事件，就是鞋子穿一个星期之后，鞋底跟鞋帮就分开了。为此，晋江企业进行了严厉整顿，比如，当时九牧王把退回的衣服全部剪掉、烧掉，其对待质量问题的严厉程度甚至“吓坏了”工人。至于晋江人为什么能如此认真地对待错误和问题，重面子或许是一种解释：“这（面子）是一种动力，也是一种责任，一口唾沫一个钉。晋江人非常讲诚信，为什么？面子，诚信就是面子的一种，我说话算话才有面子，我说话不算话有什么面子？”然而，又或许因为诚信谦恭的精神本身就刻在中国人包括晋江人的骨子里，只是在快速的经济发展中，一下子迷失了方向，幸得当时的晋江党委政府和群众正确面对这些错误，及时调整，才确立了晋江以诚信为本的发展之路，也最终造就了晋江人诚信谦恭的精神。

第二节　晋江的社会创新

技术和经济的快速发展促使社会日新月异变化的同时，也造成了诸多社会问题，贫富差距拉大、环境污染、社会冲突等等挑战单纯地依靠技术和经济的发展难以解决。这种“经济—社会”的悖论，使得人们开始寻求社会创新来解决社会问题。社会创新的概念至今没有定论，但这反而使得更多主体参与这个过程，通过各种社会创新来推动社会问题的解决，并且可以肯定的是，它不是一种结果，而是让我们的世界变得更好的工具。

在过去40多年里，晋江从历史穷县跃升为全国百强县前四，离不开其积极开展的社会创新。仅2015年以来，晋江就累计推进了近30项的国家级改革试点，仅2021年就新增了15项，成为全省首批集成改革试点县。晋江每年65%以上的本级财政用于民生建设，努力打造“共同富裕县域范例”，在福建省实现七个“率先”：率先实行新农合跨省异地结算报销；率先实现被征地人员养老保险“即征即保”；率先把治安巡逻队配到村一级；率先推行“居住证”制度，110万外来创业务工人员享受30项市民待遇；率先实行公办高中和中职学校免学费，每年有4万名学生受益；率先实行乡村医生养老保障制度；率先实现城乡环卫保洁一体化。就在2022年3月1日，晋江市行政服务中心又在福建省率先试推行政务服务“免证办”，即免带实体证照办事，凡是通过电子证照可以获取的信息，不再要求企业和群众提供相应材料。

晋江的社会创新为何能如此蓬勃地发展？晋江有什么社会创新经验可供其他地区借鉴？

一、晋江的四次转型

晋江的每次社会创新都是在其面临一定瓶颈时，借助当时的发展契机，在政府大力支持、企业和社会的共同合作下实现的。可以说，晋江的社会创新是外生动力和内生动力共同激发的结果。晋江的四次转型都恰巧对应上中国社会的转型——首先是改革开放，然后是娱乐业开始发展，之后是现代企业转型，到现在是经济高质量发展阶段。这都离不开晋江政府、企业家和群众敏锐地发现存在的问题、抓住发展契机，并且不拒绝转变和适应，如此才能在早期就开始调整、应对和创新，使得晋江能够一次次冲在前面，跑赢大潮流，甚至创造潮流。

（一）乡镇企业的“晋江模式”

晋江从历史穷县跻身全国百强县之列，与改革开放带来的契机分不开，但也与晋江精神所形成的晋江社会创新意识分不开。党的十一届三中全会以后，晋江广大干部群众开始放开手脚，勇敢地探索农村发展社会主义商品经济的新道路。乡镇企业犹如雨后春笋，以势不可挡的态势迅猛发展。

一方面，晋江的起步有其独特的外部资源支持，它依靠的是“三闲”起步。据统计，陈埭镇早期集资 5100 万元，其中侨胞侨属集资占 55%。1985 年，全县集资总额达 24460 万元，1986 年达 30400 万元，其中侨资都占一半以上。在这个过程中，小商市逐渐形成，承接“三来一补”业务。1987 年，晋江乡镇企业中仅服装、鞋帽、建材三项就占乡镇企业总产值的 58%。加上机械（小五金）、食品、化工、纺织、皮革，则达到 91.6%。由于行业结构比较轻型，这些乡镇企业资金占用比较少，周转快，劳动密集，效益高。据 1987 年统计，晋江乡镇企业人均创造纯收入 2164 元，平均工资 1344 元。[①]

另一方面，晋江的起步也有其内生的创新之处。费孝通在归纳 20 世纪 80 年代中国乡镇经济特点时，认为“晋江模式”的乡镇企业和苏南、温州模式一个重要的区别就是，前者是集资经营。1986 年，全县参加联户集资的群众达 34600 多户，占总户数的 16%以上。但晋江县的联户集资、合作经营又不同于一般股份制。晋江的联户合作内容是多样的，不是单纯以资金为合作内容，而是以商品经济的各种要素为合作内容，既可以资金入股，也可以技术、厂房设备、经营管理能力、资讯等方式入股合作。可见，其结合方式是自由的，呈现出多种结合的形式。在管理上，则实行“共筹资金、共同经营、共担风险、共享利益”的原则。这都与晋江人团结、开放和包容的精神是分不开的。一旦一家创业，同族家家筹款伸出援手。同时，晋江人也重视同辈集团和邻里社会关系的维护。我们很难想象，晋江有直接竞争关系的企业家，能经常聚在一起聊天、喝茶，相互帮忙出主意。

在晋江县政府“五个允许”（允许群众集资办企业、允许雇工、允许股金分红、允许随行就市、允许供销人员按供销额提取业务费）的助推下，晋江乡村工业化的“星星之火”被点燃，搞活了经营管理，也使农民找到了致富之路。但是，当全国的生产规模到了一定程度后，单单靠小生产是不够

① 中共晋江市委党史研究室编著：《晋江改革开放 40 年实录》，2018 年编印。

的，晋江乡镇企业的组织结构以中小型为主，此时晋江需要突破的瓶颈是品牌打造。

（二）走品牌路线

1992 年晋江撤县设市后，当时知道晋江品牌的人并不多。晋江人的自强精神使他们并不甘于从人后、无人闻，民营企业家都希望能够拥有自己的民族品牌，晋江市委、市政府也大力支持他们往这个方向努力，先后在 1995 年、1998 年和 2002 年出台“质量立市”“品牌立市”和“打造品牌之都”的战略。但是如何打造品牌，一开始晋江民营企业家和政府也不清楚，他们“摸着石头过河”，依靠奥运会的契机，创造了“娱乐＋体育”的明星代言模式。

有一个小故事是，在悉尼奥运会之前，安踏决定请孔令辉做品牌代言。这个广告一下就花掉了 80 万元，而当时安踏一年的利润也只有 400 万元。安踏内部为了这个决定争论不休，可丁世忠就撂下一句话：“是知道安踏的人多，还是知道孔令辉的人多?”顶着巨大的压力，丁世忠签下了孔令辉，但是安踏的销量却没有任何变化。心急如焚的丁世忠赶紧去做了个调研，然后才发现，原来消费者根本不知道安踏签了孔令辉，要想打响知名度，还要花 300 万元在中央电视台做广告。怎么办？思前想后，丁世忠决定再赌一次。这一次，他赢了。2000 年悉尼奥运会，孔令辉和瓦尔德内尔鏖战五局，最后赢得了冠军。孔令辉穿着安踏服装说出“我选择，我喜欢”的广告一时间变得家喻户晓，甚至成为一代人的记忆。安踏一炮而红，当年销售额直接冲破 3 亿元大关，并迅速树立了品牌。

在安踏的影响下，特步在 2001 年签下了当时最火的“叛逆小生”谢霆锋作为代言人，并凭借娱乐明星代言体育用品的全新模式，用“特步，非一般的感觉”的广告密集“轰炸”，让特步迅速从扎堆请体育明星代言的一众体育用品公司中脱颖而出。2002 年，特步又与谢霆锋合作推出了一款以谢霆锋火纹吉他为设计灵感的“风火鞋”。仅仅数月，这款鞋就卖了上百万双，120 万双的单款运动鞋的销量神话，更是至今无人能破。

就在安踏和特步打出品牌，请来代言人的同时，晋江迅速冒出了 1400 多个品牌，遍地撒网式找代言，喜得龙签下蔡振华、郭富城，金莱克瞄准王楠与张怡宁，德尔惠找来吴奇隆、周杰伦，贵人鸟签约刘德华……中央电视台第五套节目甚至因在2006年德国世界杯期间有近1/4的广告时间都是晋江运动品牌，而被戏称为“晋江频道”。这种“明星代言”模式在后面的十多年间成了一种传统，特步甚至还将“娱乐＋体育”双轨制营销模式提到了战略高度。

然而，此时的晋江企业又面临了新的问题，即原来的家族企业已经不再适合现代企业的制度管理了。

（三）企业改制上市

晋江许多企业都是家族制，当生产发展到一定阶段时，一方面家族企业不适应现代企业的管理制度；另一方面，仅仅通过从银行贷款获得融资也不能够支撑企业的发展壮大。晋江提出资本上市，借助上市改制的契机，将传统家族企业改成股份合作制，让职工参股，让利于员工，使每一个员工觉得这个企业是他自己的。但这个过程非常艰辛。民营企业是晋江经济的支柱，占全市经济总量的4/5。改革开放以来，晋江市许多民营企业挂靠国有、集体组织进行注册登记，从事经营活动，走了一条不平凡的道路，对晋江经济发展发挥了举足轻重的作用，但同时也留下了法人地位不明确、产权责任不清晰等许多历史问题。随着经济的进一步发展，企业要进入资本运作、建立现代企业制度时受到了制约，一些企业由于产权不清，影响了企业的潜力的发挥。晋江市各级各部门高度重视，把甄别理顺企业经济性质作为企业制度创新的一项基础性工作摆上议事日程，全力以赴推进这项工作。1999年10月，市委、市政府专门召开企业创新工作会议，印发了《关于理顺企业经济性质工作的若干意见》和《关于推进乡镇企业制度改革工作的意见》，编发企业改制具体规定、操作规程等有关材料，成立“晋江市清理甄别‘挂靠’集体企业工作领导小组”，下设办公室负责组织指导、检查督促企业定性认证工作，协调有关职能部门、集体经济组织及其主管部门抓好宣传培训，使企业主认识到定性认证工作的重要性和紧迫性，懂得有关政策规定和操作规程，清除政策疑虑，克服思想障碍，积极主动参与清理甄别工作。按照“实事求是、企业自愿、简化手续、逐步理顺”的原则，晋江市在保持企业名称、法人代表、企业主管部门及对外法律关系不变和企业定性后其享受优惠政策在法定期限内不变的前提下，重点理顺企业产权关系，解决企业“虚假挂靠”问题，推行企业股份制改造。至 2001 年底，全市有 1480 家企业完成企业经济性质甄别工作。[①]

在甄别理顺企业经济性质的基础上，晋江市根据企业的不同特点、不同层次，认真筛选一批骨干企业，开展改制试点。逐步引导企业进行联合兼并，实行资产重组，尤其是注重采取兼并、联合、租赁、参股等形式，盘活那些小型、微利或亏损的企业，实现生产要素的优化配置，扩大规模，激发活力，提高效益，并尽快组建一批股份制企业，争取上市。对个体、私营及联户企业，逐步引导改制为股份合作制企业，壮大企业规模；对挂靠在镇、村两级的集体企业，则着重进行产权制度改革，重新界定产权，实行规范化的股份合作经营。通过不同类型、不同层次的企业改组改制，晋江市逐步建立了适应市场经济需要的灵活机制。至 2001 年，全市已有 7 家企业改为股份有限公司。恒安集团 1997 年即在企业内部进行股份制改组。1998 年 12 月，恒安集团在香港上市，被《亚洲货币》和《国际资本回顾》杂志分别评为 1998 年度“最佳上市项目”和“香港最佳集资项目”。继恒安集团在香港上市后，又有亲亲、凤竹、七匹狼等 8 家公司相继完成改制工作和进入上市辅导期。为把企业做大做强，晋江市确定 30 家企业作为上市培育对象，积极帮助他们做好前期准备工作。晋江市财政还拨出专项资金支持这些企业创新，并建立晋江上市企业资源库，加强对企业改制的指导工作。

（四）打造高精尖本地产业

改制上市到了一定程度，全球化阶段来了，竞争激烈，供给侧结构性改革再一次呼唤创新。以前晋江是粗放型经济，经济增长的主要方式是依靠增加生产要素的投入，即增加投资、扩大厂房、增加劳动投入来增加产量。然而，在全球化形势下，仅通过增加生产要素来增加产量的方式已经落伍了。此时，晋江市党委政府提出要发扬晋江创新精神，创新驱动、创新品质，实

① 中共晋江市委党史研究室编著：《晋江改革开放 40 年实录》，2018 年编印。

现产业转型升级。晋江在服务业“十二五”规划中提出，要扶持企业走品牌扩张之路，引导企业采用现代经营方式，特别是连锁、加盟经营方式加快扩张型发展，促进服务业的集团化、网络化、品牌化经营。培育一批竞争力强、可持续发展的上市公司，形成一批拥有服务品牌、多元投资、具有较强竞争力的大型服务业企业。鼓励企业通过直接投资、品牌输出、企业并购等形式跨区域扩张，在更大空间配置资源，在更大范围组织营销，拓宽发展空间。同时，通过实施服务创新，有效推进服务企业创新能力的提高，促进新兴服务业和服务新品种的发展。

在全球化、“互联网＋”时代，晋江市党委政府高瞻远瞩，提出晋江面临的竞争不是城市与城市的竞争，而是整个区域的竞争，是全球的竞争。然而，一个小城市与特大城市竞争，听起来简直是天方夜谭，但晋江做到了。以安踏为例。它一直将研发能力看作是其核心竞争力，投入超过了30亿元在研发上，成为投入研发经费最多的中国体育集团，拥有多个全球专利。2017年，安踏体育市值突破千亿港元，成为国内运动品牌千亿元市值企业，在全球范围内成为第三大运动品牌。

同时，晋江的国际化是立足于本土的国际化，走的是本土产业转型升级的路线。例如，服装、鞋业等“走出去”以后，总部仍然留在晋江，税收留在晋江，但是实体却走向国际化。在产业规划上，晋江将集成电路看作产业转型升级的一个新方向，通过资本的高度集约推动产业的发展，加快四大传统优势产业全链条升级，多维布局信息技术、智能装备、医疗健康等新兴产业。

截至2021年，晋江打造了1个超2000亿元、1个超1000亿元、2个超500亿元、2个超300亿元的产业集群，集成电路产业筑链成势。高新企业保有量突破400家，新增省级以上专精特新企业41家，全社会研发投入年均增长16%。集聚院士工作站19个，高层次创业团队106个，高层次人才超5000人。9支创投基金进驻运作，撬动80亿元社会资本。培育省级智能制造试点示范25个，企业“上云上平台”超1000家，国家（鞋服和食品）知识产权快速维权中心基本建成，获批国家创新型县（市）、国家“双创”示范基地。

二、晋江社会创新的两个特点

（一）定位长远的和国际化的创新

晋江市委、市政府对晋江市社会创新的定位都是长远的和国际化的，力争将晋江打造成为一个“品质城市”。在如此高的定位之下，晋江才能总是“敢为人先”，但这并不是为了“为先”而大办特办、大搞特搞，把以前的全部推翻。晋江市领导说过：“我们对整个城市的概念，就是国际化创新。我们走的路只能是城乡一体、城乡统筹的路。我们的保障体系是待遇精准化，保障全覆盖。我们新型城镇化是以人为核心的新型城镇化，让城市更像城市，农村更像农村，不是新一轮造城，也不是新一轮灭村。”

也正是在如此高的定位之下，晋江将社会创新的方方面面做到了极致。例如，作为沿海城市，农业在晋江占比极小，约为1%；而在这1%中，有0.7%是渔业，纯农业仅占约0.3%。然而，即使是0.3%，晋江也并不忽视，而是试图将其作用发挥到极致。晋江提出第一、二、三产业联动发展，在基本农田上进行城市田园管理等社会创新项目。晋江约有1万亩的基本农田，市委、市政府将其作为城乡发展中重要的生态涵养区，请中国美院建筑学院院长、普利斯特里奖获得者王澍教授进行设计，在尽量少拆除、结合观光和现代化工业的基础上，整治提升村庄面貌，有规划地进行农业种植，建设成带田园风光属性的美丽乡村。在文旅开发上，立足于长远考虑，晋江并不会过度开发或过度商业化，而是更多考虑社会效益，注重保护古村落和管控文化业态。因此，在晋江，我们现在还能看到那些古老的宗祠，能听到传统的南音，能踏足现存最长的海港大石桥安平桥。

在晋江的企业里，劲霸把一件夹克做到极致，九牧王把一条西裤做到极致，安踏把一双运动鞋做到极致，利郎坚持做简约不简单的休闲男装，恒安坚持做生活卫生用品……尽管做了很多行业，但是你会发现他们的主业没有变，这就是习近平总书记说的“实实在在、心无旁骛做实业”。

还是在如此高的定位之下，晋江非常注重城市环境、创业环境和人才环境三大环境的建设，并且这三大环境建设也全部是以国际化为目标。城市环境在前面已有所叙述，创业环境无疑也是以打造国际品牌为立足的。作为与厦门毗邻的中小城市，晋江在吸引人才方面有其先天不足之处，但是晋江市不仅注重吸引人才的硬件建设，更注重软件建设。除了在城市打造吃、住、行、游、乐、购一体环境外，还为人才配备优质教育和医疗条件，解决养老、婚育和交友等问题，并通过建立归属感和融入感留住人才。

（二）尊重事实和客观规律的创新

晋江的社会创新虽然立足长远和国际化，却也是立足本地的和从实际出发的，是尊重客观事实和客观规律的创新。例如经济规律，晋江尊重经济体，而不是阻碍经济规律或阻碍经济体按其规律发展，正如习近平在福建工作时候说的，企业有形的手跟政府无形的手之间的良性互动。晋江政府就像是一只无形的手，顺水推舟。晋江的几次转型都恰巧对应上中国社会的转型，看上去是“恰巧”，其实考验的是政府和主要领导者判断形势、发现规律、把握机会的能力。

因为尊重客观规律，晋江才不会盲目急躁。正如晋江人所言“船大掉头要慢慢来”，晋江市委、市政府意识到社会创新是一个长期的过程，每一个项目都必须使其具备连续性。连续性是晋江市委、市政府很重要的一个特点，他们提出“一届为一届打基础，一届接着一届干”。从改革开放到现在，晋江没有出现新一任推翻上一任、新官不理旧账的情况。这与政府的包容性有关，也与政府对城市规划的长远性和目标性有关。

围头村支部书记洪水平曾提到，围头村以前发展缓慢，2007 年，围头村新一届的两委班子认为必须制定短期和长期规划，定下了“振兴围头，二次创业”的近中长 20 年目标，明确了方向标、路线图和时间表，开启了“一年一台阶，五年一跨越，十年初步实现宜居宜业宜游的美丽乡村，二十年全力打造海峡名村”的新征程，规定即使换届也要按照规划不断推进。第一个五年（2007—2011）为新农村建设；第二个五年（2012—2016）为美丽乡村建设；第三个五年（2017—2021）为乡村振兴建设；第四个五年（2022—2026）为唱响海峡名村。村两委甚至将这些计划写在办公大楼的每层楼梯上作为提醒与激励。

晋江对客观事实和规律的尊重也体现在他们对待传统的态度上。例如在移风易俗方面，晋江以“保民俗、破陋俗、改旧俗、树新俗”的理念，将构建良风美俗和涵养慈善公益文明新风结合起来。针对以往一些“炫富”“夸富”“讲排场”的不良风气，晋江提出“不重面子重里子，不讲排场讲慈善”的口号，鼓励把节约下来的资金用于慈善捐赠。与此同时，晋江市委、市政府出台《领导干部出席慈善捐赠仪式管理规定》，如果在红白喜事中进行慈善捐赠达到特定数额，相关市委、市政府领导将出场致辞，但又对这一过程进行规范。这一举措实际上又保全了传统文化中重面子的方面，只是将以往通过“炫富”来展示面子，变成通过“炫慈善”来展示面子。目前，全市397个村（社区）都通过公议、公订、公示制定了移风易俗的村规民约，基本遏止了红白喜事讲排场、比阔气和铺张浪费等不良风气，收到积极响应者捐献的礼金16.13亿元。

而在企业发展上，晋江尊重其本地经济条件，并不是什么流行就做什么，“东一榔头西一棒槌”。晋江从不认为传统产业就是夕阳产业，而是在传统产业中挖掘它的新兴力量，通过创新使传统产业成为朝阳产业。九牧王的老板曾说：“人类再怎么发展也不可能不穿衣服，不可能不穿鞋子，只是穿什么样的衣服和鞋子。”传统产业里面也有高精尖，如安踏为滑冰运动员制作的服装具有超薄、保温、防切割等特点，这就属于高精尖。因此，晋江并不是什么产业热门就转型去做什么产业，而是力争在现有产业中去突破、去创新，将其做到极致，做成国际品牌。

三、晋江社会创新的3个主体

2015年以来，晋江累计推进了近30项国家级改革试点，也有许多率先的做法。晋江全面开花的社会创新，与调动多元主体参与息息相关。社会创新主体经历了从“政府”单一主体，发展到“政府—社会组织”二元主体，再到“政府—企业（市场）—社会组织”三元主体的演变过程。[①] 但是，从

① 盛亚等：《社会创新的主体、过程与治理模式——利益相关者视角》，浙江工商大学出版社2020年版，第35页。

西方发达国家现代化的历史看，社会创新的主导力量有一个变化过程：19 世纪技术创新主要受市场推动，是私人部分（企业）的事，而社会创新则是政府行动和政治行动。现在，非政府部分已接管了社会创新，社会创新从一种政治行动变成了一项管理任务。这表明，在当今时代社会创新的主体和主导力量已由政府转到了社会，转到了非政府或非营利社会组织。[①]

晋江的社会创新也体现出鲜明的多元主体特点，它是政府、企业和社会共同参与的创新。其中政府起主导性的作用，只不过这种主导是隐形的而已。实际上，在创新方面，政府远远不只是一个政策供给者，很多创新本身就是由政府发起的。在晋江，政府起到的是牵头、引导、服务和监督作用，而企业则起到领头羊作用，一个人带动一个人，最终造就了社会创新活动的不同行动者。

（一）政府“牵头”和“释放”并举

社会创新的一个重要特点是其主体从政府转向社会，然而从晋江来看，这并不是政府完全退出，而是在政府牵头、引导、服务和监督作用下的政府“隐形”。在晋江人看来，晋江市委、市政府经常是“默默无闻”“像一只无形的手”“看不到政府的痕迹”，但无人否认政府的作用。政府实际上通过将自己“隐形”，创造了一个适合社会创新的制度环境，提供了一个适宜社会创新的生长土壤。

习近平同志在福建工作期间，提出了“六个始终坚持”和“正确处理好五大关系”，其中就有始终坚持加强政府对市场经济发展的引导和服务，以及处理好发展市场经济与建设新型服务型政府之间的关系。晋江市委、市政府的三个定位（引路人、推车手和服务员）和“四到”（不叫不到、随叫随到、说到做到、服务周到），充分体现了引导与服务、牵头与释放并举的特点。

在引路人上，晋江政府根据国内外经济社会发展形势和不同阶段，提出了不同的发展战略和不同的引导方向。例如，“假药案”之后，当时的县委、县政府提出“质量立厂”，就是从质量出发引导晋江企业的发展。在推车手

① 纪光欣、卞涛：《论社会创新》，《中国石油大学学报》（社会科学版）2010 年第 3 期，第 43—47 页。

上，政府不是直接干预、深度介入或统包统揽，而是搭平台、建机制、定政策。例如当晋江民营企业家想要打造品牌时，政府出台“品牌立市”等战略给予支持；当需要发展高精尖技术时，晋江政府给予高精尖技术企业以一定的税收减免。在服务员上，晋江政府重视民生工作，情系百姓生活。以市政为例，晋江市 12345 平台集公安、消防、城市管理、应急等于一体，只要有反映，就有反馈。即使是路灯也有全天候值班监控平台，哪里路灯有问题，马上有路灯公司进行维修。

晋江人将晋江市委、市政府形容为开路者和养路工：“一条路从无到有需要开路者，一条路从有到优需要养路工……晋江市委、市政府几任下来留下了很好的政风，懂得辨事、顺事，再来成事，抓住事态，只设路标，不设路障，这样才能够把我们引导出来。1995 年提出了质量立市，1998 年又提出品牌立市，到了 2002 年，就变成打造品牌之都，再到资本上市，到资本运作，到最后新型城镇化建设、国际化创新型品质城市等等，一路下来都有这样一群开路者和养路工。”

然而，除了晋江政府自身提出的三个定位以外，晋江政府还体现出监督者的角色。例如晋江市慈善总会现在有将近 500 个单位和个人，90%以上都是民营企业家，但是慈善总会成立了监事会，由财政、审计等政府部门人员构成，分管副市长担任监事长，主要负责监督慈善程序是否合法合规。2021 年，晋江政府提出“企业体检”概念，组建了一个包括人力资源管理、稽查、质检、质量监督、检察院、税务等部门的服务小组到企业开展“体检”服务，对企业发展过程中的制度、流程和规范等问题开展监督与指导。“企业体检”的目的并非只是查出来企业哪里有问题，而是帮助企业规范、完善这些地方。服务小组会与企业部门一起讨论如何进行优化与整改，使企业在未来能够更稳健地发展。

（二）企业的社会责任

晋江的企业家表现出强烈的社会责任感。在“英林心·心商店”的墙上挂有一幅照片，时任英林镇党委书记陈常英先生带头捐款，旁边的小学生、企业员工等也纷纷献出自己的爱心。“心商店”是英林心基金会的一个项目。

基金会源于当时党委政府的提议，由洪忠信带头，刘加业、洪文革、洪祖编、施明丽4位理事长领头，逐步发展成为教育、慈善、强村、敬老、生态“五位一体”的慈善组织。截至2022年1月，基金会共接收近3万人次3.194亿元（含理财、“心商店”收入）捐赠，“心商店”共接收196家企业（单位、组织、个人）捐赠物资570490件。洪忠信谈到创建基金会和“心商店”时说：

> 我协助党委政府参与发起这个英林心基金时说的一句话是，“我不入地狱谁入地狱”。虽然有一些半开玩笑，但事实上也源于我的初衷，源于孩童时代长辈和父亲的影响。父亲以前晚上没事干，经常给我讲陈嘉庚的故事。当时不知道陈嘉庚是谁，但是让我印象无比深刻的是他倾其所有来建立鹰厦铁路，建立集美学村，建立大学，而自己后来一分钱都没有了。那时我就默默地在心中种下了一颗种子——长大以后也要成为陈嘉庚这样的人，成为这种被人家欣赏、被人家认同、被人家赞扬的人。
>
> 我现在越来越忙，但是对未来如何转型成一个社会企业家，如何带领企业团队，如何影响和树立榜样性的行为准则来影响后代子孙，我找到了一条非常光明的道路。以前我还很怕，我没协同党委政府和我们这几个发起人来共同做这个事情时，还挺迷茫：我未来退休怎么退？我要华丽转身到底怎么转？难道我离开人世间以后我就是留一堆钱给后代子孙吗？难道我百年以后，英林村的人就把洪忠信给忘了吗，或者在后面戳洪忠信的脊梁骨吗？现在我越来越忙，特别是有了“英林心”这个品牌，一件一件公益事情，比如说晋江青年企业家的前期培养，等等，但我觉得越来越有方向。

从这个例子中可以看到政府是如何调动企业社会责任感的。政府的作用是定方向，在原有动力的基础上再推一把。没有政府的拉动，基金会不一定能成立；但是没有企业家本身的动力，慈善公益也不一定能做得这么红火。再举一个例子，建设社会主义新农村，是一项长期而艰巨的任务，须投入巨额的资金，单纯靠政府的投入来推动，力量显得不足。如何破解这一难题呢？晋江市政府想到具有强大经济实力的工商企业界。于是从2007年起，

"百企联百村、共建新农村"活动在全市范围内开展,"村企共建"模式成为晋江市农村工作的一个创新之处,是"城市支援农村、工业反哺农业"的新尝试。

从这些例子中也可以看出晋江企业家是如何思考和践行企业社会责任的。盼盼集团的负责人说晋江的企业文化最开始就是"老板文化",因为在创业之初家里情况比较艰苦,对于周边乡里乡亲给予的支持非常感恩,因此当自己有一些能力的时候,也一直会想到回馈乡里、回馈社会。慢慢地,因为老板的带领,中高管理层也开始去践行一些公益行为,从自己的身边小事开始,捐资助学、尊老爱幼等等。盼盼集团在晋江农村许多区域建了工厂,采用"取材本地化"的方式,带领周边的农民一起致富。受访者这样表述:"晋江的这些传统企业,现在承担更多的是一种民族的荣耀,比如说安踏长期跟中国奥委会合作……我觉得做一个商人,一开始可能是以赚钱为目的,要赚很多钱,要保证他的家庭和家族过上好日子,但是累积到一定程度之后,钱对他来说不再是最重要的,肩上有了更多的责任。"

从这些例子还可以看到晋江企业家的社会责任感是如何传承下去的。世界晋江青年联谊会的二代企业家说:"如果把晋江的经济比作飞驰的列车,它的性能怎么样呢?要更优越,动力更强劲,跑得更快,就需要我们这样的后来人。你看现在晋江的创二代的观念更新快,他们接受新事物更快,他们的转型也更上轨道,他们这样主动作为,才会形成这样的晋江。"

(三)社会每一个人的参与

晋江不忽视每一个人的力量。以流动人口为例,晋江出台了一系列政策以确保他们的归属感。据统计,晋江市流动人口常年在100万以上,数量与本地户籍人口相当。晋江市政府向全市流动人口做出了"三不承诺":一是不让任何一名来晋务工人员因企业恶意欠薪而蒙受损失,二是不让任何一名来晋务工人员子女上不了学,三是不让任何一名来晋务工人员维不了权。从2012年率先推出流动人口落户政策至今,晋江市流动人口落户规模达到53380人。晋江坚持共建共治共享理念,提出"新晋江人"概念,为他们提供30项市民化待遇。如今,无论是本地人还是外地人,对晋江的认同感都非常高。

晋江还擅长发挥每一个人的力量。在交通道路管网的平台，人们通过随手拍就能举报交通违法违章行为。在垃圾分类宣传上，晋江发挥小学生的力量，成立晋江市城市小记者队伍。如今参与的小学生有将近 1000 名，他们通过网络或实地宣传等方式，带动爸爸妈妈、爷爷奶奶等一起宣传，再通过家庭的辐射，以点带线，以线带面，起到重要的宣传作用。梅庭社区从 2012 年就开始开展垃圾分类，利用物业公司，通过废物置换、物物置换的形式来发动群众，比如家里的老人会把所有的纸皮等物拿到物业那里，论斤换取纸巾、香皂等物品，这既照顾了一些老年人喜欢囤积物品的习惯，也形成了垃圾分类的意识。而在乡村振兴方面，晋江市政府通过率先投资来带动社会资金进村，发展乡村旅游、田园风光等项目，同时注重本村农民参与。进行集体产权制度改革试点时，将经营权和所有权分离，如此一来，即使农民不参与也可以分到钱，保证了农民的利益。

（四）各个主体关系的协调

晋江慈善事业的发展就是一个政府主导、企业领头和多元主体参与的典型。过去，晋江人好面子，红白喜事时爱攀比，造成大量铺张浪费。2002 年 12 月 18 日，晋江市以撤县建市 10 周年为契机，由党政领导、乡贤发起、社会襄助，国内首家县级民间慈善机构“晋江市慈善总会”成立。晋江市慈善总会秘书长回忆，时任会长在其母亲生日时捐了 30 万元，连续捐了几年，直到他母亲去世。此后恒安集团创始人兼慈善总会会长许连捷在父亲生日时捐了 9999.99 万元，在社会上引起巨大反响，带动其他企业家在红白喜事时进行慈善捐助。在此期间，政府陆续出台《鼓励民间捐赠慈善事业奖励办法》《晋江市人民政府关于命名表彰慈善事业突出贡献人士的决定》《晋江市移风易俗、弘扬时代新风行动方案》《领导干部出席慈善捐赠仪式管理规定》等政策，建立慈善捐助的激励机制，使慈善逐渐成为一种风气。晋江市政府还将慈善总会成立的 12 月 18 日定为“晋江慈善日”，每年“慈善日”前后，晋江都会举行声势浩大的万人踩街、全民募捐等形式多样的慈善活动。

除了多元主体参与，在社会创新中，晋江还强调要使社会各方都得益。这其实也是社会创新的要求，社会创新不应以牺牲某方的利益来实现。再以移风易俗为例，慈善捐赠的钱是给出去了，那么如何保证捐赠方得益？晋江政府出台政府领导致辞、颁授牌匾、冠名等方式，实现面子受益；通过慈善氛围营造和宣传等方式，实现道德受益；还通过搭建平台，实现资源受益……而晋江也确实通过协调社会各种关系，实现了城乡一体化发展、社会共同体建设。晋江的保障体系是待遇精准化和全覆盖的，确保城市农村一个样，本地外地一个样。晋江市社会福利中心以养老院为主，涵盖养老、医疗、休养、救助、物资储备等“五位一体”功能，是集生活照料、医疗保健、康复健身、文化娱乐于一体的综合型社会福利机构，可以说老年人在生活中所需要的一切都可以在这个中心实现。

但是这种各方得益的创新，并不是整齐划一的创新。晋江政府认为社会创新应该发挥高层次高技能人才的作用，通过专家创新来带动万众创新。晋江也不搞一刀切。例如在城市管理上，晋江不是一刀切地不允许流动摊贩，而是在人流量较大的地方设定固定摊位，查验申请人的资质。这样既方便民众的生活，又能保证摊贩的正常经营。

四、晋江社会创新的四个案例

晋江有许多社会创新的做法。这里选取以下四个案例，用以说明晋江是如何尝试通过社会创新来解决社会问题的。

（一）医疗共同体建设

晋江市为解决优质医疗资源总量不足、分布不均的问题，强化体系创新、技术创新、模式创新、管理创新，积极对接引进省内外高端医疗资源，特别是重点谋划、扎实推进了上海六院福建医院国家创伤区域医疗中心项目，并构建了“3＋4＋5＋X”的紧密型医疗卫生资源格局，力促医疗卫生事业高质量平衡式发展。

通过积极对接高端医疗资源，目前晋江市共有市医院、中医院、第二医院等13家医疗卫生单位与复旦大学上海医学院、福建中医药大学、浙江树兰医疗集团、上海六院福建医院、复旦大学附属儿科医院等41家省内外知名院校和医院建立紧密协作关系。通过合作共建国家区域医疗中心、成立院士工作站、成立名医工作室、设立iMDT会诊等多种形式，借助上级优质资源、先进医疗技术和管理理念，提升医疗卫生管理服务水平；部分医疗卫生单位积极加入各类专科联盟、医联体理事单位等达56家次。以上海六院福建医院国家创伤区域医疗中心为例，它是全国首个县域国家区域医疗中心试点。该中心的创新之处主要体现在以下方面。一是体制机制创新，将机构提格。泉州市委编办下发《关于晋江市医院（上海市第六人民医院福建医院）机构编制事项的批复》，医院规格调整为副处级，采取“市属县管”模式（为泉州市属医疗卫生单位，由晋江市代管）。文件对内设机构设置数量及领导职数也进行相应规定。二是医院管理体制创新。充分授权由上海六院主导上海六院福建医院的运营管理。上海六院福建医院享有独立的人事聘用权、薪酬制定权和财务管理权；支持自主招聘，自主确定人员结构，落实用人自主权；落实“两个允许”要求，充分赋予分配自主权。三是医保政策创新。中心正式运营3年内，不设疑难病症的诊疗医保支付限额，不计入医保考核指标；放宽特需医疗比例、范围；允许自主医疗服务定价；泉州市医疗保障局批准同意上海六院福建医院开展首批16项特需医疗服务项目。晋江市医院与上海六院合作以来，除带动技术提升外，2021年与2020年同期相比，门诊人次增长55.55％，住院人次增长25.85％，手术台数增长44.54％，三四级手术台数增长39.37％，就医患者对外转诊率下降26.94％。

在晋江市域内，为加快推进“3＋4＋5＋X”紧密型医疗卫生共同体建设，初步构建了以市医院、中医院、安海医院（第二医院）为龙头，以市疾控中心、妇幼保健院、疗养院、卫生监督所为公共卫生专业技术服务核心，以市医院晋南分院（晋南）、陈埭中心卫生院（晋东）、磁灶中心卫生院（中西医结合医院，晋北）、东石中心卫生院（晋西）、英墩华侨医院（晋中）等5家二级医疗机构为医疗次中心，辐射带动周边若干家基层医疗卫生机构的医疗卫生服务体系，依托三大医共体架构，建立协同协作机制，统筹均衡医疗资源布局。此医共体建设的突出创新点在于探索行政管理、人力资源管理、财务管理、医疗质量管理、药械管理、信息管理、医防融合的“七个一体化”。目前，各项一体化工作正持续推进，3家医共体平均完成65项，完成率 90.28%。行政管理一体化方面，制定“三重一大”议事决策清单，实行大部制改革，市医院、中医院、安海医院（第二医院）医共体将牵头机构行政职能部门分别调整为 12 个、12 个、8 个，基层分院（院区）统一调整为 3～5 个，允许成员单位结合实际适当进行二级分科。人力资源管理一体化方面，加快推进卫技人员“市管镇用”的用人机制，出台《晋江市市直公立医院人员总量控制备案管理暂行办法》，核定 7 家市直公立医院人员规模控制数为 10190 名，各成员单位以医共体名义统一进行公开招聘、引进、调动至医共体成员单位。财务管理一体化方面，面向全市机关事业单位符合条件的编内人员公开遴选 3 名总会计师派驻市医院、中医院和安海医院（第二医院）医共体总院履行总会计师岗位职责。统筹医共体内财务人员分别组建了 3 家医共体财务管理中心，各医共体单位核算员派驻集中办公。医疗质量管理一体化方面，在实现经济开发区院区、梅岭院区、紫帽院区、内坑院区等医疗质量管理一体化的基础上，3 个医共体出台实施医共体医疗质量监管机制、双向转诊管理办法，以及对口帮扶、巡诊、远程会诊机制等配套文件。药械管理一体化方面，3 个医共体牵头机构分别设置统一的药械采购账户，制定医共体内药品目录，药品耗材统一管理、统一用药目录、统一采购配送、统一支付货款，开展各成员单位的调研摸底，完善统一管理、采购、配送操作细则。信息管理一体化方面，完成智慧卫生信息工程一、二期项目，依托基础交互平台和数据中心，全市 26 家医疗卫生机构接入平台，区域影像、病理系统、区域检验、双向转诊、智能健康提醒系统等全面投用，实现全市医疗机构数据互联互通、调阅共享。医防融合一体化方面，3 个医共体分别制定家庭医生签约服务实施方案、公共卫生机构与医共体分工协作机制、转诊办法，明确县域医共体内县、乡两级疾病诊疗目录，并在梅岭、紫帽等院区先行探索实施。

（二）多元养老服务体系建设

截至 2021 年底，晋江老龄化率为 15.5%，比全国（18.9%）、全省（17.21%）低，比泉州市（15.0%）高。晋江是一个相对传统的社会，尊老敬老的文化氛围浓厚，许多人在慈善捐赠时倾向于建造养老院、敬老院，在公益活动时倾向于去养老院、敬老院探望。但是，同样因为浓厚的尊老敬老观念，许多年轻人并不倾向将父母送去养老院，因为这可能会被认为是“不孝”的行为。然而，随着中国老龄化的加剧，年轻人流动率的升高，单单依靠家庭养老将不足以承担越来越重的养老压力，如何建设多元养老服务体系，满足不同类型老年人的需求，晋江也在不断摸索。晋江多元养老服务体系建设最明显的特点体现在其因地制宜、因院制宜和因人制宜之上。

首先，因地制宜，养老设施多层次，注重从市、镇（街道）、村（社区）三个层面加快构建多层次全覆盖的养老服务设施布局。一是市级层面。投资3亿多元，高起点、高标准建成市社会福利中心，建立“医疗＋康复＋养老”和“居家＋社区＋机构”双三位一体的服务体系，集生活照料、医疗保健、康复健身、精神慰藉、文化娱乐于一体。二是镇（街道）级层面。目前已建成投用镇（街道）级养老机构15所，在建筹建4所（池店、安海、内坑、英林等4镇，目前暂时依托辖区敬老院承担镇级敬老院职能），基本实现镇（街道）级养老机构全覆盖。三是村（社区）级层面。建成村级敬老院55所，在建筹建村（社区）级敬老院26所，建成325所农村幸福院（居家养老服务站）。2019年以来，晋江市还试点建设10所嵌入式养老机构，为失能、半失能、高龄、失独、孤寡等社区特殊老年人提供日托、全托养老护理服务。多层次全覆盖的布局，使得老人可以根据自己的需要和地理位置在不同的养老院获得服务。

其次，因院制宜，运营模式多样化，坚持立足各镇（街道）、村（社区）养老院的实际情况，加强谋划思考，引导利用各方力量共同抓好养老服务设施运营。一是公建民营。支持引入第三方专业团队进驻运营，建成市社会福利中心、陈埭镇敬老院、东石镇敬老院、磁灶镇苏垵村幸福院等21所公建民营养老机构。二是民办民营。扶持建设安海慈静敬老院、青阳阳光颐养园、金井天泉养老院等5所民营养老院，开展差异化养老服务业务。三是村建自营。指导磁灶大埔与大宅、英林嘉排、金井围头等村级敬老院规范运营。四是医养结合。支持养老机构、居家养老服务站与医疗机构开展合作，积极探索建立医养结合服务模式。市社会福利中心配套建设老年康复医院，医保定点资质已通过泉州市医保局审批；龙湖尚善养老院设立内部医疗室和护理站，并与晋江市医院晋南分院建立长期医疗协作关系；安海慈静敬老院开设诊所；大埔、洋宅、围头等村级敬老院与社区卫生服务站合作，定期上门提供健康医疗服务。

最后，因人制宜，养老服务多元化，突出养老服务的普惠性，全面落实老年人福利关爱机制。一是落实老年人福利和关爱工作。完善老年人福利资金管理办法，做好80周岁以上老年人高龄补贴、完全失能老年人护理补贴、百岁老人节日慰问等工作，年发放补助资金1700多万元。二是深化长期护理保险制度。会同晋江市卫健局、泉州市医保局晋江分局，按“成熟一个拓展一个”原则，逐步扩大试点覆盖范围［已有68个村（社区）参加］，积极探索构建“筹资多元化、评估标准化、待遇本地化、服务社会化、运作商业化、组织常态化”长护险工作机制，减轻政府及家庭负担。三是持续开展居家养老上门服务项目。连续6年通过政府购买服务形式，为特殊困难老年人群体开展以助餐、助洁、精神慰藉、日常护理和紧急救援等为主要内容的居家养老上门服务项目。四是推进困难老年人适老化改造项目。2021年为737户散居特困、低保家庭中失能半失能老年人改善居住条件，提升了居家养老品质。

（三）文化保护和传承工作

文化遗产保护和传统文化传承工作是一项长期性、系统性的工作，晋江市以宣传推荐展示、完善工作机制、制定扶持政策等为工作抓手，进一步挖掘晋江历史文化，持续做好历史文化保护和传承工作，让新生代喜爱上传统文化，将优秀传统文化继续发扬光大。

一是开展文化惠民活动。晋江每年投入专项资金用于“大美晋江”文化惠民演出，自2014年开展以来已成为晋江市重要文化品牌之一。到目前，累计演出近700场次，受众40多万人次。每年戏剧精品进剧场、进镇村、进企业、进校园演出200多场次。重点打造晋江戏剧文化节、南音演唱节、侨乡谜会等传统品牌活动，推动非物质文化遗产融入城市建设、贴近群众生活。鼓励社会力量参与公共文化服务，充分发挥民间文化机构、文艺社团组织等作用，丰富演出资源，引进国内外高水平团队来晋演出，让群众喜爱上传统文化。

二是推动非遗进基层。目前，晋江有三项世界级非物质文化遗产，分别是掌中木偶戏、南音和水密隔舱福船制造技艺。首先，晋江将高甲戏、南音、传统手工艺等非遗项目融入乡土教材。目前，全市中小学乡土文化校本课程达56种，部分校本课程已初成体系。其次，在各个学校设立非遗传习点，推动非遗项目与学校教育有机结合，先后确定了安海中学、晋江职业中专学校、安海职校等为非遗教育基地和传习点。再次，开展学校戏曲通识教育、“百场木偶进百校”、校园灯谜赛、中小学生南音演唱演奏比赛等活动，推动闽南优秀传统文化在青少年中传承发展。最后，在五店市传统街区、梧林传统村落等街头文化表演场所空间，不定期组织掌中木偶戏、舞狮、舞龙、木版年画、陶瓷技艺、灯谜等非遗项目艺人，以小型、灵活的方式定时定点进行表演展示。

三是积极鼓励合理利用。晋江市不断探索城市更新改造与文物建筑的有机结合，发挥文物建筑的社会效益和经济效益，不断创新文物合理利用模式，取得了一定的成果。首先，积极推动文旅融合，如晋江市首个国家AAAA级景区——五店市传统文化街区，依托1处省保单位（4个点）、6处市保单位等140余幢古建筑，开辟成集文化展示、文化创意、娱乐休闲于一体的闽南文化新街口；依托国保单位靖海侯府、省保单位长顺建筑群等，致力于打造滨海文化旅游区，推动晋江文旅产业发展。其次，充分发挥文物建筑社会功能。以《文物建筑开放导则》为依据，在不影响文物建筑安全的前提下，依托文物建筑开展参观游览、社区服务、经营服务等活动。如依托市保单位桂山晋江县人民政府旧址、桂山庄材赐宅、桂山庄清泉宅开辟书吧、文创集市、文化馆、党员教育培训基地等；依托市保单位庄杰线宅开辟咖啡馆，营造传统街区的东南亚怀旧氛围。通过资源整合，充分发挥文物建筑的公共服务和社会教育作用，推动文物资源的有效转化。最后，在合理利用的同时，加强文物保护工作。目前，全市有21处文保单位开展文物保护工程，含保护修缮、抢险加固、迁移保护3个类别。

（四）“互联网＋”时代媒体的社会责任

2018年10月26日，晋江市融媒体中心揭牌成立，融媒体中心在晋江经济报社、晋江广播电视台设立两个分中心，标志着晋江媒体融合发展进入新阶段。在“互联网+”时代，晋江市融媒体中心承担起它的社会责任，在传播晋江好声音、展现晋江好形象中发挥了重要作用，为晋江发展凝聚正能量发挥了积极作用。它的主要创新之处体现在“四联机制”、“一堂好课”、产教融合、新媒体技术应用等方面。

在“四联机制”上，市人大常委会机关和市融媒体中心深入开展“达标创星”联建联创活动，有效整合人大常委会机关、融媒体中心的优势党建资源，充分发挥比较优势，强化协调互动，实行党建资源互通互享、党建品牌共创共推、党员队伍联建联育，建立“支部工作联动、一堂好课联讲、人大节目联办、党建品牌联创”的“四联”工作机制，把两家业务合作做深度的融合推广，为广大党员干部和市民做一些服务工作，努力提升机关党建科学化水平。

在“一堂好课”上，晋江结合实际，以“一堂好课”为主题开展模范机关创建工作，积极推进机关党建高质量发展，引导机关党员干部“学思用贯通、知信行统一”，用大白话讲大道理，不断推动机关组织建设与干部素质提升相融合相促进，进一步打通机关联系服务群众“最后一公里”。2021 年，晋江各单位党组（党委）立足部门职能、工作业务，充分考虑基层实际需要，结合群众痛点难点堵点，推出 91 堂各具特色的课程，通过网络直播、现场教学等方式，在机关内部、部门之间，或深入村社、学校、企业等基层一线讲课。例如，晋江市融媒体中心党委以“诚信”为题眼，以中宣部“诚信之星”获选者蔡金钗的家风故事、龙湖镇许厝村许金塔的家训故事、老革命许集美“百两黄金借还记”等为主要内容，以四个“一系列”（即一系列主题宣讲、一系列新闻报道、一系列专题宣传和一系列融媒产品）为抓手，讲好晋江“诚信”故事，传播晋江“诚信”声音。在安踏公司，晋江市卫健局相关科室负责人为员工送来了急救知识讲解。晋江公安局来到内坑镇亭顶村为村民讲解办理港澳台相关探亲手续流程，让村民足不出户就可以知道怎样办理相关手续。不仅如此，中心党委还推动好课宣讲从线下走到线上，充分发挥晋江电视台官方网站、媒体公众号、微信视频号、抖音号、快手号等新媒体平台作用，与晋江市电视台、广播电台、《晋江乡讯》等传统媒体

“终端”有机结合，推行“好课直播”、网络“云课堂”“指尖”党课，多渠道、全平台、矩阵式的传播形式拓宽了宣讲覆盖面。

在产教融合上，2021 年 1 月 15 日，华侨大学“新闻与传播专业实践教学基地”授牌活动在晋江市融媒体中心举行，双方开启全方位更深层次的交流互动。双方不仅可以开展学术交流，也可以开展节目探讨，同时为学生提供了一个实习实践的机会和平台，可以将学界跟业界结合在一起，既与专业相符合，也与整个社会，尤其是新媒体、融媒体发展的趋势相符合。

在新媒体技术上，市融媒体中心充分利用新媒体技术，将志愿服务活动制作成短视频在抖音等网络平台上进行推广宣传，提高了民众参与志愿服务的热情。为配合新冠疫情防控，晋江市在 2021 年推出文化、科技、卫生“三下乡”活动，以“留晋过大年”为主线，开发“云”下乡通道。“云上‘三下乡’　在晋过大年”微网页设有“答题赢好礼”“云上赏文艺”等 9 个栏目，晋江市融媒体中心、《晋江经济报》、晋江新闻网等三家媒体及“人文晋江”微信公众号均可链接展示。市民只要进入该网页，即可畅享“云上‘三下乡’”。

第三节　晋江社会创新中存在的问题及启示

一、晋江社会创新尚存的问题

（一）人才和专业化问题

晋江市政府和企业在吸引人才上做了许多努力，例如与高校合作、大力引进硕博士、发展本地院校等等。晋江市“十四五”规划中明确 5 年间的人才引进计划是要引进 1000 个博士、1 万个硕士。但是晋江仍然存在严重的人才短缺问题。这首先体现在高端人才的短缺上，“博士不是很好招，很多人不愿意到县城来”。其次还体现在基础人才的短缺上。晋江是制造业起家，目前制造业仍然是其经济发展的主要力量，但是随着社会的发展，越来越多的年轻人不再愿意进工厂，导致工人越来越难招，对晋江企业发展产生影响。同时，因为高端人才短缺，短期内难以实现通过自动化和智能化来应对工人的短缺。今后晋江如果不能想办法解决其人才问题，将可能影响其县域的整体经济发展和社会创新。

由于人才短缺，晋江在一些方面也出现专业化不足问题。例如，晋江的慈善基金会和慈善组织，多数开展的仍然是传统慈善方面的活动，很少看到现代慈善的痕迹。现代社会的多样性、复杂性、不确定性和全球性，决定了现代慈善有不同于传统慈善的特点。然而，晋江的许多慈善组织从事的仍然是捐资助学、修桥修路等，并没有认识到慈善手段除了捐款，还可以是公益活动和志愿服务，也没有打通现代慈善渠道，建立捐款和服务一体的慈善机制。有的企业家捐建了养老院，但是因后续服务没跟上导致养老院空置；而有的公益组织能提供优质的服务，却因没有资金来源而无法长期生存。此外，慈善组织一般是自发形成的，没有制定相应的科学的规章制度，没有专门的管理、财务等人才。因此，虽然晋江慈善氛围浓厚，但专业性和现代性还欠缺。再例如，养老服务人才“断层”和专业“缺位”问题也很突出，呈现出服务人员专业性不强、学历低、平均年龄高、收入待遇低、劳动强度大、社会地位低、流动性高等特征。年轻人才少，进一步导致养老智能化管理水平偏低，仍然停留在人工阶段。

（二）社会组织的主体力量未充分发挥

在晋江的社会创新中，政府主导和企业领头的作用明显，但是社会组织的力量却未得到充分发挥，社会组织的作用也未得到充分体现。

首先，社会组织也面临人才短缺问题，并且常常专业不对口。例如心理服务机构缺少专业的心理学人才，有的是社工专业毕业，只上过普通心理学等课程；有的是出于兴趣来兼职，但是没有经过系统培训。护理专业毕业的学生不愿意从事一线老年人护理工作，目前从事老年人护理的大部分为没有经过专业训练的50～60岁的中年人。

其次，社会组织常常面临流动率过大的问题。一方面能够存在时间超过3年的社会组织为数不多，另一方面社会组织中能坚持做1年的人也不多。然而，许多社会组织项目是需要持续性的，高流动率可能导致一个好的项目难以长期做下去，或者项目刚刚出现起色就终止了。社会组织工作者薪金和社会地位较低可能是流动率大的原因。

最后，政府对社会组织的激励作用不足。尽管晋江有社会组织孵化园，在创业初期对其进行房租和税收减免，但是一方面能够成功“孵化”的社会组织不多，另一方面“孵化”后政府的支持力度变得薄弱，导致一些组织“孵化即夭折”。

以上问题其实反映出来的是政府对社会组织力量的不够重视。晋江传统上重视的是家族力量，经济发展后又开始重视企业力量。而社会组织介于家族和企业之间，得不到家庭的支持，又没有企业那么强的经济实力，因此地位尴尬，似乎“可有可无”。但是，现代社会无法仅依靠家庭的力量，企业有时又不具备足够的时间空间和人才来开展所有的社会服务。社会组织实际上是社会创新强有力的补充，更是民生建设的重要力量。未来晋江应考虑出台或调整相应政策以促进社会组织的发展壮大，转变民众对社会组织的消极看法，并且激发社会组织的创新作用。如此，将更有利于晋江的民生建设和社会发展。

（三）早期规划不足所遗留的问题

目前，晋江城乡一体化建设的理念是坚持“城里乡村一个样、新老晋江人一个样”，“不是要消灭农村，而是要更好地发展农村”。但是，在这之前，晋江也走过弯路，也曾经“农村城市化，城市农村化”。在农村，早期没有规划好的问题现在就凸显出来了，例如现在很多通道连消防车都进不去，因为以前大多数是步行或骑摩托车，并没有预留足够的给汽车行驶的道路。此外，也没有预留足够的自来水、天然气和排污管道空间，导致后期改造困难。

这类社会发展的规划问题，一方面受到外部环境的制约，改革开放以来，中国社会发展迅速，许多变化是以前想象不到的，也就做不到规划；另一方面也与内部目标和动机有关，如果在早期规划时的动机能更理智、目标能更长远，就不会盲目片面地追求豪华或“高大上”的项目，也就会预留更多空间给未来的发展与调整。

二、对中国县域社会创新的启示

（一）坚持远景规划，尊重本地实际

无论是晋江的成功经验还是尚存问题，都体现出做好远景规划的重要性。过去个别地方政府一味追求经济的快速增长，产生了一系列社会问题，如环境污染、公众道德水平下降等等。2007 年，在中央经济工作会议上，中央提出要“坚持好字优先，推动科学发展”。但是早期过度追求快速化发展对资源和环境造成的伤害却需要很长时间去抚平，有些影响甚至是不可逆转的。因此，各地方政府在进行规划时，应该持有更长远的目标，将短期和长期目标相结合，明确县域的整体发展方向和定位。

然而，能将远景规划坚持下来，需要地方政府的持续性，晋江政府“一届接着一届干”的做法是值得推崇的。有的地方政府换一届领导班子，城市规划就重新来一遍，导致有的路年年在修，有的景点年年在改，造成许多浪费，给群众留下城市发展不稳定的印象，更不可能形成长远规划。

此外，在规划时也应注意尊重本地实际情况，不是现阶段流行什么就做什么，完全不管是否符合本地实际，也不管本地是否有足够的条件。晋江模式、温州模式、苏南模式等等模式的涌现，正表明每个地方都有其特色和发展的条件，但共同点都是能尊重本地实际，因地制宜。

（二）探索自强之路，坚持品牌打造

晋江有“人人想当老板”一说，在这种自强拼搏的精神下，晋江人并不满足于中小型乡镇企业规模，也并不满足于模仿其他品牌，而是积极寻求突破，坚持走自己的品牌路线。然而，在品牌路线上，我国有许多不足。受长期手工制造业影响，“中国制造”随处可见，但是中国品牌却鲜为人知。尽

管近年来国货引爆了新一轮消费潮流，“花仙子”“鸿星尔克”“安踏”等品牌一度“破圈”，备受追捧，买国货、用国货、“晒”国货，成为很多人特别是年轻一代的生活日常，但是许多国货却并没有真正走向国际化，成为国际品牌。在国民认可度上，国货的高端属性也远低于其他国际奢侈品牌。因此，如何打造中国的国际化品牌，是中国各地未来需要创新和突破之处。

（三）调动协作资源，融合多家所长

我国一些地方产业衰败、空心化严重，不能形成发展的内生动力。与这些地方产业完全靠外部输入不同，晋江经济的腾飞虽然有外贸发展的大背景，但更多的源于县域社会的内发型发展和晋江人民的自主性发展动力。晋江所形成的产业集群具有鲜明的“中国特色”，带有改革开放40多年来积累的中国产业基因，其中之一就是非常善于充分调动各种本地资源进行社会协作。例如，晋江有着底蕴深厚的宗族文化和家国观念，在创业初期和产业发展过程中充分利用了家族观念，形成了互帮互助的产业连带关系和特殊的产业模式，就是所谓的“垂直产业分工”，形成了“大企业＋小企业”的企业合作网络。正是这种基于文化认同和协作优势诞生的“产业生态”，成为“晋江产业链不会转移”的“根茎网络”。在新冠疫情期间，之所以一些生产环节甚至出现回流的趋势，与这种内生的、转不走的产业网络密切相关。

当今世界面临着百年未有之大变局，政治多极化、经济全球化、文化多样化和社会信息化潮流不可逆转，各国间的联系和依存日益加深，但也面临诸多共同挑战。粮食安全、资源短缺、气候变化、网络攻击、环境污染、疾病流行、跨国犯罪等全球非传统安全问题层出不穷，对国际秩序和人类生存都构成了严峻挑战。不论人们身处何国、信仰如何、是否愿意，实际上已经处在一个命运共同体中。中国要实现社会主义现代化，不能走以前闭关锁国、故步自封的路子，而应积极寻求合作，融合多家所长。这不仅体现在国际关系上，也体现在国内不同区域间的关系和不同领域间的关系上。晋江在此方面有其突出的表现，如通过“恳亲会”等活动积极保持与海外华侨华人的联系；拥有全国唯一一个县域国家区域医疗中心，与上海市第六人民医院合作，积极对接高端医疗资源；构建了“3＋4＋5＋X”的紧密型医疗卫生资

源格局，均衡市域内医疗资源；基本建成“两横一纵两连”高速公路网络，实现全市域15分钟内上高速；市福利中心建设了居家、社区、机构相协调和医养康养相结合的养老服务体系；等等。目前，中国发展不平衡不充分的现象仍然十分突出，应进一步发挥我国“坚持全国一盘棋，调动各方面积极性，集中力量办大事”的显著优势，实现国内资源、国际资源的统筹协调、各取所长。

（四）完善机制建设，释放创新空间

晋江的社会创新是政府、企业和社会共同参与，由政府主导、企业领头、多元主体参与的创新。其中，政府起到的是牵头、引导、服务和监督作用，但是在这个过程中，政府又能“隐形”，给企业和社会创新提供足够的空间。在这一点上，许多地方政府是做不到的。

有研究者认为，社会创新需要“国退民生”，即国家积极退出私人领域和公共领域，才能走向现代社会。但是，这个概念是不对的，政府不是退出，更不能退出，实际上政府在方向、定位和政策方面起着主导的作用，否则规划不可能长远，发展也不可能长远。随着县域产业的发展，建设新型服务型政府，为县域经济打造优良外部环境显得尤为重要。但必须注意的是，政府不只是服务，还必须起到引导作用，服务只是支撑，提供发展才是必须的条件。当前一些地方政府在招商引资、改善营商环境的过程中，只重视基础设施等硬环境的改善，片面注重“有形通道”的作用。晋江很敏锐地注意到，打造营商环境，必须高度重视软环境的建设。因此，“晋江经验”提示我们政府要在“抓”与“放”之间保持平衡。

第十章

“晋江经验”与共同富裕

“晋江经验”所包含的“六个始终坚持”和“正确处理好五大关系”的思路本身是构建共同富裕的重要抓手和依据。晋江在城乡建设、区域发展、人民收入等方面的均衡发展，以及晋江在现代化方面把发展与共同富裕做的有效连接，都体现了“晋江经验”在迈向共同富裕方面的独到之处。

第一节　共富精神的社会基础

晋江是伴随着改革开放发展起来的一个城市。1986 年，当邓小平提出“让一部分人、一部分地区先富起来”时，晋江还是闽南地区泉州辖下的一个县，年工农业总产值只有 11.6 亿元。在此之后，晋江工农业生产总值不断攀升。2021 年，晋江的地区生产总值已经高达 2986.41 亿元，常住人口人均地区生产总值约 14.46 万元，接近中上等收入地区水平，远远超过了全国全面小康社会建设和发展的经济目标。可以说，晋江是我国改革开放以来率先实现“先富”的城市和地区之一。

1996—2002 年，先后担任福建省委副书记、省长的习近平七下晋江调研，提炼晋江经济社会发展经验。他先后在《人民日报》《福建日报》等多份报纸刊物上发表系列文章，提出“六个始终坚持”“正确处理好五大关系”，被称为“晋江经验”。而今，晋江站在了新的历史转折点上。

一方面，新冠疫情防控不容懈怠，国际、国内市场的不确定性加强，以“三来一补”起家的晋江，其产业布局和经济发展均面临着新的挑战。在风云诡谲的国际形势下，相较于早年间“让一部分人、一部分地区先富起来”的政策定位，党的十八大以来，共同富裕被放在了更为重要的位置上。我们如何在共同富裕的视角下重新检视“晋江经验”？值此“晋江经验”提出 20 周年之际，重新回顾、再度解读晋江社会经济发展情况，不仅有助于我们深化对晋江当地的认识，更有助于我们在新的社会历史情势下运用“晋江经验”，立足晋江进行探索，真正落地实践“中国式现代化道路”。

另一方面，将视线拉回晋江，回溯历史，我们发现，在“晋江经验”形成与发展的过程中，其“先富的经验”其实一直蕴含着“共富的精神”。这一点可以在晋江的文化传统、社会风气乃至晋江人的性格中得到很多印证。专注“先富经验中的共富精神”，进一步揭示其间的内在逻辑关系，有助于我们把握晋江发展繁荣的规律，也有助于我们将晋江“先富”经验拓展到国家“共富”探索中，顺应国家战略，助力乡村振兴。

一、共富视角下的“晋江经验”土壤

（一）本固枝荣之安海侨批业

在晋江，“先富经验”中的“共富精神”首先体现在晋江人“拉、帮、带”的经济活动中。晋江人家族观念极强，而“一家人”就意味着互济互助、携手共进。历史上，晋江并非富庶之地，而晋江人打拼的历史也是“一家人”互相帮助的历史。这一点，特别清楚地表现在早年晋江繁荣的“侨批业”上，其中又以安海的侨批业为甚。

回溯历史，安海繁荣的侨批业历史其实是当地华侨艰苦的“出洋史”。《山海经》中曾记载：“闽在海中，其西北有山。”晋江此地亦是农田极少，非常不利于农业生产。当地居民为了谋生，不得不冒着巨大的风险出海打拼。安海华侨出国的记录，散见于明清多家族谱内。而且当时的出海华侨与国内家人之间，既无邮电往来，又无银行汇兑，沟通十分困难。这些海外华侨与国内家人相互联系的渴望，促进了“侨批”这一行业的发展。

以安海为例。以前，沟通安海华侨与国内亲属的人被称为“水客”“客头”。这些客头一般是相识的乡亲故友，受华侨之托办理交通、通信，携带银信回国分发，从收汇、承转到解付一条龙服务，但周期长，帮次少，满足不了华侨的需要。清同治十年（1871 年），安海洋垵人郑灶伯和郑贞伯兄弟在兴胜境街开设郑顺荣批馆，这是福建省开办最早的民信局之一，也是安海侨批馆发展的开端。

侨批业的发展情况在展现晋江早期经济活动的同时，更能为我们窥视当地人的精神气质、当地社会的观念传统打开一扇窗。习近平总书记也曾说：“‘侨批’记载了老一辈海外侨胞艰难的创业史和浓厚的家国情怀，也是中华民族讲信誉、守承诺的重要体现。”

在现有的侨批资料中，晋江的侨批占比相当高，其中以安海为甚。20 世纪30年代，晋江县侨批局发展到了17家，安海独占8家，至全民族抗战时期发展到15家以上。这些侨批局集中分布在中山路各段，有的是总局，有的是驻安海分局，有着可靠的信誉和良好的口碑。安海批馆林立，侨汇纷纷涌进。

（二）互助互济之安海公会

侨批业在安海的繁荣，一方面大大促进了海外华侨与家人之间的联系，另一方面彰显了海外华侨对故乡家人的惦念。当在外辛苦工作的华侨有所收入之后，往往第一时间想到的不是自己的享受，而是怎么“寄钱回家”，怎么和亲友“共同分享”。“拉、帮、带”，除了对更贫困的亲友“拉、帮”，还有“带”。海外华侨除了寄钱回家，一旦在海外有点立足，便始终不忘如何“带动亲友”进一步发展。

带着这样的文化传承，晋江海外华侨成立了诸多公会，进一步将其共克困难、携手发展、热爱家乡、回馈家乡的“拉、帮、带”精神发扬光大。仍然以安海为例。1948年，新加坡安海公会成立。1962年，几经波折的菲律宾安海公会也宣告成立。旅菲华侨、旅新华侨正式以公会为平台沟通感情，互相扶持，共谋发展。公会里的乡贤输财出力，不断为家乡捐资捐物。菲律宾安海公会、新加坡安海公会还联合香港安海同乡联谊会，发展会务，合作互助，为安海兴办福利事业作出了重要贡献。表10-1简单列举了诸安海公会乡贤在20世纪八九十年代影响较大的一些捐赠情况。

表10-1 诸安海公会乡贤历年捐赠情况

菲律宾安海公会	1984年，菲律宾乡贤郑永丰先生捐赠安海医院A型超声波机、心电图机各一台
	1984年，菲律宾乡贤黄福清先生捐赠安海医院手术床、吊式无影灯
	1987年，晋江安海养正菲律宾校友会捐建养正中学“菲律宾校友楼”
	1991年，旅菲乡贤黄福清、施端美伉俪捐建安海中心小学“年鋆音乐室”
	1992年，菲律宾安海公会捐赠安海医院进口救护车一部
	1992年，菲律宾乡贤郑永丰、曾铁峰、颜期兴、黄福清、黄有恒、张世泽、张欲昆、叶定郊、颜期前、吴仁堪、姚玉衡、丁玉琼捐建养正中心小学“菲律宾校友楼”
	1993年，菲律宾乡贤王经纶、蔡淑霞伉俪捐建安海中学南大门，2003年出资重新装修

续表

菲律宾安海公会	1996 年，菲律宾安海公会捐建安海职校教学楼
	1997 年，菲律宾乡贤徐天泽、陈淑辉伉俪捐建养正中心小学“振义彩卿教学楼”
	2005 年，菲律宾乡贤王经纶、蔡淑霞伉俪捐建松熹中学科技楼
	2008 年，菲律宾乡贤王经纶、蔡淑霞伉俪捐建养正中学“纶霞教学楼”
	2016 年，菲律宾安海公会捐建安平桥景区“菲律宾林”
	2017 年，晋江安海养正菲律宾校友会捐建养正中学新校区“菲律宾校友楼”
	菲律宾乡贤王经纶、蔡淑霞伉俪独资捐建坝头小学
	菲律宾乡贤许光耀、许宗道、许宗德、许宗正捐建慎中实验学校教学楼
	菲律宾乡贤黄有恒独资捐建启慧小学
	菲律宾乡贤参与捐建培基小学教学楼
新加坡安海公会	1956 年，新加坡乡贤苏紫厅、苏秉球、苏秋生、谢光华、高铭钦捐建养正中学“星马堂”
	1997 年，新加坡乡贤颜期巢、香港乡贤颜庭阶与颜水来昆仲捐建安海职校教师宿舍楼
	新加坡乡贤参与捐建培基小学教学楼
	新加坡乡贤黄加种捐建安海卫生院科技楼、安海职校图书馆、安海中心小学“黄加种体育馆”
	新加坡乡贤张天章、姚庆烧、颜期伟、颜呈瑞捐建安海职校体育馆
合建	1982 年，菲律宾安海公会、新加坡安海公会、香港安海同乡联谊会联合捐建安海医院“四化楼”
	1983 年，香港安海同乡联谊会、菲律宾安海公会、新加坡安海公会联合捐建养正中心小学教学楼
	1984 年，香港安海同乡联谊会、新加坡安海公会、菲律宾安海公会、旅港乡贤颜期仁联合捐建“养中图书楼”
	1987 年，晋江安海养正菲律宾校友会、香港安海同乡联谊会、新加坡安海公会联合捐建“养小大礼堂”，同时修缮东边新校门，旅菲乡贤颜期兴捐建西边新校门

回顾晋江安海侨批业和晋江安海诸公会的历史可以发现，对晋江人来说，这种强劲的家乡情结、“拉帮带”的传统一直深植在民间。俗话说，国运兴，侨运盛。当改革开放的春风吹向晋江，“三闲一补”“三来一补”迅猛发展，以“村村点火”“户户冒烟”之势使晋江走出一条独具特色的民营经

济之路，便不令人意外。正是晋江人的这些早期传统，形塑了他们的家国情怀，而也正是晋江人对家族的重视、对乡土的牵挂，使海外华侨总是与他们的家人、亲人以及同乡人共荣同行。

可以说，“晋江经验”扎根于晋江“一家人”休戚与共的乡土信念中。而这种重家族、宗族的社会土壤是成就晋江经济腾飞必不可少的社会基础。有了这样的社会基础，就有了晋江人“敢为天下先、爱拼才会赢”的精神，也才有了晋江人“诚信、谦恭、团结、拼搏”的声誉。

二、“晋江经验”中的共同富裕现实

在晋江人看来，“晋江经验关键在于人”“晋江人爱拼敢赢”“哪怕只剩下一把花生，晋江人也想着怎么卖出去，想着要怎么翻本”“只要晋江精神代代传承，这个地方就一直有希望”“晋江经济活力深植于晋江精神中”“晋江精神就是诚信、谦恭、团结、拼搏”等等。晋江人也会讲述很多“晋江故事”来进一步说明他们心中的“晋江经验”。“晋江经验”或许启示我们，“共富精神”早已蕴含在晋江“先富故事”之中。换句话说，“晋江经验”暗含了这样的逻辑关系：只有遵循“共富”的理念，才可成就“先富”之路。这样的案例很多，比如磁灶镇海峡国际五金机电城合作共赢的案例。

该机电城总占地面积 44.6 万余平方米，分三期建设，其中第三期占地面积 400 亩（10 万平方米仓储用地），投资超过 50 亿元。这个项目自 2013 年 5 月开工建设，一期和二期分别于 2015 年和 2018 年建成投用。随着入驻商户持续增多，市场不断成熟。2016 年，该五金机电城销售总额约 50 亿元，现如今，市场的交易额已经超过 100 亿元（2021 年）。当问及市场之所以能不断扩大的原因时，市场负责人谈到其“核心是‘让利’”：

> 闽南经营文化讲究先成为朋友，再做生意。五金机电城刚开始其实流量也很少，当时我们首先要做的便是把商户吸引过来，前面半年，业主开店，机电城帮业主发员工的工资。我们的战略就是前面要让利，以培养市场，主要看的还是后面的二期、三期。
>
> 再比如整体搬迁，店面你买的，我给搬家补贴。政府来开了几次协

商会，只要在机电城注册（迁入也可以），政府补贴两万元，这已经超过了税收减免政策。还有我们做的“一城千车”（补贴商户买车，车上贴广告语），一户补贴 2 万元，但 5 年不能换，商户很高兴：我也是业主啊，这也是给我自己打广告。

秉持着“让利”的理念，海峡国际五金机电城越做越大。“让利”看似“吃亏”，却反而是机电城繁荣、最终实现盈利的原因所在。五金机电城的“让利”生意经，正应了中国传统社会所讲的“吃亏是福”，而这看似吃亏的背后，蕴含着的是“合作共赢”的智慧。

雇佣者与被雇佣者之间、市场与商户之间、企业上下游之间，无不是互相需要的关系。正所谓唇亡齿寒，“让利”不是真的“吃亏”，而是主动塑造“共识”，实现“共建”的友好姿态；而这样的友好姿态在海峡国际五金机电城这一案例中，有效调动了各方积极性，成为该市场实现“共享”并最终“共赢”的“诀窍”。而这样合作共赢的局面，也正是共同富裕所追求的目标。

除让利之外，机电城还特别强调“人情”，机电城组织了大量丰富多彩的社会活动。比如，在 2016 年 5 月至 2017 年 5 月短短一年之间，机电城党支部就先后组织商家开展了“‘舞动时代’千人广场舞”“磁灶新歌声及‘双爱双评’”“市场首届‘邻居节’”等一系列活动；还为市场添置了不少娱乐与运动设备，不定期举办乒乓球、羽毛球、篮球比赛。用市场党支部成员的话讲就是，“本着一切为商家服务为宗旨”“让入驻商家在强身健体的同时，增进友谊，消除陌生感，促进市场和谐发展”“增进各商户之间的感情，弘扬先进文化，加强精神文明建设”。

强调“让利”“人情”的背后，其实就是上下游商家在追逐自身利益的同时，心里装着他人，做一个“社会人”：相信他人，依赖他人，合作共赢。而商家所秉持的“商业是合作共赢、共同增值而非尔虞我诈、零和游戏”价值观，也恰恰符合共同富裕精神的内在逻辑。

我们如果将眼界放宽、放远，可以明显地看到，当下的世界，“信息差”越来越小，靠信息差赚钱的空间必然越来越小，而人与人的联系越来越紧密的状态更凸显了信任、合作的重要。无论是人类所创造的财富，还是人类所面临的挑战，都不可能离开他人的支持：人类本就是命运共同体。党的十八大以来，国家不断提及共同富裕，也正是对人类命运共同体的强调。那么对于晋江而言，人类命运共同体首先是晋江人之间，晋江人的家人、朋友之间休戚与共的关系。海峡国际五金机电城“重让利”“讲人情”的行为体现了晋江人将共富的精神传承至今。这样的传播与影响在晋江早已“形成气氛”。

共富精神绝不仅仅存在于海峡国际五金机电城这一个案例中，而是在晋江社会中广泛存在，“是我们这里的文化”，是“晋江人的性格”。

近几十年，随着晋江经济的腾飞，共富的表现则更为明显。这种共同富裕的现实进一步激活、强化了存在于晋江社会土壤中的元素，更深入地塑造了晋江人“爱拼敢赢”的性格，也形成了“诚信、谦恭、团结、拼搏”的晋江精神。而也恰恰正是晋江人的性格、晋江的文化氛围、晋江社会的精神符合了共同富裕精神的内在逻辑，才造就了晋江经济的腾飞，才有了“打造共同富裕县域范例”的魄力与实力。

第二节　共同富裕之晋江方案：共赢同富的两大路径

一、第二次分配

“六个始终坚持”和“正确处理好五大关系”的思路本身是构建共同富裕的重要抓手和依据，晋江在城乡建设、区域发展、人民收入等方面的均衡发展，体现了“晋江经验”在实现共同富裕方面的独到之处。

晋江是一个非公经济高度发达的地区，其鲜明特色之一就是“草根经济”的发达，这也形成了早期晋江城市化落后于工业化的发展特点。早期的晋江可以说是“铆足劲儿发展民营经济”“让人民致富”。进入 21 世纪以来，为进一步实现共同富裕，改善晋江“城不像城、村不像村”的情况，晋江市着力打造高品质现代化城市，“为民建城”，对城中村进行了大面积拆迁，完成了棚户区改造，同时力求实现普惠均衡、高端优质的民生保障，这都要求政府在第二次分配中持续发力，注重城乡协同发展，注重城乡生态建设，强调为民建城、普惠发展。

（一）城乡融合新晋江

如今，晋江已经全面融入闽西南协同发展区和泉州环湾发展，扎实推进“产、城、人”融合，建设宜居宜业的“品质之城”。近年来，晋江先后获评国家生态市、全国农村双创典型示范县、全国“四好农村路”示范县、全国快递示范城市。

2022年，晋江市统筹推进了114个城乡品质提升项目，完成投资109亿元。在推进市内片区的建设方面，仅2022年，就有16个组团（片区）持续推进，建成现代小区92个，改造老旧小区35个；投用保障性住房1.6万套；中心城区建成区面积达115平方千米；四大新片区实施项目84个、完成投资160亿元；城镇化率达到69.5%；“152030”快速交通圈基本成型，公路密度达全国平均水平6.9倍。在泉州率先启用智慧停车系统，新增停车泊位7294个。新铺污水管网263千米，农村生活污水处理实现村村覆盖，污水日处理能力达49.5万吨。城市功能不断提档升级。同时，在打造高品质城市过程中，晋江市非常重视城乡生态环境的建设。仅2021年就新建公园绿地74.3万平方米、生态绿道48千米，有30个体育场馆如期建成，九十九溪田园风光、二体中心、足球公园、南岸公园等公共空间开放迎客。晋江市九十九溪、五店市建设、古村落保护等项目，可以明显看到晋江城乡融合发展、城乡颜值逐步提高的繁荣景象。

五店市是国家AAAA级景区，也是晋江的一张城市名片，是目前文旅集团项目中比较成熟且营利的项目之一。除了五店市，晋江市还在重点开发古村落项目、九十九溪项目等。就古村落项目而言，目前共有4个古村落项目，包括紫帽山古村落、梧林古村落等。

晋江九十九溪以支流众多而得名，是晋江市境内最长的河流。在历史上，九十九溪曾是晋江、南安水上交通要道，“船只往返于梅溪之上”，著名的磁灶窑陶瓷由此载运入泉州港，出洋远销海外。2015年，为加强晋江市生态文明建设，打造宜居环境，抓好基本农田保护利用，让城市融入自然，晋江市启动了九十九溪流域田园风光项目。

晋江市同时着力全面推进乡村振兴战略，2021 年，晋江市村均集体经营性收入实现翻番，新增 3 家国家农业产业化龙头企业，创设 3 个全国“一村一品”示范村、2 个省级乡村振兴特色镇、20 个省级乡村振兴试点村，形成一批“晋江样板”，“让农村既有乡村的自然风情，又有城市的生活品质”，在乡村建设和发展上成绩斐然。

进入新时代，晋江市坚持“城市带着产业走、产业城市联动走”，按照“全市一城、一主两辅、双湾双带”的城市布局，全面对接闽西南，全面融入泉州“跨江发展、跨域融合”，提速晋东片区拥湾发展，晋中、晋西北片区呼应中心城区聚核发展，晋西、晋南辅城联动发展，全域深化区域融合、城乡融合，全面推进乡村振兴，持续增强主城首位度、辅城聚合度、城乡融合度，不断提升城市品质和能级，为建设现代化中等规模城市、当好中小城市建设样板而不断努力。放眼未来，晋江市在其“十四五”规划中指出，力争到 2025 年，主城区人口占比超 50%，中心城区建成区面积拓展到 120 平方千米，城镇化率提高到 72%。

（二）晋江的公共事业发展

“为民建城”之外，晋江市政府在第二次分配中的显著作用还体现在实现晋江市“普惠发展”方面。晋江市政府践行以人民为中心的发展理念，特别注重高效办好企业和群众的“关键小事”。以 2021 年为例，晋江市政府财政民生支出 441 亿元，财政民生支出占比达 77.6%，共办成为民实事 125 件，民生微实事超千件。当然，除了“微小事”，晋江市政府聚焦共同富裕、实现全市“普惠发展”还集中表现在共享绿色晋江、共创健康晋江这两大方面上。

共享绿色晋江

为建设绿色晋江，晋江市政府主要采取了以下举措：第一，升级打造路网生态景观。通过对晋江一些高速路出口、机场口、站前大道等对外窗口进行绿化改造提升，提升晋江整体形象。结合市区道路的“白改黑”工作，按照丰富行道树种绿化植物层次的理念，让整个市区道路景观焕然一新，满足市民对美好生活的追求。第二，完成“一山一水”慢行系统，打造全市慢道。“一山一水”慢行道全长28.5千米，将晋江市的华表山、灵源山、罗裳山、八仙山公园、晋阳湖、九十九溪河道等自然景观，以及灵源寺、紫林寺、草庵寺等人文景观，包括行政服务中心、图书馆、科技馆等的建筑景观全部串联起来，让市民能够有一条运动休闲的慢道。第三，创新模式，打造“口袋公园”。“口袋公园”就是为了充分利用晋江城市的地块，推广“建筑插绿”这个目标，提高整个城市公园的绿地覆盖率。除此之外，晋江市还创新公园建设模式。第四，巩固提升绿化管理水平。将绿化养护全面推向市场化运作，制定了一些考核细则、管护标准等行业管理办法。到2018年6月底，养护面积达325万平方米。同时利用城市空地兴建约5.3万平方米的绿化苗圃，苗圃里收纳了4443株各类乔灌木。

共创健康晋江

晋江是以制造业和体育产业为主发展起来的一座城市。2014年，以体育用品制造为主的体育产业，成为晋江第一个产值超千亿元的产业；2007年，晋江就已成为继深圳、成都之后的全国第三个国家体育产业基地。然而，晋江医疗卫生事业发展较为滞后，特别是高端医疗资源紧缺、分布不均的“短板”一定程度制约着经济社会的发展。

当然，这种“滞后”是相对而言的。比如，2011年，晋江市在深化医疗改革的过程中，在全省率先开始实施乡村医生养老保障制度。同年，晋江市为全市常住人口免费提供11类基本公共卫生服务。截至2021年，晋江市共有医疗卫生机构1151家，其中三级公立医疗机构3家，二级公立医疗机构6家，其他镇卫生院9家，街道社区卫生服务中心6家，民营医疗机构457家，社区卫生服务站110家，村卫生所550家。编制床位5214张，开放床位6961张。各类卫技人员8218人（不含乡村医生371人）。

为进一步深化医疗卫生改革，聚焦区域医疗服务水平整体提升的关键环节，晋江市在创新推动医共体建设、主动对接高端医疗资源以推动医疗高质量发展、创建国家创伤区域医疗中心等方面做了很多努力，真正将普惠发展落到实处。

“共创健康晋江”不能止步于医疗事业的发展，更要“从娃娃抓起”“追求全民健康”。作为以体育产业起家的晋江，对体育事业有着独特的情怀。晋江市政府连续11年将基层体育设施建设纳入市委、市政府为民办实事项目，坚持体育惠民利民。

一方面，晋江市政府致力于完善全民运动设施。建设“一山一水”慢行系统、八仙山公园、绿洲公园、晋江南岸湿地公园等公益性休闲场所，在小区周边、村庄布局免费休闲健身路径、篮球场、足球场等运动设施，打造10分钟体育生活圈。另一方面，借助重大赛事筹办的契机，晋江市政府持续大力加强体育场馆建设，全民健身中心、第二体育中心、灵源足球公园等运动场馆先后建成开放。截至2021年，全市已有30个世中运场馆建成投用，首个智慧体育公园也已顺利完工。

第二体育中心公园占地约10.8万平方米，项目依托人工湖的建设，意在打造一个集生态水岸休闲、体育运动健身、创意水上游憩、时尚艺术体验等功能于一体的复合型城市生态公园。主要包括绿道4.1千米、游步道2.3千米、木栈道及木平台、广场、综合服务驿站2座、人行桥2座。项目投资约8500万元。海滨公园占地约8.2万平方米，为沿海居住区与沿海大通道之间提供绿色安静的隔离防护带，丰富了人们休闲游憩的空间。主要包括2.2千米公园绿道、标准五人足球场、驿站、入口广场、防风林带。项目投资约3200万元。

在两个公园的基础上加入智慧体育设施，将其打造成“一线、八区、全人群”的活动场地。“一线”是指沿第二体育中心公园内部道路打造一段长约4千米的智能步道，以此为亮点，吸引群众入园跑步健身。智能步道小程序可以查看用户个人每日、每周、每月不同维度的运动数据，包括里程、卡路里、平均速度、时长、步数、步频；搭配健步走指南，帮助用户更科学地进行运动，并增加用户运动的娱乐性、趣味性。“八区”是指打造青年健身区、老年休闲健身区、篮球场区、气排球场区、羽毛球场区、足球场区、网球场区、门球场区等等，建设多个标志性运动场所，形成丰富多样的运动形式。“全人群”是指打造满足各个年龄阶层的多个标志性健身区域，塑造园中健身风景，以此营造园中健身氛围，创建全民健身示范点。

晋江市所有镇（街道）、村（社区）基层公共体育场地设施均对市民开放，市体育中心、全民健身中心、第二体育中心等一批市级公共体育场馆也对外免费或低收费开放。如市体育中心体育场常年免费开放，游泳馆、羽毛球馆常年低收费开放。

二、第三次分配

在党的十九届四中全会《中共中央关于坚持和完善中国特色社会主义制度、推进国家治理体系和治理能力现代化若干重大问题的决定》第六部分中，国家提出要“坚持按劳分配为主体、多种分配方式并存。……重视发挥第三次分配作用，发展慈善等社会公益事业”。2021 年 8 月，中央财经委员会第十次会议强调：“要坚持以人民为中心的发展思想，在高质量发展中促进共同富裕，正确处理效率和公平的关系，构建初次分配、再分配、三次分配协调配套的基础性制度安排。”在目前的经济社会发展阶段，国家不断提出“第三次分配”，可见其重要意义。

第三次分配“是指人们完全出于自愿的、相互之间的捐赠和转移收入……尽管第三次分配目前在经济中起的作用不大，但它显然是很有前途的，而且将来的比重会越来越大”。这种分配往往以慈善的形式出现。慈善是晋江实现共同富裕的重要抓手，也是晋江的一大优势。晋江具备发展探索第三次分配得天独厚的条件。慈善事业不仅在晋江过去 40 多年发展中产生了不可忽视的影响，而且正在对乡村振兴和共同富裕发挥越来越明显的作用。

晋江市慈善总会在当地影响非常大，聚集了晋江最有影响的企业家，体现出个人和企业成功后对社会的价值。截至 2021 年，晋江市慈善总会募集善款 40.89 亿元，晋江市也被誉为中国县级市首善。在晋江慈善事业发展中，政府的主动引导作用重大，有助于营造慈善互助的社会新风尚，最终使得慈善意识、互助精神在晋江深入人心。晋江市政府的这些治理智慧，也为其他地区提供了可供借鉴的经验。

再以安踏集团为例。在安踏集团逐步发展壮大为世界一流企业的过程中，他们从未忘记通过慈善回馈社会，承担企业的社会责任。安踏集团以“创造共生价值”为立足点，长期进行慈善实践，在保护环境、应急救助、公益助学等多方面贡献突出（如图 10-1）。

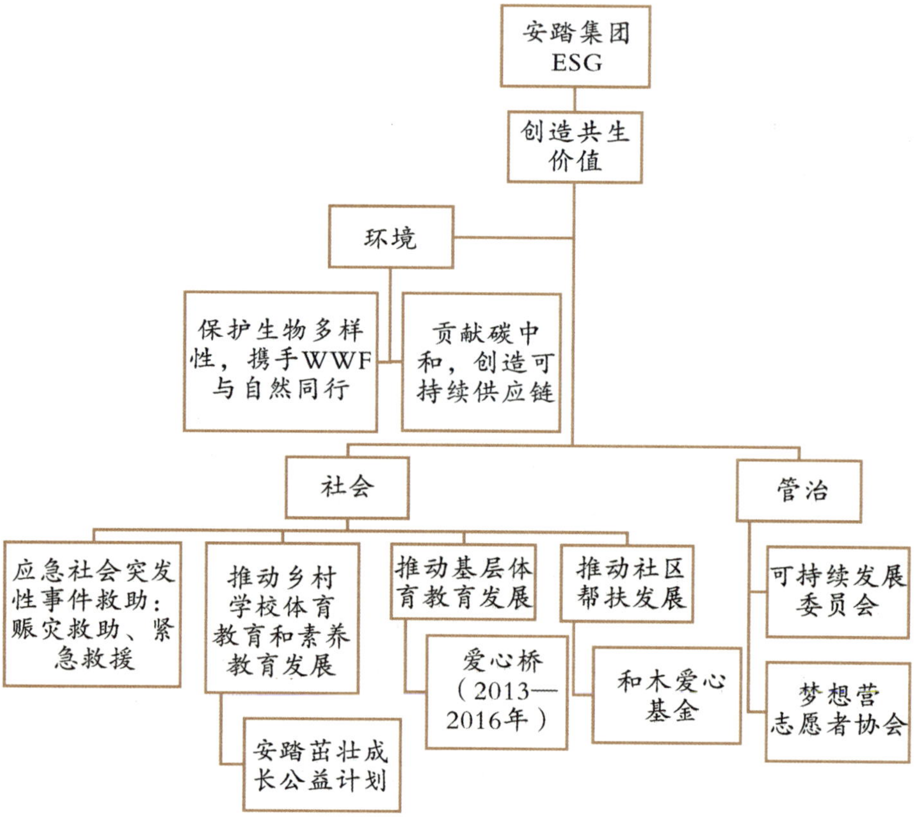

图 10-1　安踏集团慈善事业板块

不同于传统上“一事一案，捐钱捐物”的慈善模式，晋江县域慈善事业倡导一种更为包容的慈善理念，强调“不只是捐钱才是慈善”“不只是富人才能做慈善”。更为重要的是，这种新慈善理念非常强调“造血”功能，慈善工作者试图盘活受助者所处境遇中的各种要素，虽“不问付出”，但“但求回报”，希望受助者在受助之后，能够真正“站”起来，自力更生，最终实现共同富裕。在晋江县域慈善搭建的常态化运营平台基础上，生产者、消费者、志愿者和受助者实现了高效对接、多方共赢，“人人能做慈善”“行动成就慈善”理念在当地落地扎根。由此，生产者、志愿者、消费者、受助者共同被纳入慈善事业的网络之中，县域各主体的活力得到有效激活。这种更具包容性的慈善理念有助于直接推动乡村振兴。

晋江市按照“政府引导，乡贤主导，各方配合，全民动员”的慈善事业发展理念，努力推进慈善事业社会化发展，凝心聚力助力脱贫攻坚和乡村振兴，着力打造民间慈善事业推动共同富裕的“晋江样本”。

第三节 物质富裕与精神富裕协同发展

共同富裕不只是物质富裕，更是精神富裕，是物质富裕与精神富裕协同发展。共同富裕这一重大课题对晋江来说，不仅是处理自己与他者关系的过程，更是平衡自身的物质富裕与精神富裕协调发展的过程。

习近平总书记也曾明确指出，要“在高质量发展中促进共同富裕”，这就指明了共同富裕的实现途径和努力方向。坚持物质富裕与精神富裕协同发展，其实也是“在高质量发展中促进共同富裕”的内在要求。如果只有物质富裕的共同富裕，犹如“暴发户”式的富裕，自然容易后劲不足，难以长久；而人类的物质财富依赖于自身不断创造的价值，依赖于其背后的精神和文化；精神富裕与物质富裕协同发展，方可为“高质量”共同富裕打下坚实的基础。

一、教育与人才

根据第七次全国人口普查要求，晋江市以 2020 年 11 月 1 日零时为普查标准时点，开展人口普查及相关登记工作。普查结果显示：晋江全市常住人口 2061551 人，其中，拥有大学（包括大专）及以上文化程度的人口为 186970 人，拥有高中（含中专）文化程度的人口为 273548 人，拥有初中文化程度的人口为 790855 人，拥有小学文化程度的人口为 591550 人，与 2010 年第六次全国人口普查相比，每 10 万人中拥有大学文化程度的由 3580 人上升为 9069 人，拥有高中文化程度的由 11188 人上升为 13269 人，拥有初中文化程度的由 47463 人下降为 38362 人，拥有小学文化程度的由 29491 人下降为28694人。同时，全市常住人口中，15岁及以上人口的平均受教育年限9.2年，比2010年第六次全国人口普查提高0.62年。另外，全市常住人口中，文盲人口（15岁及以上不识字的人）为46584人，与2010年第六次全国人口普查相比，文盲率由2.67%降低为2.26%，下降了0.41个百分点。晋江常住人口受教育程度虽然“不算非常突出，但相对基础良好”，整体教育资源十分均衡。

晋江市政府非常重视“推动教育优质均衡发展，优化教育布局”。一方面，市政府注重“大”晋江的教育覆盖，注重以“包容性”的晋江推进教育均衡。这里的“大”和“包容”指的是晋江市政府始终将“外来务工人员”“晋江常住人口”视为晋江的一分子，重视劳动人口与创新人才对于当地经济发展和产业结构升级的作用。因此市政府所实施的社会政策，都以包容、多元、有温度为宗旨。以2021年的举措为例，为保障外来务工人员子女入学，晋江市政府以“零门槛”政策确定了275所学校，专门保障110万外来人口的子女教育需求，并对此加大教育投入。另一方面，为进一步实现教育均衡，市政府不断以普惠性的方式整合、优化、升级当地的教育资源，对中心城区的教育资源重新进行了调整，先后实施了105个教育项目，新增优质学位8000个；新改建公办幼儿园10所，使得全市普惠性幼儿园的覆盖率保持在85%以上。

与此同时，晋江致力于建成“人才强市”。为吸引高质量人才，晋江市政府非常重视人才优待政策，先后实施了一系列人才计划，不断提出颇具吸引力的人才吸引条款，增强吸引力度；同时又不断提升城市化质量，加大基础设施投入，提高城乡一体化的教育、医疗、文化等方面的公共服务设施和服务能力，打造“本地人留恋、外地人向往、更多人可托付终身的现代化品质城市”。以2019年为例，晋江新修订人才政策，专门针对本地企业的人才需求，给予企业人才认定的自主权，扩大人才认定范围，提高人才待遇。

二、文化与生活

晋江市政府倡导“以文塑城”，不断深化创新文明新晋江，以求形成更好的文化氛围。为此，晋江市政府实施了诸多措施。首先表现在空间的打造上。无论在城市还是乡村，晋江市都投入了大量资金、心血，以期为文化活动的顺利开展提供好的场所。为推进以文塑城，深化文明创建，晋江加快新时代文明实践中心全国试点建设，着力打造了一批社会主义核心价值观系列主题公园。倡导文明经营、文明出行、文明礼仪，打造志愿服务新品牌，构建常态长效创建机制，确保通过全国文明城市复检。加强文化保护传承，设立安平桥、草庵摩尼光佛、金交椅山古窑址保护管理机构。启用非遗展示馆，提升 3 个非遗传习所。编制历史文化名镇名村、传统村落保护规划，修缮文保单位 15 处、传统建筑 10 处，延续城市历史文脉。扩大文化惠民，启用工人文化宫，加快艺术馆、美术展厅建设，建成 20 个镇级文化分馆，引导街头文化艺术有序发展，组织百场公益性精品文艺演出，推动优秀文化根植广阔基层。政府先后打造了多个市级文化阵地，所有的室内外文化场所向社会免费开放。在乡村中，晋江市政府也实施了非常多的举措，为村民提供更好的社会文化生活条件。

不论是场馆的建设还是文化服务内容的丰富，都仅仅是晋江市在追求精神、文化层面共同富裕的过程里最浅层的表象。更深入地去看晋江在精神文化上的共同富裕情况，还得对晋江在精神文化活动的开展过程中，在其社会文化事业背后对价值观等问题的思考上进行考察。

在“晋江经验”的提出和发展过程中，晋江当地人对“晋江经验”的理解也是逐步发展的，对晋江社会经济情况一直有着反思性的思考。其中就有从对物质成果更为注重到对精神文化成果同步重视的转变过程，从“粗放式的经济发展”到“追求美好生活”“追求社会全面发展”的转变。

基于这样的转变，一个以“二产”为主要支柱产业的晋江，文旅事业近些年蓬勃发展，恰恰是顺应了精神文化共同富裕所应追求的发展需要。实际上，党的十八届五中全会中所提出的“共享发展”的理念，就是对经济共享与文化共享的强调。站在这样的高度来理解晋江文旅事业，就能理解晋江市提出并不断强调的“城市转型”与“城市品质”。

文旅就是“文化＋旅游”。围绕“城市转型”和“城市品质”，就需要更强有力地将文化与旅游结合起来，实际上就需要文化“活”下来。“活”的文化是在深厚的文化积淀之中仍有鲜活现实力量的人类精神活动的表现形式。晋江有文化积淀，也有社会活力，但如何让文化持续“活”着，却是和很多传统文化一样，面临着挑战。激活文化业态既需传承也需造血。只有在注重传承中也注重造血，才能在晋江市“城市转型”、强调“城市品质”的过程中将“活”文化更深地扎根在当地，真正促进晋江文旅事业的发展，最终把当地的整个经济、文化要素盘活，造福全社会。

为此，晋江文旅事业提出“打造主客共享的生活空间”方案。以此定位和思考自身，就是从原来更关注旅游行业的盈利情况转变为对加强文化和旅游融合机制的关注，就是要有一种“共”的精神，共同合作、共同分析、共同前进、共同富裕，要打造主客共享的美好生活空间。

当然，晋江文旅事业“打造主客共享的美好社会生活”的实践目前也还处在探索阶段，很多政策、措施还不够完善，有很多层面的思考还只是一些设想。但植根于“晋江经验”的共富精神始终重视经济上的共同富裕和精神上的共同富裕的协调发展。

习近平总书记曾说过：“共同富裕是社会主义的本质要求，是中国式现代化的重要特征。”“晋江经验”的产生、发展、提出和深化的过程实际上是和当地一直存在的共赢同富的社会基础、和当地始终追求共同富裕的长远目标不谋而合的。“晋江经验”所扎根的土壤正是晋江人心中有家人、有他人、“拉帮带”，甚至“讲义气”“好面子”的社会文化氛围。其深厚的家文化传统、宗族传统、邻里关系，始终强有力地推动着晋江人实现其自身的现代化步伐，也有力地支撑着政府进行第二次分配，推行普惠性政策的方案，形塑了晋江独具特色的第三次分配的模式，最终使整个社会在物质、精神两个层面都实现共同富裕，助力晋江打造共同富裕县域范例。“晋江经验”所展现出的中国式现代化的探索的道理值得深思。

第十一章

“晋江经验”的理论价值和实践意义

“晋江经验”涵括了现代化主体性理论、中国式现代化理论，以及乡村振兴与共同富裕理论等的实践基础。同时，“晋江经验”的未来实践价值在于化解晋江现代化面临的“大国小县”的瓶颈和挑战问题——县域地理空间的限制、县域建制的限制、区域空间的限制，为晋江现代化在新时代继续提供指导。不限于此，“晋江经验”是深度剖析中国式现代化道路的实践机理的一个很好的范例或典型。所以，“晋江经验”是中国式现代化道路的县域探索。

2002 年习近平同志总结提炼的“晋江经验”，既是对 20 世纪 70 年代末到 2002 年这段时期晋江现代化实践的理论总结和概括，又对晋江 2002 年之后的现代化有重要的指导价值。不仅如此，在习近平看来，“晋江经验”对其他地方的发展尤其是县域现代化有着重要的借鉴意义。他曾经说过，如果福建有一半县能做到晋江那样，那福建的现代化就远不是当时那种水平了。[①]在他看来，用“晋江经验”来概括晋江实践，比用“晋江模式”更恰当，因为“经验”比“模式”更开放，更有弹性，更包容，而“模式”容易固化，缺乏弹性。“晋江经验”展现了中国的一个贫穷的农业县在短短时间内成为现代化、城市化和工业化县级市的发展历程、道路以及经验，从县域层面揭示了中国式现代化道路的地方探索。

第一节　“晋江经验”的理论价值

任何国家或地区的现代化实践，不可能没有一定的主体性，不可能不蕴含着独特的理论价值和意涵。理论来自实践，反过来又能指导实践。实践产生不了理论，意味着实践没有转化为自觉性；而没有理论指导的实践将会失去方向，难以保持可持续性。晋江实践与“晋江经验”的关系就是这样的典型体现。

① 中共晋江市委宣传部编：《壮阔东方潮　奋进新时代——庆祝改革开放 40 年“晋江经验”大型主题采访报道汇编》，泉文广新出（2018）内书第 18 号。

一、现代化主体性理论

从晋江的现代化实践中，我们看到的是，现代化主体性得到了全面的激发和发展。本书在导论中着重讨论了“晋江经验”对现代化主体性培育的关注，随后的各章从不同角度和层面展现了现代化主体性内涵和表现。

首先，晋江现代化主体性在改革开放中获得了充分发挥的空间和机会。在长期的计划经济体制制约下，这些主体虽然蕴藏着现代化的发展动能，也具备一些用于现代化实践的条件（如“三闲”），但是找不到发挥作用的机会，不能被用来去搞发展和创业。尽管当时存在一些地下经商创业活动，但是毕竟不具有合法性，随时有可能被查禁，甚至会被抓。改革开放后，晋江人找到了发挥作用的机会和空间，可以合法地把那些“三闲”拿来搞工业生产和商业贸易。

其次，晋江人获得了学习和提升的机会。在计划经济体制的长时间制约下，许多晋江人没有机会学习传统手艺，比如裁缝。但是改革开放后，许多晋江人如饥似渴地去学技艺，特别是工业生产技艺。调查研究显示，在第一代做鞋服的企业家中，许多人开始根本不懂得如何做鞋服，都是边做边学，或者请为数不多的师傅教他们怎么做。这些企业家们就是这样先从搞家庭作坊步入工业化大门，慢慢做大，从个体户到企业家，从小企业家到中企业家，再到大企业家乃至拥有世界知名品牌的企业家。

再次，晋江人有着闯天下找市场的动力和行动。他们知道，生意不会自动找上门。晋江人具备闯天下的冒险精神和勇气，“敢拼会赢”“敢拼善赢”成了晋江人的精神力量。

最后，晋江有大量华侨华人在海外，海内外交流、来往以各种方式存在，形成了有特色的“草根国际化”。这些潜藏着的“草根国际化”，在改革开放初期得到释放，成为迈向现代化的重要引擎和催化剂。

从“晋江经验”中可以看出来，晋江的现代化主体性并不是完全由外部输入的，而是在他们的日常生活和传统文化中潜藏着，等待着释放的时机和条件。在这里，传统与现代并不相互排斥，在条件许可的情况下是可以实现转化的，这样的转化说明晋江现代化有着内在的驱使力量。同样，开放与本土也不是绝对对立，而是相互影响甚至相互促进的，没有“草根国际化”，也就难以得到各方面的支持。在这里，“草根国际化”实质上就是本土与开放融合的结果，“草根”就是指本土，而国际化则是开放，海外晋江人把这两种因素“糅”在一起，成了晋江人参与现代化实践的资源和动力。但是，这并不意味着现代化主体性不需要培育就能自然地成长起来。市场实践自然是培育晋江现代化主体性的最好学校，在那里可以获得在正规学校课堂上看不到、学不到但非常实用的知识和技能。但是，这并不意味着晋江人不需要走进大学之门，并不意味着他们不需要获得系统的知识，并不意味着他们不需要市场规则的规范。这样的学习、自我提高在晋江人那里似乎成了一种生活方式。

我们已在文中多次指出过，诚信对晋江的现代化实践有着关键作用。如果说以前晋江人更多的是在我群内恪守诚信精神和原则，那是出于熟人社会的制约和需求，那么当他们一旦超出我群这个范围，超出了晋江，超出了泉州，乃至超出福建，在一个陌生的更大社会和世界中，在没有熟人社会之间的规则、习惯制约的情况下，是否还能自觉地履行诚信精神和原则呢？特别是在面临巨大的诱惑的时候，是否还能坚守诚信呢？或者，在自己面临竞争困境的时候，还能把诚信置于优先位置吗？另外，当制度和政策规范不明确和含糊的时候，晋江人还能遵守传统的诚信秩序吗？在这么多的挑战面前，并不是所有的晋江人都会把诚信视为至高无上的行为准则。“假药”风波虽然有着复杂的背景，但也说明当年还是有一些晋江人在打政策“擦边球”，碰政策雷区，于是被人抓住了把柄，酿成了轰动全国的诚信事件，对当时的晋江现代化造成了很大的冲击。这次教训是相当深刻的，现在还有许多晋江人对此记忆犹新。这说明，诚信还是须由一定的制度来保障的。在这个时候，政府的价值和重要性就凸显出来。政府需要站出来从制度上规范诚信行为，管理诚信行为，对不诚信行为采取严厉的惩处，由此反过来才能使得诚信得到有效遵循，现代化建设和发展才有保障。企业、社会和政府在这里就产生了有效的合作和互动。

从这个意义上说，晋江政府一方面作为现代化的一个主体，也须有相应的积极和主动行动，另一方面在培育其他现代化主体的现代性上是可以有所作为的。也就是说，现代化主体性是各个主体之间有效互动和合作的结果。虽说晋江人有强烈的现代化动力，有学习现代化的冲动和劲头，但是如果没有机会和渠道，没有人引领，没有相应的政策和制度支持，在能力提升和观念创新上就可能不会那么顺利。政府与民众、企业家的良性互动本身就是晋江现代化主体性培育的重要表现。政府也不是一开始就知道自己该扮演怎样的角色，也在不断学习如何当一个更好推进晋江现代化发展的政府。正如习近平同志在总结和提炼“晋江经验”中所指出的那样，“处理好发展市场经济与建设新型服务型政府之间的关系”以及“始终坚持加强政府对市场经济发展的引导和服务”这两条经验非常重要。在晋江的现代化实践中，政府如何成为新型服务型政府，以及如何发挥引导和服务市场经济的作用和功能，也是政府在不断学习和探索中逐渐做到的。在改革开放初期，全国都还不知道市场经济是何物，晋江政府同样如此。但在他们那里，老百姓在办企业、在经商，这一点让晋江政府认识到“发展是硬道理”，应该支持这样的发展，尽可能支持老百姓合法办企业和经商，帮助他们解决在办企业和经商中碰到的困难，也敢于站出来有效地保护老百姓的合法经营。我们的研究表明，晋江政府一直在深入地了解晋江的现代化实践，做到与企业、市场以及民众同步发展，在关键时刻还起到引领的作用。实践表明，晋江政府是最懂市场经济的政府，而晋江的企业家和老百姓是最懂政府和行政乃至政治的，由此能形成良性的互动和合作关系。

在晋江现代化实践中，不论是政府还是企业家，不论是本地民众还是新晋江人，其现代化主体性都得到了培育和发展，奠定了晋江发展的可持续性基础。晋江政府确立了其现代化的治理角色：引领、助推和服务，并厘清了与企业关系的亲清政商关系行为准则，即“不叫不到、随叫随到、说到做到、服务周到”；在民生、公共服务以及社会文化领域，晋江政府确立了高质量的开放、公平、包容政策，树立了创建国际化创新型品质城市的发展目标，让晋江融入人类命运共同体之中，让晋江人有了国际格局和视野。晋江企业家们在现代化实践中培育现代化精神，就整个晋江来说，传统性与现代性在新的历史阶段和时代实现融合，产生新的现代化精神——晋江的诚信从传统的人际诚信转变成制度诚信与人际诚信融合的现代化精神；晋江的慈善从传统型转向现代与传统融合型，现代慈善在传统慈善基础上得到了更好的发展，而传统慈善由于注入了现代慈善理念而实现了新发展，更好地服务于社会发展，成为晋江现代化的亮丽名片。

总而言之，从“晋江经验”中，可以看到现代化主体性的关键性地位：第一，一个地方的现代化主体性是否存在以及是否明显，将影响该地方现代化进程的开启。第二，现代化主体性还须配以相应的政策、制度和社会、经济条件。没有基本的条件，只有主体性，结果也只能是“巧妇难为无米之炊”。可以说，晋江具备了这样的要素。与此同时，现代化主体性是一个不断培育、进化和发展的过程。“晋江经验”揭示的就是晋江现代化主体性在实践中不断得到培育和发展的过程，从诚信到拼搏，从市场发展到政府引导等，每个主体都有着不断成长和学习的动力，也在不断地创新，在更高层次上形成更强的发展能力。从这个意义上说，现代化主体性培育和成长是一个持续的过程，表现在晋江现代化实践上为从农村工业化向工业化、城市化转变，从传统工业化向新型工业化发展，从城乡分割向城乡一体化发展，从新型工业化向新型高科技产业、现代服务业以及全域城市化和现代化等更高质量、更新社会文明形态的发展和转变。现代化主体性在这个过程中始终是主动地扮演着建设者、创新者和引导者的角色。

二、中国式现代化理论

在导论中，我们提出了“晋江经验”是中国式现代化道路的县域探索，在这里有必要进一步讨论这个问题。首先，从理论上需要明确的是，“中国式”不意味着是“特殊式”，而是指在开放的基础上搞的现代化。“晋江经验”中有一条“经验”就是开放。国家倡导对外开放以推进现代化建设，开放的大门会越来越大，已经打开的大门不会关上，要推动人类命运共同体建设。我国的现代化建设与改革开放紧密关联，晋江的现代化成就就是改革开放的产物。如果没有改革开放，晋江也不可能取得如此显著的现代化成就，改革开放是现代化建设的前提和基础，甚至也是动力，为现代化建设提供了非常关键的机会和条件。所以，中国式现代化道路是吸收了世界各国特别是发达国家积累起来的有价值的现代化经验、技术、资本和价值，并基于中国国情进行消化、转换和创新，从而带动中国发展、进步的过程。“晋江经验”就是这样的典型，或者说是中国式现代化道路在县域层面上的探索和实践。

在探讨现代化的研究中，首先一个问题是现代化的动力和精神问题，特别是对后发国家来说，现代化的动力来自哪里？德国社会学家韦伯认为欧美现代化的动力和精神来自新教伦理，并认为中国儒家没有新教伦理那样的勤勉、奋斗、节俭以及荣耀等精神，由此认为中国缺乏内在的现代化动力。同样，在他看来，凡是后发的国家都没有这样的动力，只能从外部输入现代化因素。显然，韦伯的认识有局限性。在探讨晋江精神尤其是企业家精神的研究中，我们已经找到晋江人具有相似的现代化精神。它并不是存在于宗教信仰之中，而是存在于人们的世俗生活之中。从历史上看，晋江这个地方就不缺乏冒险、勤劳、诚信、节俭和劳动光荣等精神；人们也有为财富、面子、社会地位开展竞争和攀比的驱动，虽然他们并不一定以个体为单位，而是以家庭或家族为单位，也就是说他们为了家庭、家族乃至后代，也会去竞争、去奋斗，当然也会有很多合作。所有这些都是现代化所需要的精神。晋江人为了生存、发展和致富，早在唐宋就向海外谋生，现在在东南亚国家生活着几百万晋江华侨华人，他们创造的事业以及富裕程度在当地都是很有名的，甚至在个别国家具有举足轻重的影响力和控制力。

与此同时，中国式现代化道路是一条开放、不依附的自主型道路。在世界体系理论和依附理论看来，发展中国家（地区）要通过开放去走现代化建设的道路，势必会进入资本主义世界体系，因此势必会陷入依附而不能自主的处境，更悲惨的是会处于世界体系的边缘地位，难以步入世界体系的核心。中国现代化的实践恰恰证伪了世界体系和依附理论的基本假设。这背后的原因在于，中国有着独立自主的国家治理和发展能力、理念。晋江虽然有着广泛的海外关系，我们称之为“草根国际化”，历史也比较久远，但这种关系并没有将晋江变成依附他人，反而使得晋江变得有更多的资源去发展自己，以至于现在在与其他国家的交往中变得更为自主，有更大的空间，并借助于国际资源，在国内成为一个重要的现代化发展模式或经验。这显然是世界体系理论和依附理论所无法解释的。为什么会有这样的效果呢？是因为晋江的现代化实践有自己内在的动力和精神，有自己明显的主体性，有自己的学习和超越能力等等。

“晋江经验”从理论上诠释了中国式现代化道路：到现在，晋江的现代化实践已经上升为现代化理论，即在处理现代化主体之间、改革与开放之间、现代与传统之间、市场与政府之间、生产与分配之间、本地人与外地人之间、慈善与富裕之间等关系上，晋江的实践具有兼容并存而不是相互冲突和排斥的特点，凸显了一些独特的运行规则和机制。一个县域怎么能实现现代化？一个农业县域怎么能在短时间内实现现代化？传统工业化如何能实现转型、升级成为新型工业化、信息化？城市化与工业化以及城乡一体化在短时间内如何实现？传统与现代是如何融合演变成现代社会？这样的现代社会又是如何保留传统文化？所有这些问题通常在后发国家和地区都是难以解决的，但在晋江都已经或正在获得解决。那么这背后的密码是什么？对其他地区和国家有怎样的借鉴作用？显然，这些问题在晋江实践中基本上都能找到答案，可以转化成晋江的现代化理论。县域在中国社会中有着特殊的地位，是一个很重要的社会结构因素，不仅有着长达2600多年的历史，而且已经形成了自己的共同体以及共同体精神，各个县都有自己的文化传统和精神，晋江也不例外。在晋江多元融合的精神中，晋江人善于处理各种在现代化实践容易发生冲突的要素关系，将它们放置在同一个社会和经济空间而并行不悖，甚至会融合为新的社会经济形态。晋江的实践也折射出中华文化具有同样的兼容并蓄特性。晋江的现代化理论本来就是中国式现代化理论的应有组成部分。所以，从晋江看中国，与从中国看晋江，还可以拓展到从晋江看世界以及从世界看晋江，都是很有意思和价值的理论视角，都能从中获得一些新的现代化理论视角，以丰富现代化理论。这就是中国式现代化道路给世界做出的实践和理论贡献。

三、乡村振兴和共同富裕理论

也许有人会问，晋江哪有农村？现在，晋江农村人口比重越来越小，其农业的产值比重更是可以忽略不计，跟乡村振兴有啥关系？它的实践对乡村振兴有什么理论意义呢？事实上，晋江是我国乡村振兴获得成功的一个非常典型的案例。20 世纪 70 年代末和 80 年代初，晋江全域几乎就是一个大农村，虽然有县城，也有一些小型工业，但是总体上是农村人口和农业产值占比最大，尤其是整个晋江还是以农业为主。而今晋江在产业上是非农产业绝对碾压第一产业，第一产业产值和就业比重都非常小。同时，晋江可以说是全域城市化，尽管还有一些村庄特别是古厝，但是它们的基础设施、治理机制以及推崇的生活方式似乎是城市化的，乡土性、乡村传统似乎在消失之中，特别是不少生活在村庄的人都是年迈的，见不到多少年轻人。在这样的情况下，我们还能说它们还是传统的村庄吗？所以，晋江从这些方面已经实现了乡村现代化、工业化、城市化。这也是乡村振兴的一种模式，也可以叫“晋江模式”。但事实上，晋江现代化并不是以乡村和传统消失为标志的，相反，在晋江现代化背后依然还沉淀着丰厚的乡俗和传统文化。这样的表述似乎有点前后矛盾，但是正如我们指出的，晋江能将各种矛盾、互斥的要素融为一体：城乡融合、传统与现代融合、本土与国际融合等等，从而才有了乡村振兴和城市发展，才有了两者的深度融合。

也许有人会问，在市场经济活跃、民营经济发达的地区，怎么可能做到共同富裕。资本的本质是追求利润最大化，市场会存在着不断扩大收入差距的问题（有人称之为市场失灵问题）。但是，在晋江，我们看到的事实恰恰相反。迄今为止，晋江的收入差距（城乡收入差距、阶层收入差距、群体收入差距等）不但没有比其他地方大，反而是更小。那么，晋江现代化发展实践为什么会是一个“先富蕴含共富”模式呢？至少有这样几方面的表现值得关注：第一，晋江有着大量的中小企业，也就是说，晋江人中有众多大大小小的老板，他们虽然不能说很有钱，但是他们有着宽裕的财富自由。晋江显示出普遍富裕的情况。第二，晋江中小企业与大企业有着非常紧密的合作关系，形成了共富产业链。在晋江大企业周围，有一批中小企业与其配套，为大企业提供代工和其他服务，从而获得了稳定的发展基础。大企业发展得好，为其服务的中小企业自然也会好，存在“水涨船高”的共富关系。晋江人之间有着各种各样的亲密关系，所以他们在做企业上经常会形成产业链合作。这个关系比较稳固，大企业不会欺负中小企业，中小企业也不会随意地为了钱的多少而改变服务对象，由此而形成了发展上的多赢格局。第三，晋江保留着一些非常好的传统，其中一个传统就是回报桑梓。这个传统认为，每个人都是在一个熟人环境中成长起来的，获得了周围很多人的关照、滋养和扶持，因此当自己有能力帮助他人的时候就须做出实际的回报行动，这就是传统慈善机理。20 世纪 70 年代末 80 年代初，晋江“三闲”中的闲资金，就是海外亲戚朋友寄回来的。华侨华人都有给家乡捐资修桥筑路、办学、助医、济困、兴建祠堂等的传统。21 世纪初，晋江慈善组织快速发展起来，仅仅晋江市慈善总会每年收到的捐赠就相当可观。而且，晋江不仅企业家们越来越有兴趣从事慈善，普通老百姓包括“新晋江人”都有越来越自觉的慈善意识和理念。所以，慈善在促进共同富裕上发挥着越来越大的作用。第四，晋江政府在推进公共设施建设、公共服务高质量均等化、社会保障和福利、社会组织和社会工作发展，以及精神文化体系等方面投入越来越多的财力，在提升晋江整体社会发展质量、人民生活质量和幸福感等上取得了越来越明显的效果。而且在这方面，晋江的城乡差距以及本地人与外地人之间的差距并不是很大，在一些基本公共服务上还实现了均等化，比如新晋江人的子女可以与本地户籍晋江人的孩子共享义务教育资源和免费职业教育等。

对晋江来说，乡村振兴与共同富裕是同一个过程的两面。换言之，发展与共富是同步进行的，晋江的发展实际上就是一个共同富裕的过程。为什么晋江能够做到发展与共富同步推进呢？“晋江经验”对此有很好的总结和提炼，本书也从多个角度对此进行了分析和讨论。从传统而言，晋江就有共富观念，即家族共富、村庄共富、民间慈善等等；从发展而言，晋江全民都有爱拼会赢、敢拼敢赢、善拼善赢等的干劲和动力；浓厚的社会资本为晋江人合作提供可靠的保证；为民服务的政府可以在各个方面发挥引领、助推和服务晋江现代化和共同富裕的功能。所有这一切，都助力于晋江打造共同富裕县域范例。

第二节 新时代“晋江经验”的新实践

晋江继续走在现代化建设的新征程上。晋江人很清楚晋江的现代化建设还远没达标，或者说他们确立了更远大的目标。同时，他们也意识到当下的局限和未来的挑战。晋江人有这样的自我认知：晋江人是务实的，但又不满足于现实；是有雄心壮志的，有爱拼敢拼的精气神，也能意识到面临的挑战、问题和困难。

一、理性的自我定位

晋江人对市场、产业、企业以及自己的定位都是比较理性的。晋江的企业家深知做实业的重要性，他们中的很多人坚持实业至上，坚持把最初选择的实业做大做强，做出名气、做出品牌。目前晋江五大支柱产业就是靠晋江人的理性务实精神做出来的。这是现代性的最基本要求。晋江人认为，做实业，是社会真切所需要的，不会出现泡沫，不管市场如何变化，总会有需求，同时能减小自己所面对的市场风险。做实业，在他们看来，也是真真实实为社会创造财富。当然，做实业也会有失败的风险，但是他们会经常解释说，不是因为做实业失败，而是那些失败者想做更有风险的生意而拖累了实业生意。新生代晋江企业家也有务实的理性认知。晋江年轻人承接父辈企业的人占比很高，不像其他一些地方，民营企业家的下一代不愿承接父业，存在企业传承问题，直接影响企业的可持续性。为什么晋江的新生代愿意承接父业呢？这也体现了“晋江经验”的务实传统：一方面，新生代认为，父辈做实业，是最为稳妥的；另一方面，父辈做的实业也有了名气，技术含量也在不断提高，组织管理也越来越现代化，给自己开拓了一片广阔天地。

另一个重要发展主体即晋江政府也并不追求“爆发性增长”，表现为对房地产的政策上。晋江政府理性地认识到，晋江的竞争力在制造业，而制造业利润相对较低，需要大量的工人和技术人员，因此政府采取限制房价上涨的政策。晋江房价长时间停留在均价万元以下，对助力晋江制造业发展和吸引人才起到了非常大的作用。晋江政府的务实理性还表现在其他许多方面。比如对待外来人口，在2008年因金融危机而出现许多地方清退大量农民工的时候，晋江则反其道而行之，推出留住外地流动人口的政策，鼓励外地流动人口入户晋江，旨在让他们留在晋江，为晋江发展服务。

晋江的理性认知还表现在清楚认识到传统制造业的局限性以及技术创新、产业升级的紧迫性等方面，并早有行动和准备。比如，晋江龙头企业投入相当大的资金用于推进企业组织创新、技术创新和社会创新，从而由传统制造业企业转变为高新技术制造业企业，在业内赢得了竞争优势。安踏老板提出“不做中国的耐克，只做世界的安踏”这样的自信口号，就足以说明其转型升级带来的底气。晋江政府更是有紧迫感，早已筹划在推进传统制造业技术改造的同时引进新的高科技产业以及对口的科研技术研发平台，特别是在“十四五”规划中把创新列为核心议题，从多个领域和层面提出实施创新理念的政策：推动传统产业技术创新，培育专精特企业，引进高新技术企业和技术科研平台，兴办大学，引进高技术人才，等等。目前晋江企业家和政府都意识到，决定产业、市场竞争能力的是技术和人才，而不仅仅是资本。所以，晋江政府有一种极深的危机感，认识到晋江作为一个县级城市对高技术人才的吸引上存在一些明显的不足，就像前任市委书记刘文儒所说的，晋江如果没有像样的咖啡馆，怎么能吸引和留住高技术人才呢？虽然高技术人才并不一定都喜欢去咖啡馆，但是他只是用一个形象的说法来说明晋江要有吸引人才的社会生活和政策环境，否则就不能让他们从厦门、上海、深圳等大城市跑到晋江来，为晋江的更高质量的现代化建设提供人才和技术支持。为此，晋江每年安排1.5亿元人才工作专项资金，并升级更加精准的人才引育政策，推出22项惠才待遇。同时，为人才提供—专窗（泉州〈晋江〉国际人才港服务专窗）—平台（聚才网）—热线（人才服务热线）的贴心服务，支持人才创新创业，让人才“有用武之地”。此外，聚焦“一老一少”现实需求，高位嫁接引进福州大学、清华附中、上海六院、复旦大学上海医学院等高端教育、医疗资源，让人才“无后顾之忧”。

二、“小空间”、大舞台的困境与突围

从地理空间与行政建制来看，晋江在中国巨大的版图上小得难以被关注到。它只是一个建制县，是全国 2800 多个县中的一个；它的陆地面积和空间在这 2800 多个县中属于很小的那一类。但是，晋江的经济实力位列全国百强县前四，其知名度可以说是数一数二，特别是在国际体育比赛场所都能发现晋江亮丽的身影。晋江人遍布世界各地，特别在东南亚的影响非常大。在这么个小空间，晋江人“演绎”着一台现代化“大戏”，并正在策划更大的“戏目”——打造国际化创新型品质城市，对标的不是泉州，也不是厦门，而是深圳、上海。但是，现在晋江的发展确实面临着“小空间”的制约。

首先，突破县域地理空间的限制。地理空间是客观存在的限制，晋江需要设法突围，建议可以：一是增加经济发展附加值，主要是技术附加值和资本附加值。技术附加值体现在企业转型升级、科研投入、人才引进、品牌提升等等。这是内涵型突破和提升。二是区域合作，在其他地方建立工业园区，即“发展飞地”。晋江上规模的企业都可在外地建工业园区或者生产基地，将绝大部分生产功能转到外地，减小晋江发展面临的空间压力。三是盘活土地存量，尤其是对废弃多年的企业用地进行重新利用。四是开垦出一些新的建设用地，比如村庄规划、整治，以及撤村并村、村改居等都可以获得一些新的建设用地。但是不论是盘活还是拓展，都很有限，不足以满足经济快速发展对建设用地的需求。面对晋江的县域土地面积对后续的经济发展的制约，就得更好地应用好“晋江经验”，处理好本地与外地的关系、传统制造业与高新技术产业发展的关系。国际上有一些小城市成为世界著名产业城市的案例，值得晋江深入研究并从中汲取有用的经验。

其次，突破县域建制空间的限制。在中国的现代化中，政府扮演着非常重要的角色，发挥着至关重要的作用。所以“晋江经验”的“六个始终坚持”和“正确处理好五大关系”都提到政府的作用。但是，不同层级的政府由于授权大小不同、功能不同，在现代化中能发挥的作用也很不相同。级别

越小的行政建制，就意味着决策空间和权力越小，意味着自主能力越小。晋江政府已经明显感受到行政建制对他们发展的制约，也在利用各种方式争取更多的授权，提升决策的自主空间。比如，利用境内军民两用机场获得空港经济区设置，利用申办世界中学生运动会运获得更多的重大项目和城市建设权力，利用向金门岛输送饮用水而获得更多的对台政策，获得陆地港的设置，等等。目前福建省在城市规划上给予晋江中等城市的发展定位，为晋江的发展提供了更大的空间和机会。

最后，突破区域空间的限制。晋江地处福建南部、厦漳泉区域，与金门隔海相望。这些都使晋江的地理位置非常重要，但是这个区域相比长三角、珠三角和京津冀地区还是有一定的差距。也就是说，缺乏上海、深圳、香港、广州这样的超大城市的带动和辐射，同时，整个区域的发达程度也不如长三角（特别是苏南、杭嘉湖）和珠三角。再就是腹地纵深小、浅，南与珠三角相隔粤东，北与长三角中间有更长的距离，向西是闽西和江西等内陆腹地，所以在区域聚集效应上得不到强有力的带动和辐射作用。这种限制带来的影响是，晋江的一些大型企业搞了两个公司总部：一个设在晋江，另一个设在全国一线城市。另一个影响就是晋江对高科技人才的吸引力不强，当然也跟其是县级市有密切关联，两者产生叠加效应。

当然，这样的限制或者制约不可能不存在，也不可能立马得到破除。晋江政府、企业一直在不断地突围，渐渐地让限制减弱。限制的每一次减弱，就意味着晋江的再次壮大。随着科技快速进步以及高铁等基础设施的突飞猛进，许多原来看起来是限制的因素不再是限制因素了，限制的边界在不断地被突破或者被外推。比如，厦门与晋江之间的跨海大桥建成，使得晋江到厦门的车程大幅缩短，住在厦门而在晋江就业、创业不再是问题。晋江由此可以进一步融入厦门，并借助厦门的优势为晋江吸引到更多的人才、资本，拓展更大的国内外市场。沿海高铁建成，将使晋江与长三角和珠三角的距离不再是很大的发展障碍。科技进步将为晋江带来无限的发展空间和可能，而晋江正在为此做更多的努力和准备。作为“大国小县”的晋江必将会再创现代化发展之新奇迹。

总而言之，如果把改革开放作为晋江县域现代化实践的起始点，那么就可以看出，晋江的现代化在过去的40多年中获得了突发性的进展和显著的成就。但是，我们不能仅仅把眼光局限在这40多年时间内来寻找对晋江现代化实践成就的原因解释，而要放宽历史长度，去探寻晋江的社会文化基因。同时，我们也不能仅仅把眼光局限于本土，而要将视野向外拓展，瞄向国际，从本地与外地、内与外之间的互动中寻找晋江现代化的深层机理。我们也不能仅仅限于从社会、市场中寻找晋江现代化的踪迹，而是要从政府与社会、市场的良性互动中找寻其成功的机制。我们不能仅仅局限于从大企业、大企业家身上寻找成功密码，更要从他们与中小企业、社会大众的互动中理解他们的行为逻辑和成功奥秘。所以，“晋江经验”确实高屋建瓴地把握住晋江现代化实践的逻辑，为后续的晋江现代化向着更高质量、更高水平方向发展提供了指引。晋江现代化实践也成了中国式现代化道路在县域层面上取得显著成就的探索。

参考文献

［美］布赖恩·贝利著，顾朝林等译：《比较城市化——20世纪的不同道路》，商务印书馆2008年版。

［美］吉尔伯特·罗兹曼主编，国家社会科学基金“比较现代化”课题组译：《中国的现代化》，江苏人民出版社2003年版。

本书课题组：《中国县域发展：晋江经验》，社会科学文献出版社2012年版。

蔡斯洵：《10份政策“大礼包”两年将派发30亿元奖励扶持资金》，《晋江经济报》2021年5月14日。

费孝通：《各具特色的吴江小城镇》，《瞭望》1984年第2期。

费孝通、罗涵先：《乡镇经济比较模式》，重庆出版社1988年版。

费孝通著，刘豪兴编：《社会调查自白：怎样做社会研究》，上海人民出版社2009年版。

费孝通著，刘豪兴编：《中国城乡发展的道路》，上海人民出版社2016年版。

付伟：《新型工农城乡关系是乡村振兴抓手》，《光明日报》2020年11月4日。

国家发展改革委：《新型城镇化系列典型经验（农业转移人口市民化案例）》，2016年12月。

晋江市地方志编纂委员会编：《晋江市志》，上海三联书店1994年版。

晋江市统计局：《晋江统计年鉴2021》，2021年。

柯国笠：《奔腾的晋江流——北京冬奥会晋江建功观察之三》，《晋江经济报》2022年2月22日。

李晓斐：《城乡一体化：小城镇理论的反思与扩展》，《华南农业大学学报》（社会科学版）2019 年第 3 期。

厉以宁：《关于经济伦理的几个问题》，《哲学研究》1997 年第 6 期。

陆学艺：《晋江模式新发展——中国县域现代化道路探索》，社会科学文献出版社 2007 年版。

罗肇鸿：《世界经济全球化的积极作用和消极影响》，《太平洋学报》1998 年第 4 期。

苏格：《全球化与中国的改革开放》，《当代世界》2018 年第 6 期。

孙立平、王汉生、王思斌等：《改革以来中国社会结构的变迁》，《中国社会科学》1994 年第 2 期。

王春光等：《县域现代化的“晋江经验”》，社会科学文献出版社 2019 年版。

王昱皓：《小城镇在城乡关系中的功能——基于费孝通相关文本的分析》，《西部学刊》2019 年第 5 期。

习近平：《研究借鉴晋江经验　加快构建三条战略通道——关于晋江经济持续快速发展的调查与思考》，《福建日报》2002 年 10 月 4 日。

习近平：《研究借鉴晋江经验　加快县域经济发展——关于晋江经济持续快速发展的调查与思考》，《人民日报》2002 年 8 月 20 日。

谢立中、孙立平主编：《二十世纪西方现代化理论文选》，上海三联书店 2002 年版。

辛本健、周小苑、许晴：《“创新引领率先实现东部地区优化发展”（新思想引领新征程·时代答卷）》，《人民日报》2021 年 10 月 28 日。

杨雪冬：《西方全球化理论：概念、热点和使命》，《国外社会科学》1999 年第 3 期。

张泽慧、周望编：《经济全球化与对外开放》，人民出版社 2010 年版。

中共晋江市安踏（中国）有限公司委员会：《“冠军党建”领航高质量发展》，中国经济新闻网 2021 年 4 月 13 日。

中共晋江市委党史和地方志研究室编：《晋江市志（1988—2007）》，海峡文艺出版社 2020 年版。

中共晋江市委党史研究室编：《晋江改革开放 40 年实录》，2018 年编印。

中共晋江市委宣传部、晋江市地方志编纂委员会办公室编：《晋江县域现代化之路》，2012 年编印。

周飞舟：《从“志在富民”到“文化自觉”：费孝通先生晚年的思想转向》，《社会》2017 年第 4 期。

焦长权、周飞舟、王绍琛、庄家炽：《祠堂与祖厝：“晋江精神”的社会基础和历史渊源》，《东南学术》2015 年第 2 期。